KB217383

귀신 보인다, 귀신방언 한다가 풀리는 책

영안열리면 귀신들이 보이나요

강요셉 지음

영안은 하나님의 눈으로 세상을 바라보는 것이다.

영안은 말씀을 삶에 적용하여 체험하면 열리는 것.

영안은 성령으로 세례 받은 후에 열리는 것이다.

눈으로 귀신들이 보이는 것은 쫓아내라는 것이다.

귀신 방언한다고 절재 시키기 전에 분별력부터 길러라.

성령

영안열리면
귀신들이
보이나요.

성령

들어가는 말

크리스천은 하나님의 자녀들입니다. 하나님은 영이십니다. 크리스천은 당연히 영적인 세계에 대하여 박식해야 합니다. 우리나라 크리스천들이 성경말씀에 대하여는 많이 압니다. 그런데 보이지 않는 영적인 세계에 대해서는 잘 이해하지 못하고 무지하다는 것입니다. 보이지 않고 체험하지 않으면 알 수가 없는 세계이기 때문입니다.

특별하게 하나님께서 부여하신 권능을 바르게 사용하지 못한다는 것입니다. 그래서 세상을 살아가면서 귀신의 영향을 받는 크리스천이나 불신자들을 보면 두려워서 접근을 꺼려하는 경우가 있습니다. 귀신 이야기 하나면 두려움부터 가지는 경우가 많습니다. 귀신은 그림자이고, 귀신보다 강한 하나님의 권능을 가지고 있는 것을 사용하지 못하는 연고입니다. 방언기도역시 마찬가지 입니다.

필자에게 치유 받으러 오셔서 자신의 방언이 이상이 있는지 분별해 달라는 것입니다. 왜 그러느냐고 질문하면 자기네 교회에 방언통역한다는 여 전도사가 있는데 자기 방언이 귀신 방언기도라고 했다는 것입니다. 그것뿐만이 아니고 영육의 문제를 상담하다가 보면 귀신이 눈에 보인다고 하는 분들이 있습니다. 자신은 영안에 열려 귀신을 볼 수가 있다는 것입니다. 눈에 보이는 것도 문제인데 무서워서 지하철을 타지 못한다고 말하는 분들이 있습니다. 귀신의 공격이 두려워 집 밖에 나가지를 못한다고 말하는 크리스천도 있습니다. 그것도 직분자들이 그렇게 말합니다. 이는 영적으로 정신적으로 비정상인분들입니다. 귀신이 영의 눈을 열어준 것입니다. 우리가 알아야 할 것은 성령님만 영안을 열어주시는 것이 아니고, 귀신도 영의 눈을 열리게 하여 귀신을 보게 한다는 것입니다. 눈에 보이는 귀신을 대적하여 축귀할 수 없는 성도는 자신의 영적인 상태를 분별해 보아야 할 것입니다.

필자가 이런 영적인 문제를 해소하여 순진한 성도들을 보호하고자, 그동안 성령사역을 하면서 체험한 바를 정리하여 한권의 책으로 완성했습니다. 책을 읽으면 막연하던 영적인 세계가 보이질 것입니다. 영안에 대해서도 바르게 알 수가 있을 것입니다. 이 책을 통하여 순진한 성도들을 괴롭히는 사탄의 계략을 밝히 드러내어 하나님의 나라를 건설하는 군사로 쓰임을 받으시기를 소원합니다.

주후 2016년 2월 15일

충만한 교회 성전에서

저자 강요셉목사.

세부적인목차

3부 영안의 혼돈과 분별 법

4부 영안을 열기위한 영적활동

1부 영안을 바르게 인식하라.

1장 영안이 열리면 귀신이 보이나요?

(마7:20)"이러므로 그들의 열매로 그들을 알리라."

하나님께서는 예수를 믿는 하나님의 자녀들이 영들을 보는 영적인 눈을 갖기를 원하십니다. 성도들은 육적이면서 영적인 존재들입니다. 영적인 존재들이 영들을 볼 줄 모른다면 문제가 있기 때문입니다. 영들을 보는 눈을 개발하려면 매사를 보이는 면만 가지고 판단하지 말아야 합니다. 보이는 면의 배후에 있는 영적인 존재들을 보려고 해야 합니다. 한마디로 사고가 영적으로 바뀌어야 합니다.

요즈음 성도들이라 해도 보이면 면만 가지고 판단하려는 사고가 고정되어 있어 영적인 눈이 열리지를 않는 것입니다. 한 단계 깊은 영의 차원으로 보고 판단하기 시작을 하면 자신도 모르는 사이에 영적인 세력을 눈으로 보게 될 것입니다. 사람을 볼 때 보이는 면만 보려고 하지 말고 배후에 역사하는 영을 보려고 해야 영들을 보는 눈이 열립니다. 세상에서 살아갈 때도 마찬가지입니다. 영적인 세력을 보려고 해야 영들을 보는 눈이 열립니다. 교회생활 간에도 마찬가지 입니다. 교회에 성령 충만한 사람들만 모여 있다고 생각하면 생각이 고정되어 정확한 영적인 상태를 볼 수가 없습니다. 교회 안에도 악한 영의 영향을 받는 사람이 있을 수 있다고 생각해야 합니다. 그런 상태에서 교회에서 생활하는 한 사람, 한 사람의 영적인 상태를 보려고 해야 사람들에게 역사하는 영들을 정확하게 볼 수가 있는 것입니다. 영적인 일은 관심이 중요합니다. 자꾸 영적인 세력을 눈으로 보려고 관심을 갖다가 보니 자신도 모르는 사이에 영의 눈이 열리는 것입니다.

영의 눈이 열리는 것에 대하여 오해를 하실 분들이 계실 것 같아서 서두에 정리하여 알려드립니다. 영들을 보는 것은 **첫째, 실제 눈으로 보는 것입니다.** 이는 두 가지로 생각할 수가 있습니다. 먼저는 항상 눈에 영물들이 보이는 분들이 있습니다. 이는 심령 상태가 정상이 아닌 분들입니다. 이분들은 영적으로 정신적으로 문제가 있는 분들입니다. 이분들은 성령으로 세례를 받고, 내적인 상처를 치유 받은 후, 귀신을 축귀해야 합니다. 본인이 이를 인정하고 지속적으로 진리의 말씀과 성령으로 치유를 받으면 필자의 체험으로 보아 더 이상 보이지 않습니다. 영적 정신적 육체적 기능이 정상이 되면 더 이상 영물들이 보이지 않는 다는 말입니다. 다음은 축귀사역간이나 대화할 때 보이는 경우입니다. 이는 귀신을 축귀하여 자유하게 하라고 성령님이 보여주시는 것입니다. 귀신을 축귀하라고 보인다는 말입니다. 종합하면 축귀 능력이 없는 분들에게 영물들이 보이는 것은 정상적이 되지 못한 것으로 치유 받아야 합니다.

둘째, 말씀으로 보는 것입니다. 성경에 보면 악한 영들의 행위가 기록되어 있습니다. 말씀에 비추어 영들을 보는 것입니다. 말씀은 영적인 세계에 대하여 설명하는 책입니다.

셋째, 성령으로 보는 것입니다. 축귀사역을 하든지, 내적치유를 하든지, 상담을 하든지, 세상에서 생활을 할 때에 성령께서 그때그때 알려주셔서 대처하도록 하시는 것입니다.

넷째, 믿음의 눈으로 보는 것입니다. 위에 설명한 모든 방법을 동원하여 사역이나 생활하면서 악한 영들을 믿음의 눈으로 보고 대처하는 것입니다. 많은 분들이 이렇게 믿음의 눈으로 영들을 보고 조치하고 있습니다. 우리가 알아야 할 것은 나쁜 영들이 보이면 반드시 조치를 해야 한다는 것입니다. 귀신을 보면서 쫓아내기 위하여 우리는 다음과 같은 영성을 길러야 합니다.

필자가 그동안 성령치유 사역을 하면서 체험한 바를 정리하면 이렇습니다. 예수를 믿는 성도라도 얼굴의 색깔이 어둡거나 붉으면 악한영의 영향을 받는 것입니다. 이런분을 치유하려면 성령의 임재가운데 들어가게 합니다. 시간이 어느 정도 경과 되면 성령의 역사가 심령 안에서 일어나 성도를 괴롭게 하던 영적인 세력이 정체를 폭로하게 됩니다. 계속 호흡을 통하여 깊게 기도를 계속하면 기침을 통하여 떠나갑니다. 트림을 통해서 떠나가기도 합니다. 하품을 통해서 떠나가기도 합니다. 재채기를 통하여 떠나가기도 합니다. 울음을 통해서 떠나기도 합니다. 웃음을 통해서 떠나가기도 합니다. 성령의 역사가 심령 안에서 일어나니 성령의 역사가 장악하는 만큼씩 괴롭게 하던 영들이 떠나갑니다.

이렇게 지속적으로 기도를 하면 얼굴색이 변합니다. 은은한 살색으로 변합니다. 얼굴에서 후광이 나타나기도 합니다. 이 때 성도는 말로 표현할 수 없는 평안을 느낍니다. 자신 안에 임재하신 성령께서 마음과 육체를 뚫고 나타나기 때문입니다. 충만한 교회와 같이 매주 진행되는 성령치유 집회에 몇 주만 참석하면 웬만한 귀신역사는 모두 치유가 됩니다.

이렇게 얼굴에 검거나 붉게 나타나는 성도는 마음이 답답하고, 기도가 힘들어지고, 짜증이 심해지고, 괜히 신경질이 나기도 합니다. 질병이 발생하기도 합니다. 악한 영의 영향으로 나타나는 현상입니다. 시간이 지나면 악한 영이 집을 지을 수가 있습니다. 악한 영이 집을 지으면 묶임이 강하여 치유하는데 시간이 많이 걸립니다. 될 수 있는 대로 초기에 치유하는 것이 좋습니다.

필자가 그동안 성령치유 사역을 하면서 임상적으로 체험한 귀신의 영향을 받는 사람의 특징은 이렇습니다. 성령의 임재가 장악하면 헛구역질을 계속합니다. 토하지도 않으면서 헛구역질을 합니다. 아직 성령의 역사가 완전하게 장악하지 못할 경우에 일어나는 현상입니다. 성령의 역사가 완전하게 장악을 하면 기침이나 트림으로 떠나갑니다. 안수 기도를 하다가 이런 역사가 일어날 때 본인에게 물어보면 영락없이 악몽과 가위눌림을 자주 당한다고 합니다. 악한 영이 소화기 계통을 장악한 성도에게 나타나는 현상입니다.

성령의 역사가 있는 말씀을 듣는 중에도 하품을 자주하는 성도가 있습니다. 성령의 임재가 되면 입이 찢어지도록 크게 하품을 합니다. 원래 하품은 성령의 임재가 되어 영의 통로가 열릴 때 일어나는 보편적인 현상입니다. 그런데 특이한 성도는 설교 말씀을 듣는 중에도 하품을 계속합니다. 강단 앞에 계신 목사님이 오해할 정도로 하품을 계속하는 성도도 있습니다.

이는 그 성도에게 역사하는 귀신이 성령의 강력한 역사가 있는 말씀을 들을 때 영적인 부담을 느껴서 일어나는 현상입니다. 성령의 역사가 있는 장소에서 지속적으로 치유를 받으면 하품하는 것이 잠잠해지기 시작을 합니다. 어느 정도 귀신이 떠나갔기 때문입니다. 그러나 완전하게 떠났다고 단정하면 안 됩니다. 근본 문제를 일으키는 귀신은 그렇게 쉽게 떠나가지 않습니다. 이런 성도에게 물어보면 이유 없이 피로를 자주 느낀다고 대답을 합니다. 이유없이 피곤한 것은 영적인 문제라고 보아도 틀리지 않습니다. 지속적인 치유를 받으면 피로도 떠나고 마음도 편안하고 몸도 가벼워지는 것이 보통입니다. 영적인 치유는 성령의 역사가 일어나야 치유가 됩니다. 이런 문제로 고생하는 성도는 다른 곳에 시간을 투자하지 말고 반드시 성령의 역사가 강하게 일어나는 장소에 가서 치유를 받기를 권면합니다.

귀신의 영향을 받는 사람은 몸에서 이상한 냄새가 납니다. 말할 때 입 냄새가 많이 나서 옆에 있기가 거북스러울 정도로 냄새가 납니다. 본인 또한 심적 부담을 느끼고 살아갑니다. 성령의 임재가 되면 주변에 있기 거북할 정도로 냄새를 풍기기도 합니다. 그러나 성령의 역사가 장악하여 기침이나 하품이나 트림이나 구역질을 한 동안 하게 되면 냄새가 없어지는 것이 보통입니다. 성령의 역사가 일어나면 냄새는 없어지니 너무 의기소침하거나 걱정하지 말아야 합니다.

그러므로 인내(사람의 입이나 몸에서 나는 냄새)가 나는 분들은 반드시 영적치유를 받아야 합니다. 인내가 나는 분들은 2박 3일 집회만 참석해도 냄새가 없어지는 것이 보통입니다. 이런 분들의 보호자나 본인에게 물어보면 목욕을 하지 않으려 한다고 대답을 합니다. 목욕하기가 싫다고 합니다. 이런 분들의 특징이 몸이 온 몸이 시름시름 아프기도 합니다. 병원에 가서 진단해도 병명이 나타나지 않는 것이 특징입니다. 지속적으로 치유 받으면 아픈 것이 없어지면서 평안을 찾게 됩니다.

이런 유형의 사람들은 몸이 춥지도 않는데 소름이 자주 끼치고 손발이 차다고 말하는 것이 보통입니다. 모두 악한 영의 역사입니다. 말씀과 성령으로 몇 주 치유 받으면 정상으로 회복이 됩니다. 좌우지간 성령의 역사가 일어나면 해결하지 못하는 문제가 없습니다. 악한 영의 영향을 받는 사람은 혼자 자주 중얼거립니다. 꼭 옆 사람하고 대화하는 것과 같이 말하고, 대답을 하기도 합니다. 이런 분들은 본인이 치유를 받으려는 의지가 발동해야 치유가 가능합니다. 치유하는데 시간이 많이 소요가 됩니다. 인내해야 합니다.

악한 영의 영향을 받는 성도의 특징은 사역자와 눈을 마주치기를 싫어하고 곁눈질로 사람을 봅니다. 얼굴에 두려움이 가득합니다. 아무것도 아닌 상황에 잘 놀라기도 합니다. 기도할 때 안수하려고 손을 얹으면 깜작 놀라서 사역자를 당황하게 하기도 합니다. 이런 성도들도 본인이 치유 받고자 하는 의지만 있으면 몇 주 만에 치유가 되어 안정을 찾는 것이 보통입니다.

이런 성도는 충만한 교회에서 매주 토요일날 하는 개별 집중치유를 두 번만 받으면 정상적인 사람이 됩니다. 문제는 본인이 인정하느냐 안 하느냐가 중요한 것입니다. 모든 치유는 본인이 인정해야 치유가 되기 시작을 합니다.

악한 영의 영향을 받는 사람의 눈과 입에 검은 기운이 가득하고 얼굴이 검으스름한 것이 특징입니다. 특별하게 눈 주위가 검은 것이 특징입니다. 성령의 임재가 깊어져서 치유되기 시작을 하면 눈 주위와 입 주위가 정상적인 살색으로 변합니다. 특별하게 조상 중에 우상을 지독하게 섬겼거나 무당이나 남묘호랭객교를 믿던 사람들이 있을 경우에 이런 현상이 나타납니다.

악한 영의 영향을 받으면 안절부절못하며 산만한 행동을 합니다. 어찌할 줄을 몰라 갈팡질팡하며 몹시 급하게 서두르는 모양으로 허둥허둥 댑니다. 무슨 말인지 모르는 헛소리를 하기도 합니다. 아무 일도 아닌데 몹시 불안해합니다. 사람들에게 피해 의식이 있습니다. 집회에 참석해서도 사람들이 자신에게 다가오는 것을 싫어합니다. 이렇게 행동을 하다가 성령의 깊은 임재가 되어 치유되기 시작하면 정상으로 돌아와 안정을 찾게 됩니다.

문제는 보호자나 환자가 악한 영의 영향으로 나타나는 현상이라고 인정하는 것이 중요합니다. 환자나 보호자가 악한 영의 역사라고 인정하고 치유 받고자 하는 의지가 있으면 비교적 빠른 시간 내에 정상으로 돌아옵니다. 정말로 성령의 역사는 신비의 치유 수단입니다. 체험해보면 누구나 인정하게 됩니다.

잡 안에 무당의 내력이 있는 성도가 성령의 임재가 되면 몸을 부르르 떱니다. 손을 불규칙하게 흔들어 댑니다. 머리와 어깨를 좌우로 흔드는 경향이 있습니다. 자세하게 보면 무당이 굿거리 할 때의 모습과 흡사합니다. 중요한 것은 성령의 역사라고 속기 쉬운 현상이라는 것입니다. 사역자의 전문성에 따라서 성령의 역사로 오해할 수 있는 현상이 나타납니다.

이는 100% 무당의 영의 역사입니다. 무당의 영이 성령이 임재 하니 정체를 폭로한 현상입니다. 이런 현상이 나타나면 무당 귀신을 축사해야 합니다. 만약에 성령의 역사라고 오해하여 축사하지 않으면 귀신이 떠나가지 않습니다. 축사하지 않으면 기도할 때마다 흔들어 댑니다. 인정하고 축사하면 몇 주내로 치유가 됩니다. 무당의 영들은 비교적 축사가 잘 됩니다.

귀신의 영향을 받는 성도가 필자의 충만한 교회와 같이 성령의 역사가 강하게 일어나는 장소에 가면 불안해합니다. 아무 일도 없는데 초조해 하기도 합니다. 교회 안에 들어오니 가슴이 답답하다고 말하기도 합니다. 불안하고 답답해서 집회를 참석하지 못하고 나가기도 합니다. 이는 그 성도에게 역사하는 귀신이 데리고 나가는 것입니다. 환자는 의지를 가지고 견뎌야 합니다. 한 루만 참고 견디면 이러한 현상이 없어지는 것이 보통입니다.

그래서 필자는 집회 전에 이러한 현상이 왜 일어나는 것이라고 설명하고 불안하고 초조해도 참고 인내하라고 합니다. 만약에 불안하고 두려워서 집회장소를 이탈하면 평생 치유 받지 못합니다. 전적으로 성도에게 역사하는 귀신이 일으키는 두려움입니다. 하루 또는 이틀 동안 치유하면 이와 같은 현상은 없어집니다. 환자는 인내해야 두려움과 초조함에서 해방됩니다.

귀신의 영향을 받는 성도의 얼굴을 보는 순간 검은 물체가 보이기도 합니다. 순간 할머니 얼굴이 보였다가 사라지기도 합니다. 음풍이 느껴지다가 순간 사라지기도 합니다. 여기서 알아야 될 것은 이와 같은 현상이 나타나는 것은 귀신이 정체를 폭로한 것입니다. 즉, 떠나려고 보여준 것입니다. 조금 지나면 떠나가는 것이 보통입니다. 정체를 폭로한 귀신은 떠나려고 보인 것이므로 문제가 되지 않습니다.

귀신의 영향으로 심령이 병든 사람의 특징은 이렇습니다. 마음이 어두워지고 평안과 기쁨과 감사를 잃어버립니다. 귀신이 사람의 의지를 잡으니까, 일어나는 현상입니다. 귀신에게 눌려서 의지를 발휘하지 못하여 일어나는 현상입니다. 이런 사람을 축사하면 정상으로 돌아옵니다. 미운 생각, 세속적 생각, 교만한 생각, 부정적 생각의 사람이 됩니다.

항상 생각이 부정적이 되어서 정상적인 사람들과의 대화가 되지를 않습니다. 은혜가 소멸되어 성경과 교회가 멀어지고 말씀을 불순종하며 거역합니다. 귀신에게 영이 눌려서 잠을 자니 생명의 말씀이 깨달아지지 않기 때문입니다. 차가운 사람, 불순종의 사람, 거짓을 말하고 증오를 합니다.

마음을 열지 않으니 마음이 차갑습니다. 좋은 이야기를 해도 의심하며 받아들이지 않기 때문에 정상적인 사람들이 대화하기를 꺼려합니다. 양심이 마귀의 화인을 맞아 죄책을 느끼지 못합니다. 그래서 인간으로서는 상상하지 못하는 범죄를 저지릅니다. 요즈음 일어나는 유아 성폭행 등을 들 수가 있습니다.

귀신이 마음을 억압하면 자신을 학대하게 되는데 의욕상실, 우울증, 불면, 패배감, 자포자기, 환각, 환청, 자살충동, 정신이상 등 자신의 본래모습을 상실하고 맙니다. 옛사람이 나타나서 유혹의 욕심을 따라서 정욕으로 행합니다.

우상을 좇습니다. 허영을 좇습니다. 음욕이 불타서 성적인 범죄를 저지릅니다. 술과 탐욕과 쾌락의 노예 되어 낚시에 물린 물고기 같이 귀신에게 끌려 다니다가 지옥 가는 운명을 살게 됩니다. 환경에 지기 때문에 심령이 병드는 것입니다. 환경에는 귀신이 역사하기 때문에 예수를 믿는 성도들은 환경을 이겨야 합니다. 자기(육의 본성)를 이기지 못하기 때문에 심령이 병드는 것입니다. 약속의 말씀과 성령으로 환경과 육의 본성을 이겨야 마귀와의 영적전투에서도 승리할 수 있습니다. 마치 막 5장의 군대 귀신들린 자의 모습(막5:1-20)이 됩니다. 자기 몸에 상처를 내며 사람들에게 공포를 조성하는 사람이 됩니다. 이렇게 더러운 귀신이 들어오면 인격과 신앙과 생활이 더럽게 되어 버립니다.

가정 중심에서 벗어납니다(막5:3). 가정에서 함께 지내지 못합니다. 군대 귀신 들린 자는 무덤 사이에서 거처했습니다. 엄청난 힘이 나타납니다(막5:3-4). 귀신의 영향으로 힘이 장사라 사람들이 제압할 수가 없습니다. 귀신의 영향 아래 있는 자는 주체할 수 없는 탐식과 정욕 등이 나타납니다. 고래고래 고성을 지릅니다(막5:5). 부부싸움 중 인격이 돌변되어 나타나는 고함, 술 먹고 노래방 등에서 질러대는 괴성의 노래 등도 이런 영향 아래 있는 경우가 많습니다. 자해를 합니다(막5:5).

조폭들만 자해를 하는 것이 아닙니다. 귀신의 영향 아래 있는 자해의 형태는 부부싸움에서의 폭력이나 파괴하는 행동이나 문신이나 지나친 성형수술 등도 이에 포함됩니다. 옷을 벗고 지내기도 합니다(막5:15). 여성에게 귀신이 역사하면 다른 남자가 있어도 옷을 벗고 있습니다. 아담 타락 후 사람의 본능은 죄의 몸을 가리게 되었습니다(창3:7). 그러나 귀신의 영향 아래 있으면 옷을 벗으면서도 부끄러운 줄을 모릅니다. 신령합니다(막 5:6-7). 그래서 무당이나 점쟁이가 되는 것이며, 양신 역사 아래 있는 자들 중에는 예언하는 예수무당도 있음을 알고 경계를 해야 합니다. 점치는 영의 영향으로 예언 받기 좋아하는 성도는 분별력을 길러야 합니다(겔13:17-19).

귀신의 영향을 받는 성도의 특징은 누군가가 자신 옆에 있는 것같이 느껴집니다. 자신의 몸 안에 다른 사람이 있는 것 같은 느낌이 들거나, 혼자 앉아 있을 때 자신을 지켜보는 것 같은 현상이 일어나기도 합니다. 헛소리를 자주하고 밤에 잠을 못 이룹니다. 찬물을 유난히 좋아하고 옷을 잘 벗습니다. 낮에는 힘이 없어서 꼼짝하지 못하다가 밤에는 다른 사람과 같은 생기가 나는 것이 보통입니다. 그래서 밤에 돌아다니거나 잠을 자지 않습니다. 사람을 싫어하고 온종일 방안에만 틀어 박혀있습니다. 움직이기를 싫어하고 잠만 잡니다. 술만 많이 마시며 살아갑니다. 밥을 먹지 않으려고 합니다.

사람 속의 귀신과의 대화가 가능합니다(막5:8-9). 귀신이 말을 못하게 하니 사역자에게 말을 하지 않는 환자도 있습니다. 귀신도 간구합니다(막5:10). 귀신은 사람이나 짐승 속에 수천씩이나 들어갈 수 있으며(막5:9), 많은 귀신이 들어가면 미쳐버립니다(막5:13). 귀신이 나가면 온전해집니다(막5:15). 귀신이 나가고 은혜가 들어오면 전도를 합니다(막5:20). 전도는 강력한 성령의 역사에 의한 은혜 운동이며, 성령의 전폭적 지지를 받기 때문에 구원받은 성도들은 전도 사명에 전력해야 합니다.이러한 현상이 주기적으로 나타난다면 영적으로 문제가 있는 성도입니다. 반드시 공인된 영적치유 사역자에게 치유를 받아야 합니다. 질병으로 알고 병원이나 한의원을 다녀도 소용이 없습니다. 반드시 성령으로 세례를 받고 영적치유를 받아야 합니다. 시간이 가면 갈수록 악한 영의 역사는 강해져서 치유하기가 점점 어려워집니다. 귀신에게 고통을 당하여 귀신을 쫓아내고 싶은 분은 "귀신축사 알고 보니 쉽다."와 "귀신축사 차원 높게 하는 법"을 읽어보시기를 바랍니다.

잘못된 영들의 전이가 되어 치유를 원하시는 분의 사연입니다. 영적으로 열려있는 교회에 다닌 이후 영적세계가 열리면서 혼돈과 어려움이 있습니다. 영적으로 온갖 체험도 했지만 정상적이고 논리적이지만, 생각이 내 생각이 아닌 생각이 들어왔고, 어떠한 특정이야기를 할 때 윙하며 어지럽습니다. 등 뒤에 불이 있는데 성령이 아니라 후끈거립니다. 죄에 대해 반응할 때도 있지만 이불은 시시각각으로 느낌이나 영향이 다릅니다.

어지럼증은 태국 축사현장에 있다가 -사역 팀에 합류해서- 생겼고 나머진 교회에서 생겼습니다. 교회는 기도의 집을 하고 기름부음이 강합니다. 성령의 임재도 강하지만 예전에 ○○○ 교회에 다닐 때 성령 충만함과는 다릅니다. 분별이 되지 않네요. 그래서 사역 받고 싶은 맘이 강하지만 직장과 가정이 있고 여기가 지방이라 상황이 여의치 않네요. 영적 눌림은 오래되면 안 좋다는데 도움바랍니다.

이분은 원래 상저가 있었던 분입니다. 상처와 영적인 문제를 바르게 치유 받지 못하고 영적인 현상에 치중하다가 보니 이렇게 된 것입니다. 이분이 다니는 교회도 바른 성령의 역사가 일어나고 있는지 의문이 생깁니다. 원래 바른 성령의 역사가 일어나면 치유되는 것이 보통이기 때문입니다. 우리 성도들이 영적인 분야에 관심이 생기면 물불을 가리지 않고 영적인 현상에 치중하는 경향이 있는데 주의해야 합니다.

성령의 역사는 바르게 알고 믿고 따라가야 합니다. 자신의 전인격이 말씀과 성령의 지배를 받는 것에 관심을 가지고 믿음 생활을 해야 합니다. 이분은 바른 성령의 역사가 일어나는 교회에서 상당한 기간 동안 치유를 받아야 합니다. 지금 악한 영의 역사가 강하게 일어나고 있기 때문입니다. 우리 교회에서 매주 토요일하는 개별집중치유를 몇 번 받으면 깨끗하여 질 것입니다. 혼자 기도해서는 치유가 힘듭니다. 전문성령치유 사역자를 통하면 쉽게 치유가 됩니다.

충만한 교회에서는 매주 목요일 밤 19:30- 성령 ,은사, 내적치유집회를 정기적으로 진행하고 있습니다. 성령체험을 원하시는 많은 분들이 찾아오셔서 성령세례를 받고, 성령은사를 받으며, 질병과 마음의 상처를 치유 받고, 귀신들을 떠나보내고 있습니다. 성령으로 기도하며 성령의 강력한 역사가 일어나서 오시는 분들이 많은 은혜를 받고 있습니다.

2장 목사님! 제 눈에 귀신들이 보여요.

(요삼 1:2)"사랑하는 자여 네 영혼이 잘됨 같이 네가 범사에 잘되고 강건하기를 내가 간구하노라"

하나님은 성도들이 말씀과 성령으로 충만한 상태에서 영안이 열리기를 원하십니다. '영안이 열렸다.' 라는 말은 영혼이 건강하고 영적으로 깨어 있어서 우리들의 생각과 마음과 관심의 초점이 하나님께 맞추어져 하나님을 온전한 모습으로 바라보는 것을 의미합니다. 하나님으로 기뻐하고 즐거워하며 하나님의 말씀으로 부유하고 풍성하여 하나님으로 충만해 있는 것을 뜻합니다. 하나님과 동거동락하고 동행하는 삶을 영위하며 하나님의 뜻을 따라 인도하시는 순종의 삶을 살아가는 것을 뜻합니다.

생명의 말씀과 성령으로 영안이 열리게 되면 하나님과의 관계가 치유되고 회복되면서 하나님과 우리들의 영혼 간에 관계를 가로 막고 있던 죄 성과 쓴 뿌리와 같은 장애물이 제거되면서 하나님 안에서 자유롭게 지내게 됩니다. 영적인 양식에 대한 갈급함으로 인해 하나님이 공급해 주시는 영적인 양식들을 먹고 마심으로 영적으로 강건하고 튼튼해집니다. 죄를 미워하고 성령을 사모하며 우리들의 영혼을 향하신 하나님의 뜻과 계획하심에 집중하게 됩니다.

영적으로 열리게 되면 성령으로 충만함의 은혜를 받기 때문에 어둠의 역사에 굴하지 않고 예수님의 보혈의 능력을 의지하여 이를 담대하게 물리치게 됩니다. 또한, 죄악 된 삶을 떠나 하나님의 은혜 가운데 거하면서 하나님이 사랑하시는 것을 사랑하게 되고 하나님이 기뻐하시는 것을 기뻐하면서 하나님이 원하시는 것에 부합된 믿음의 삶을 살아가고자 하는 노력을 하게 됩니다. 영적으로 열리게 되면 나약해 있던 마음이 치유되어 하나님에 대한 열정이 뜨거워지고 하나님을 향한 열심도 살아나면서 하나님께 헌신하게 됩니다.

또한, 살아계신 하나님의 능력을 체험하게 되면서 하나님이 우리들 심령 안에서 역동적으로 역사하심을 깨닫게 됩니다. 하나님이 허락하시는 능력을 힘입어 하나님의 역사에 동참하게 되고 아무것도 아닌 우리들의 영혼을 통하여 하나님께서 일하시며 하나님의 하나님 되심을 나타내시는 것을 바라보게 됩니다.

무엇보다 영적으로 열리게 되면 우리들의 영혼을 향하신 하나님의 사랑을 고백하고 우리들의 영혼을 십자가 위에서 돌아가신 예수님의 사랑을 찬양하면서 은혜 받은 증인으로서의 삶을 살아가게 됩니다. 죽을 수밖에 없는 죄 많은 영혼을 구원하시고 살리시기 위해 조롱과 모진 핍박과 고통을 참아내시며 고난의 십자가를 지신 예수님의 참사랑과 고귀하신 희생을 마음속 깊이 간직하면서 송축하게 됩니다. 영적으로 열리게 되면 마음속에 자리 매김하고 있던 그릇된 감정들이 치유되면서 다른 사람들을 불쌍히 여기고 긍휼히 여기는 아름다운 마음이 샘솟아 납니다.

또한, 세상 적으로 자신의 영혼을 짓누르고 있던 세상적인 것의 집착에서 벗어나 자유롭게 영적인 비상을 하게 됩니다. 마음속에 가득 임재하시는 성령의 임재 가운데 성령 안에서 기도하며 하나님이 부어주시는 기름 부으심을 받으며 능력 있는 기도생활을 할 수 있게 됩니다.

영적으로 열리게 되면 더럽고 추한 육적인 삶에서 떠나 하나님이 기뻐하시는 영적인 삶을 살아가게 됩니다. 영적인 것을 사모하고, 추구하며 영적인 삶을 통해 하나님께 가까이 다가가려고 합니다. 궁극적으로 영적으로 열려 있다는 것은 하나님은 높아지시고 우리들 자신의 영혼은 지극히 낮아지는 것이며 내 자신의 중심에서 하나님 중심으로 모든 부분을 옮기는 것입니다.

영적으로 열려 있는 삶을 살아가기 위해서는 예수님의 보혈의 은혜를 통한 거듭남의 은혜를 입어야 합니다. 성령의 불세례를 체험하며, 뜨거운 눈물의 회개 기도를 통하여 하나님의 긍휼히 여기심을 받아 더러운 겉 사람을 버리고 새로운 속사람을 통한 변화된 삶을 영위해야 합니다. 또한, 하나님의 은혜를 통한 영적인 삶을 살아가기 위해서 날마다 하나님을 찾고 구하기를 열심으로 행해야 합니다. 우리들 스스로는 결단코 닫혀 있는 영적인 부분들을 열 수 없고 영적인 삶 또한 영위할 수 없습니다. 하나님의 은혜로만 가능한 것입니다.

그렇기 때문에 영적으로 열려 있는 것에 만족하지 말고 하나님께서 닫혀 있던 영안을 열어 주심으로 우리들의 영혼을 통해 무엇을 원하시고, 어떤 일을 계획하고 계신지에 집중하여 하나님께 기뻐하심을 받는 영혼이 될 수 있도록 하나님 앞에 머무르며 하나님을 찾고 구해야 할 것입니다.

다음은 영적인 무지에 있는 사람들이 영안으로 무엇이 보인다고 저에게 상담한 내용입니다.

1. 목사님! 제 눈에 괴상한 것들이 보여요. 어느 여 목사님이 나에게 상담을 한 내용입니다. "제가 충만한 교회에 와서 치유를 받기 시작한지 한 3주가 지났을 때의 일입니다. 어느 순간부터 눈 앞에 나타나는 많은 괴이한 현상들이 보이는 것입니다. 심지어는 방송을 보고 있노라면 노래하며 춤을 추며 유행가를 부르는 사람들이 사람으로 보이지 않고 뱀 한 마리가 꼬부랑 되며 춤을 추고 있는 것으로 보입니다. 사람마다 성격이나 죄악의 형태를 보아 뱀들의 형태나 색도 각양각색입니다.

그리고 악마의 형상이 나타나는 사람도 가끔 보이기도 합니다. 개인적으로 ○○교단산하의 신실하신 목사님이 시무하시는 꽤 좋은 교회를 다녔습니다. 그런데 강대상 뒤에서 새까만 악마가 있는 것을 보았습니다. 그래서 저는 10년여 이상을 이 교회를 다녔는데 그렇게 기도가 잘되지 않고 답답했던 이유라고 생각을 했습니다.

저는 이러한 현상은 사람에게 들어가 있는 악의 영 곧 귀신의 실체라고 생각을 하는데 목사님 맞습니까?" 이렇게 질문을 하는 것이었습니다. 그래서 제가 이렇게 대답을 해주었습니다.

"목사님이 보시는 이런 현상들은 육신적인 차원에서 열린 영안입니다." 그러면서 이렇게 당부를 했습니다. "보았다고, 보인다고, 자랑을 한다든지 본인에게 말을 하면 본인이 상처를 받게 됩니다. 그리고 목사님이 잘못된 사람으로 오해될 소지가 다분하게 있으니 입(말)을 조심해야 합니다. 왜냐하면 일반적인 성도는 초자연적인 성령의 역사를 이해할 수가 없기 때문입니다. 성령이 역사하는 영의 세계를 말로 이해할 수가 없는 현상이 대부분이기 때문입니다. 그리고 악한 것들이 목사님을 놀라게 하고, 혼란스럽게 하고, 괴롭히기 위하여 보여주는 것일 지도 모르는 일입니다. 그러니 주의하기를 바랍니다.

그리고 차차 말씀과 성령으로 치유 되어 심령에서 영력이 강하게 나타나면 보이지 않을 것입니다. 이러한 현상들을 일부 목회자나 성도들이 투시라고 하기도 합니다. 그러나 실상은 그러지 않고 지식의 말씀의 은사와 영들 분별함의 은사라고 할 수 있습니다. 그리고 은사의 기초적인 수준정도입니다. 앞으로 좀 더 말씀의 지식을 쌓고 성령으로 심령을 치유하면 더 강한 믿음으로 영안이 밝히 열릴 것입니다. 그러면서 여 목사님에게 좀 더 기다리며 더 말씀과 성령으로 치유를 받기를 바랍니다." 이렇게 조언을 했습니다. 그 당시 그 여 목사님은 눈에 그런 것이 보이니 다된 줄로 착각했다는 것이다.

상당히 자랑을 하고 싶은 충동이 강하게 일어났다고 합니다. 그러면서 이러는 것이다. "목사님! 제가 목사님의 조언을 듣지 않았다면 아마 막 자랑하고 다녔을 것이라는 것입니다. 그래서 내가 그것이 바로 육신적으로 영안이 열린 증거입니다. 말씀이 심비에 새겨지고 영적으로 성숙되면 겸손해져서 그런 충동이 없어질 것입니다. 그러면서 목사님에게 더 말씀의 지식을 심비에 새기고 성령으로 충만해지고 심령에서 성령의 기름부음이 올라오면 영안이 심령으로 활짝 열어질 것입니다. 앞으로 영안이 심령과 성령으로 열리면 생각 이상의 것들의 실체를 보며 알 수 있고 성령이 심령을 장악하니 자꾸 겸손해질 것입니다. 그리고 이 정도의 심령으로 영안이 열리면 축사의 능력도 같이 따라올 것입니다. 그리고 상대편에게서 더러운 영들이 보이는 것은 축사하여 주라고 보이는 것입니다. 눈에 보이는 영물을 축사를 해서 치유해주지 못하면 아예 말도하지 말고 보려고 하지도 말아야 합니다. 그래서 목사님에게 영안으로 영들을 보여주는 영분별의 은사는 결국 축사를 하라고 보여주는 것으로 알고 있어야 합니다." 이렇게 단단하게 영적인 당부를 했습니다. 그러던 목사님이, 어느날 저에게 이렇게 말하는 것입니다. "충만한 교회에서 은혜를 받고 불같은 성령의 역사를 날마다 체험했습니다. 목사님으로 부터 여러 가지 영적인 말씀을 듣고 영이 깨어나는 것을 알게 되었습니다. 이제 영적인 말씀과 성령으로 역사로 제가 영적으로 성숙되어서 그러는지 최초에 보이던 것같이 영물들이 보이지도 않습니다. 이제 내적치유도 많이 되어 마음도 편안 해졌고요, 허리 디스크로 오래 고생했는데 목사님의 안수로 깨끗하게 치유되었고요. 내가 변하니 남편도 변하여 가정도 하나 되고 물질도 많이 풀렸습니다. 기도할 때 성령의 불같은 능력도 나타나 다른 성도를 안수 기도하면 역사도 일어납니다. 그리고 목사님이 알려준 대로 사람에게서 악한 것이 보이면 아 저 사람이 저 악한영의 영향으로 저렇게 고생하고 있구나하고 본인에게 이해가 가게 조언하여 축사도 해줍니다." 이러는 것입니다.

이로보아 우리는 영안이 열리는 단계가 있다는 것을 알아야 합니다. 그리하여 바른 분별력을 가지고 겸손하게 신앙생활을 해야 합니다. 모든 성도는 바르게 배우고, 바르게 알아, 바르게 사용해서 하나님의 축복의 도구가 되어야 합니다. 이렇게 육신적으로 열려서 보이는 괴이한 현상들을 분별없이 말을 하므로 정신이 나간 이상한 성도가 되기 안성맞춤이라는 것을 알기를 바랍니다. 그래서 성도는 물과 성령으로 거듭나야 한다는 것입니다. 거듭나는 데는 시간이 걸리는 일입니다.

2. 제 눈에 영물들이 보여요. 경북에서 사는 여성도가 "영안을 밝게 여는 비결" 책을 읽고 치유를 받기 위하여 찾아왔습니다. 2일 동안 은혜를 받더니 상담을 신청하여 상담한 내용입니다. 목사님 저는 지금까지 귀신에게 속으면서 살았습니다. 영

적으로 잘 못 알고 있는 지식으로 너무나 많은 사람들에게 상처를 주었습니다. 우리 외할머니는 무당을 했다고 합니다. 어머니는 제 기억에 하루도 평안하게 살지를 못했습니다. 늘 머리가 어지럽다가 아파서 진통제를 달고 살았습니다. 거기다가 온몸이 근육통으로 고생을 하셨습니다. 등이 아프다가 허리가 아프고, 다시 무릎의 통증으로 걸어 다니지 못할 정도로 고생을 하시기도 했습니다. 좌우지간하루도 평안한 삶을 사시는 것을 보지를 못했습니다. 그렇게 고생을 하시다가 오 년 전에 예수를 영접하고 천국에 가셨습니다. 그렇게 예수를 믿어야 한다고 해도 거부하시다가 돌아가시기 3개월 전에 예수를 영접하고 돌아가셨습니다. 제가 예수를 믿은 동기는 저도 어머니와 비슷한 증상이 있어서 한약방, 병원 할 것 없이 다니면서 치유를 받으려고 했지만 치유가 되지를 않았습니다. 그러다가 병원에서 어떤 분을 만나서 예수님을 믿으면 치유가 된다는 이야기를 듣고 예수를 믿었습니다. 예수를 믿고 부흥집회에 참석하여 성령체험을 했습니다. 그러고 나니 몸이 좀 가벼워지는 것 같았습니다.

그런데 문제는 성령을 체험한 이후부터 내 눈에 영물들이 보인다는 것입니다. 시도 때도 없이 영물들이 보입니다. 집안에 들어가도 귀신이 보이고, 교회 가는 길에서도 보이고, 교회 안에서도 보입니다. 정말 말로 표현 할 수 없는 이상한 형체의 영물들이 보이는 것입니다. 밤에 잠을 자다가 화장실에 가려고 일어서면 방문 앞에 귀신이 서있는 것입니다. 소스라치게 놀라기를 셀 수가 없을 정도로 했습니다. 문제는 악몽이 말도 못하게 꾸어지는 것입니다. 자연스럽게 밤에 잠을 깊게 자지를 못한다는 것입니다. 늘 피곤한 상태로 지냅니다. 머리가 멍하고 어떤 때는 어지럽기도 합니다. 너무나 힘이 들어서 우리 교회에 신령하다는 권사님에게 물어보았습니다. 권사님이 하시는 말씀이 제가 영안이 열렸다는 것입니다. 하나님에게 감사하라는 것입니다. 그래서 나는 영안이 열린 줄로 알았습니다. 순식간에 교회에 소문이 났습니다. 내가 영안이 열렸다고 말입니다. 담임목사님도 나를 특별한 사람으로 취급을 할 정도가 되었습니다. 내가 지나가는 말로 어떤 성도가 귀신으로 보이더라고 하면 신령하다는 권사님은 그 성도에게 귀신이 역사하니 금식을 하고 기도를 하라고 합니다.

또 한 가지는 누가 방언으로 기도를 하면 내속에서 무엇이 저 사람 귀신 방언을 하는 것이니 담임목사에게 이야기하여 못하게 해라! 그래서 권사님에게 이야기하면 당장 목사님에게 이야기를 하여 귀신방언을 하니 방언으로 기도하지 말라고 합니다. 그런데 저는 그럴 때마다 무엇인가 내가 잘못되었다는 생각이 늘 마음을 사로잡았습니다. 내가 진짜로 영안이 열리고 방언을 통역하는 것일까 항상 의구심을 가졌습니다.

교회 사람들에게 나의 상태를 이야기해도 영안이 열렸다는 말뿐, 명쾌한 대답을 해주지를 못했습니다. 계속 답답한 세월을 살아가다가 우연하게 기독교 서점에 갔습니다. 진열장에서

“영안을 밝게 여는 비결”책을 발견하였습니다. 사다가 하루 만에 다 읽었습니다. 읽으면서 느낀 것은 내가 잘못되었다는 것입니다. 우리 교회 성도들이 영안에 대하여 잘못알고 있다는 것입니다. 그래서 만일을 제쳐놓고 충만한 교회에 온 것입니다. 목사님 어찌하면 좋습니까? 내가 이렇게 대답을 해주었습니다. 성도님은 무속의 영들의 영향으로 그러한 현상이 일어나는 것입니다. 성도님이 잘못 되었다는 것을 알았으니 치유는 쉽습니다. 될 수 있는 한 지속적으로 오셔서 말씀과 성령으로 치유를 받아야 합니다. 강한 성령의 역사로 대물림되는 무속의 영들을 몰아내야 합니다. 집에 돌아가서도 계속 영성을 유지할 수 있도록 치유 집회 실황 녹음 CD를 듣는 것이 좋습니다. 제가 하라는 대로 순종하면 몇 개월 내로 정상으로 회복이 될 것입니다. 그리고 그런 영물들도 꼭 필요한 때 외에는 보이지 않을 것입니다. 그랬더니 이렇게 대답을 하는 것입니다.

목사님 감사합니다. 어찌하든지 와서 치유 받아 저의 친정어머니 같은 생활에서 해방을 받겠습니다. 이분이 다행이도 친척집이 서울에 있어서 거기서 숙박을 하면서 몇 주 동안 치유를 받았습니다. 점점 얼굴이 환해지고 안정을 찾았습니다. 내가 지나가면서 물어보면 영물들도 잘 보이지를 않는다는 것입니다. 밤에 잠도 깊은 잠을 자고 있다는 것입니다. 몇 주 더 치유 받고 CD를 사서 가지고 고향에 내려갔습니다. 얼마 전에 집회에 참석을 했습니다. 물어보니 이제 안정을 찾아 바르게 믿음 생활을 하고 있다는 것입니다. 무엇보다도 밤에 잠을 깊게 자니 마음이 평안해서 좋다는 것입니다. 또 눈에 이상한 것들이 보이지 않으니 살 것 같다는 것입니다. 목사님의 설교 말씀이 잘 들리니 좋다는 것입니다.

가정환경도 많이 좋아졌다는 것입니다. 이렇게 바른 복음으로 치유를 받으면 전인적인 복이 따릅니다. 그래서 저는 영안이 열렸느니, 은사가 나타나느니, 하는 성도들의 열매를 보아야 정확하게 알 수가 있다고 합니다.

3. 목사님 우리 사무실을 용 몇 마리가 진을 치고 있대요. 우리 교회가 서울로 이전한 다음에 분당에서 사업하시는 절친한 집사님의 교회에 오셨습니다. 그런데 집사님의 얼굴에 우울하고 수심이 가득한 표정이었습니다. 제가 그에게 물었습니다. "집사님. 몹시 우울해 보이는 군요. 무슨 문제라도 있나요?" 사업을 하시는 집사님은 매우 침울한 표정으로 대답했습니다. "목사님 몇 칠전에 기도를 많이 하고 영이 맑은 분이 우리 사무실을 다녀가셨는데, 우리 사무실에 용 몇 마리가 진을 치고 있답니다. 그래서 요즘 사업이 안 풀리나봅니다." 그래서 제가 이렇게 말했습니다.

예수님이 요한일서 5장 19절에서 무어라고 하셨습니까? "또 아는 것은 우리는 하나님께 속하고 온 세상은 악한 자 안에 처한 것이며"라고 하셨습니다. 세상이 악한 자에게 처해있기 때문에 육신적으로 열린 눈으로 보면 악한 것들이 많이 보입니다. 그러나 우리는 성령으로 거듭난 영의 사람의 눈에는 천사들이 둘러 진을 치고 있는 것이 보이는 것입니다. 집사님 걱정하지 마세요. 하나님은 요한일서 4장 4절에서“자녀들아 너희는 하나님께 속하였고 또 그들을 이기었나니 이는 너희 안에 계신 이가 세상에 있는 자보다 크심이라”말씀하셨습니다.

고로, 집사님의 사무실에 용이 100마리가 있어도 상관이 없습니다. 집사님의 안에 계시는 주님이 세상에 있는 자들보다 크십니다. 걱정하지 마세요. 집사님은 갑자기 눈을 크게 떴습니다. “정말일까요? 정말 주님이 같이 계신가요?” 나는 크게 웃으면서 대답했습니다. “주님께서 거짓말하는 것 보셨어요?” 사람들은 주님께서 성경에 직접 하신 말씀을 잘 믿지 않고, 주변에 신령하다는 무당 비슷한 사람들의 말을 더 신뢰합니다. 그러므로 그들의 믿음이나 마음이 혼돈을 겪게 되는 것은 당연한 일인 것입니다. 사람들은 기도하다가 보이는 뱀이나 호랑이의 형상, 용이나 귀신의 모습을 몹시 두려워합니다.

그러나 실상 그것들은 아무 것도 아닌 것입니다. 왜냐하면 이 세상 전체에 지금 사탄이 활동하고 있으므로 우리가 계속 주님과 교통하지 않는 한, 어디에나 귀신, 마귀가 있으며 그것은 별로 대수로운 일이 아닌 것입니다. 분노, 미움, 욕심, 죄, 각종 악들이 사람들의 마음 안에서 움직이고 있는 것을 당연하게 생각하면서 악한 영들이 활동하지 않는다고 생각하는 것은 어리석은 일입니다. 그러나 주님을 의뢰하는 사람들은 주님께서 자신을 지켜주시고, 자신의 영적인 성장에 필요한 만큼의 고난과 훈련을 주님께서 허용하시므로 우리가 귀신이나 마귀를 걱정할 필요는 없는 것입니다. 제가 집사님에게 걱정하지 마세요. 정 그렇게 두려우시다면 우리교회 집회하지 않는 금요일이나 토요일 날 제가 가서 심방을 해드리겠습니다.

그러니까, 그렇게 해달라고 하여 날짜를 잡아 심방을 갔습니다. 심방을 가서 성령의 역사를 일으키며 뜨겁게 찬양하며 기도하고 말씀을 전하고 대적기도를 하고 돌아 왔습니다. 돌아오면서 계속 제가 기도하는 것같이 대적기도를 매일 하라고 당부하고 왔습니다. 그 후 석 달이 지난 다음에 집사님이 저를 찾아와서 이제 마음에 안정을 찾고 사업이 풀리고 있다고 고맙다고 했습니다. 그래서 하나님이 하신일이니 하나님에게 감사하라고 했습니다. 우리는 하나님이 주신 권세를 사용해야 합니다. 그런데 대부분의 성도들이 하나님이 주신 권세를 사용하지 못하고 마귀에게 당하고만 있으니 참으로 안타까운 일입니다.

4. 목사님 심령감찰 투시가 열렸어요. 우리 교회에서 몇 개월 동안 성령치유 집회에 참석하신 목사님이 하루는 저에게 이렇게 말하는 것입니다. 목사님 감사합니다. 먼저 나의 영육의 병을 치료하여 주신 하나님께 감사와 영광을 돌립니다. 그리고 매 시간마다 인수와 기도를 해주신 사모님께 감사를 드립니다. 할렐루야! 저는 성남에서 목회를 준비하고 있는 박○○ 목사입

니다. 4년 전에 하나님의 은혜로 서울 상계동에서 개척을 하여 목회를 하다가 다른 지역으로 이전을 하려고 준비하던 중 어려움이 있어 목회를 접게 되었습니다. 그 이후 우리 가정에 너무나 힘든 시련들이 오게 되었고 하루하루의 사람을 정말 힘들고 어려웠습니다. 개척을 하면 목회가 될 줄 알았는데 생각처럼 목회는 되지 않았습니다. 그리고 ○○금식기도원에 들어가서 40일 금식을 하였습니다. 금식을 하면 능력도 나타나고 하나님께서 응답해 주실 줄 알고 고통을 참으며 기도했지만 아무런 응답을 받지 못했습니다. 목회하기 전에도 ○○금식기도원에서 40일 금식을 하였습니다.

그때는 병도 치료받고 교회 개척 응답도 받았는데 금식 두 번째 할 때에는 아무런 응답을 받지 못하고 고생만 한 것 같습니다. 그 후 마음에 갈등이 생기기 시작했고 목회의 길이 내 길인가 아닌가 하는 의구심이 생기기 시작했습니다. 세상에 나가서 돈을 벌어볼까 차라리 기도원에 들어가 버릴까, 여러 생각 때문에 몸과 마음은 지칠 대로 지쳐있었습니다. 그러던 중에 사업을 하던 남동생이 사업이 어렵게 되자 갑자기 자살을 하는 사건이 일어나고 급기야 동생이 하던 사업은 부도가 나고 집안은 엉망이 되고 말았습니다. 어머니가 살고 있는 아파트와 동생이 살고 있던 아파트 모두 빚에 넘어가고 졸지에 거지가 되고 말았습니다.

가정이 이렇게 되고 나니까, 사람들은 이상한 눈초리로 보며 꼭 죄지은 사람인 냥 쳐다보는 것 같고 마음은 너무나 고통스러웠습니다. 어머니는 우울증과 불면증에 시달리고 너무 견디기가 힘들었습니다.

그러던 중 우연한 기회에 국민일보를 보게 되었는데 거기에 성령치유집회라는 글을 보게 된 것이 계기가 되어 충만한 교회를 알게 되었고 치유집회에 참석하게 되었습니다. 치유집회 참석하는 첫날부터 아주 놀라운 하나님의 역사가 나에게 일어났습니다. 영안이 열어지고 내 마음속의 깊은 상처와 더럽고 추한 악한 것들이 괴성을 지르면서 떠나는 것을 내가 내 눈으로 보게 되었습니다. 집회를 한두 번 참석하다보니까 내 속의 모든 문제들이 치유되면서 하나님의 평강이 내 마음 가운데에 임하면서 감사와 찬송과 기쁨이 찾아오게 되었고 생활의 활력이 넘쳐 나게 되었습니다. 정말 지금까지 체험하지 못한 성령의 불과 은혜를 체험했습니다. 말할 수 없는 기쁨과 담대함이 생겼습니다.

영안이 열리니 왜 목회가 이렇게 힘들고 어려웠는지의 그 원인을 알게 되어 무엇보다도 감사합니다. 집회 참석한지 수 주 지나서 하나님은 나에게 아주 놀라운 은혜와 은사로서 상대방의 과거와 미래가 다 읽어지는 일명 심령감찰 투시를 체험하게 하셨습니다. 사람들의 마음 안에서 역사하는 더러운 것들과 하나님의 은혜가 다 보여 집니다. 그리고 목회에 대한 응답도 주셨습니다. 심령감찰 투시는 하나님이 저에게 주신 특별한 은사라 지금 전도하면서 사용해도 되겠습니까? 하면서 저에게 질문을 하는 것입니다. 그래서 제가 이렇게 말했습니다. 목사님은 아직 성령으로 영육이 완전하게 장악되지 않은 은사이니 조금 더 치유받고 은사를 사용하라고 권면했습니다. 잘못하면 이상한 목사라는 소리를 들을 수도 있고, 마귀에게 미혹을 당할 소지가 있다고 경각심을 가지라고 했습니다. 많은 분들이 눈에 괴이한 것들이 보이고 상대의 심령을 읽을 수 있으면 다 된 줄로 착각하는 경향이 많습니다. 그러나 주의해야 합니다. 아직 육성이 죽지 않은 상태이므로 언제 마귀가 미혹하여 마귀의 도구가 될지 아무도 모르는 일입니다. 말씀과 성령으로 치유 받아 온전하게 열린 영안을 가지고 하나님이 일을 하려고 해야 합니다. 하나님의 일은 자신이 먼저 되고 다른 사람을 치유하여 주어야 합니다. 다른 사람 살려 놓고 내가 잘못되는 것이 하나님의 뜻이 아닙니다. 이렇게 권면을 했습니다. 이 목사님은 저의 권면을 받고 지속적으로 치유를 받아서 지금은 교회를 개척하여 자립성장하고 있습니다. 치유부흥 강사로 활동하고 있습니다.

여기에서 목회자분들에게 말씀드릴 것이 있습니다. 성령으로 완전하게 장악이 되려고 해야 한다는 것입니다. 스스로 기도하여 마음 안에 계신 하나님으로부터 성령의 권능이 올라오는 수준이 되어야 합니다. 그리고 스스로 성령으로 정화작업을 통하여 영성을 관리할 수 있는 수준이 되어야 합니다. 하나님과 관계가 열려야 합니다. 성령의 은사나 능력에만 의존하지 말고 전인격이 성령의 지배를 받으면서 말씀화가 되려고 해야 합니다. 스스로 자신의 영성을 관리하고 지속할 수 있는 목회자가 되려고 해야 합니다. 특별하게 다른 능력 있는 목회자를 통하여 영성을 유지하려는 생각은 버리는 것이 좋습니다. 하나님께 직접 권능을 받아서 사용하는 목회자가 되어야 합니다.

3장 정 집사는 귀신방언을 해대내요.

(눅17:20-21)"바리새인들이 하나님의 나라가 어느 때에 임하나이까 묻거늘 예수께서 대답하여 이르시되 하나님의 나라는 볼 수 있게 임하는 것이 아니요. 또 여기 있다 저기 있다고도 못하리니 하나님의 나라는 너희 안에 있느니라."

하나님의 존재를 인식하고 인정하면 하나님의 은사는 노력해서 얻어지는 것이 아니라, 사모하는 가운데 계속 하나님의 말씀을 인정하고 인식하고 체험하면 은사가 열어지고 능력이 되며 영적인 세계가 우리 안에서 펼쳐집니다. 영안은 어떻게 열립니까? 하나님의 말씀을 삶에서 적용하면서 체험함으로 말씀 안에서 영안이 열리는 것입니다. 성령은 한분이지만 은사는 여러 가지입니다. 영안이 열어지려면 이런 영적인 원리들을 알아야 합니다. 하나님의 음성을 듣기 위해 이론과 원리가 필요합니다. 심령을 감찰(투시)하는 영안이 열어지면 내 안에서 성령이 말씀하시는 소리를 들을 수 있게 됩니다.

그리고 자기 자신 안의 오장육부 신경 뼈 속 혈관 신체 내부가 다 보이게 됩니다. 영안이 열어짐과 동시에 영적 세계가 보입니다. 내 안에 있는 또 다른 나를 보게 됩니다. 성경 말씀이 역사하시는 것을 체험하게 됩니다. 하나님의 말씀이 내 안에서 능력이 되어 집니다. 자기 자신의 영적상태를 알게 됩니다. 인간 관계가 회복이 됩니다. 하나는 죄와 허물을 보는 눈이 열리면 죄가 보여도 정죄하지 않으며 회개하게하며 마음을 열게 되고 하나님의 말씀과 상관이 있는 신앙을 회복하게 됩니다. 하나님과 관계를 회복하게 됩니다.

성경은 남의 눈의 티는 발견하고 내 눈의 들보는 보지 못한다고 하였습니다. 나의 허물을 보는 눈이 열리면 진단하고 점검하며 깨끗한 가운데 말씀이 역사하는 것을 보게 됩니다. 말씀이 생명으로 나에게 나타나기를 시작합니다. 자신을 볼 수 있는 영안은 신앙생활에 필수입니다

이제 제가 그동안 성령치유 사역을 하면서 영안이 열렸다는 성도와 사역자들로부터 당한 피해를 말하겠습니다.

1. 사모님 머리에 구렁이가 두 마리가 감겼다. 지금 교회에는 영안이 열렸다고 하는 목회자와 성도들로 인하여 교회에 피해가 적지 않다는 것입니다. 저에게 몇 년 전 저 경기도 부천에서 목회하는 목사님이신데 한 3주 동안 열심히 다니면서 성령의 불세례와 치유의 은사를 받으시더니 저에게 이런 말을 하는 것입니다. 목사님 우리 교회는 개척교회인데 우리 교회 여 집사들 가운데 영안이 열렸다고 자랑하고 다니는 집사 두 명이 있습니다. 자신들이 영안으로 사모를 보니, 사모 머리에 큰 구렁이가 두 마리가 감겨있다는 것입니다.

그런데 문제는 우리교회에 와서 아직 정착을 하지 못한 여성도가 있었는데, 그 여 성도에게 사모 머리에 구렁이가 두 마리가 감겨있어 사모가 저 모양이니 교회를 떠나라고 했다는 것입니다. 그래서 그 여성도가 그 말을 믿고 교회를 떠났다는 것입니다. 목사님이 다른 성도에게서 이 말을 전해 듣고 사모에게 직접 이야기 하면 사모가 기절할까봐 말을 못했다는 것입니다. 목사님 정말 사람 머리에 구렁이가 감고 있을 수가 있습니까? 그래서 제가 절대로 그 말을 믿지 말라고 했습니다.

도리어 그 여 집사들을 마귀가 점령하고 교회성장 방해하려고 장난을 치는 것이니 조금도 동요하지 말고 사모님을 모시고 오셔서 치유 받게 하라고 권면했습니다. 그러면서 제가 이렇게 말씀해 주었습니다. 예수를 믿었다고는 하나 말씀과 성령으로 완전하게 장악되지 않은 아담의 상태로 머물러 있는 육신에 속해 있어서 마귀의 영향을 받는 사람은 남의 허물을 드러내어 망신시키는 사람입니다. 말씀과 성령으로 치유된 성령의 사람은 허물을 덮어주는 사람입니다. 목사님 더 은혜 많이 받아서 영적인 지식을 넓히고 성령의 권능을 받아서 그 여 집사들에게 나무라지 말고 예배 때마다 안수를 계속하라고 했습니다.

그러면 성령의 임재로 그 속에서 역사하며 헛된 것을 보게 하고 교만하게 하는 마귀가 떠나갈 것이라고 했습니다. 절대로 그 성도들의 언행이 잘못되었다고 질책을 하면 자신들의 정체가 폭로 되어 교회를 떠날 지도 모르니 그 냥 모르는 착하고 안수만 지속적으로 하라고 했습니다. 교회는 성도들이 떠나게 해서는 안 됩니다. 그 성도에게 역사하는 마귀만 떠나가면 되는 것입니다. 그리고 목사님도 바르게 영안을 열어 가시라고 권면한 일이 있습니다. 그래서 그때부터 저는 영안에 대하여 관심을 가지고 이론을 정립하기 시작하였습니다.

2. 귀신에 씌었는데 말씀이 들리겠습니까? 수원에서 한동안 치유와 능력을 받으러 다니던 목사님의 간증입니다. 교회를 개척하고 얼마 지나지 않아서 생긴 일입니다. 교인들이 한 열 명 정도 되었습니다. 얼마동안 예배를 드리러 다니던 한 분이 상담을 요청했습니다. 상담을 하면서 알게 된 사실인데 이분이 신학을 한 전도사 이었습니다. 나이가 40이 넘은 여성인데 군소교단 신학교를 졸업했다는 것입니다. 이분이 무보수로 교육전도사로 봉사를 하겠다고 있게 해달라는 것입니다. 당시 한 사람이 새로운 시절이라 승인을 했습니다. 교육 전도사가 생겨서 기도를 함께 할 사람이 있어 잠시 동안은 좋았으나 곧 생각지도 못한 일들이 생겼습니다. 어느 날 저에게 아주 심각한 어조로 말을 했습니다. “김 집사는 귀신 방언을 합니다. 정 집사는 귀신에 씌어서 말씀을 듣지 못하고 조는 것입니다. 불러서 교육을 시켜야 합니다.” 하도 기가 막혀서 무슨 말인가 물었더니 자신은 방언 통역의 은사를 받아 방언을 통변하는데 김 집사 뒤에서 방언기도하는 것을 들으니 귀신 방언을 합니다. 정 집사는 예배 시

간에 잘 조는데 자신의 열린 영안으로 보니 졸게 하는 귀신에 잡혀있습니다. 이 두 사람을 그냥 두면 교회가 혼란스러워 질 것입니다. 불러서 교육을 시켜야 한다는 것입니다. 그래서 제가 강요셉 목님은 귀신 방언을 하든지, 귀신에 씌었던지, 본인에게 말하지 말고 계속 성령의 역사를 일으키고 안수를 하면 정상으로 치유가 된다고 하셨습니다. 절대 본인에게 이야기하면 교회를 떠날지도 모르니 안수만 하라는 데 무슨 말입니까? 전도사 하는 말이 아니 목사님! 교회에 귀신을 달고 다니는 사람을 그냥두면 어찌 합니까? 그래도 그냥 두라고 했습니다. 그러면서 거듭 거듭 가르쳐도 소용없다고 충고처럼 말합니다. 그래서 이건 이상하다 싶어 조용히 앉혀놓고 말했습니다.

정 그렇다면 "전도사님이 다음 주일부터 주보를 들고 교회 문 앞에 서 있다가 한 사람 한 사람 들어올 때마다 영안으로 구별해서 하나님의 자식이 맞으면 들여보내고 영적으로 좀 이상하다 싶으면 들여보내지 말 것입니까. 교회는 누구라도 들어오는 곳이지, 사람 가려서 들어오는 장소가 아닌데 전도사님이 하나님입니까? 사람에게서 허물을 찾아 가려서 예배를 드리면 다른 사람보다 나부터도 교회 밖으로 나갈 사람이니까 그렇게 하다가는 전도사님 혼자만 예배드리는 경우도 생길 수 있습니다. 그리고 교회는 사람이 떠나가면 안 되고, 사람에게 역사하는 귀신만 떠나가면 되는 것입니다." 했더니 섭섭한 표정으로 저를 물끄러미 바라봅니다.

그런 일이 있은 후부터는 본격적으로 새벽기도 오는 정 집사를 붙들고 "하나님이 정 집사님께 주는 말씀입니다. 성경을 펼쳐서 찾아보세요." 하며 새벽부터 성경을 찾게 하는데 그것도 한두 구절 말씀을 찾으라면 괜찮지만 5~20개의 말씀을 찾으라고 권합니다. 새벽기도 하러 오는 사람은 조용히 기도하고 싶을 텐데, 이건 지나치다는 생각이 들어 "전도사님은 밤에 잠 안자고 하나님 말씀만 받습니까?"하니까 인상이 싹 달라집니다. 영적으로 단단히 잘못됐다는 생각이 들어 이대로 두어서는 성도들 신앙을 버려놓겠다 싶어 며칠 고민하고 있는 사이에 자신이 먼저 선수를 쳐 "제가 훈련이 덜돼서 그런 것 같습니다. 나가겠습니다." 하더니 나가버렸습니다.

그때서야 온 교인들이 이일, 저일 온갖 말을 서로 쏟아놓습니다. 내가 모르는 일들이 드러나며 모든 성도가 말하지도 못하고 속병을 했구나 싶어 미안했습니다. 나간 후 가까운 사람을 통해 들으니 다른 교회의 기도 팀에 들어가 그곳 목사님과 함께 기도한다고 했습니다. 그리고 나간 전도사가 "○○교회 정 집사는 악령에 씌었다." 고 말을 하고 다닌다고 했습니다. "개척교회가 이런 소문이 퍼지면 교회부흥에 큰 지장이 있습니다." 상황을 알려주신 분의 염려였습니다. "괜찮습니다. 그러다가 자기가 영적으로 잘못된 게 드러나면 그 때 밝혀질 것 아닙니까." 결국 그곳 교회에서 1년을 훨씬 넘도록 머물며 거의 교회를 분리시키고 난 후에 나가 버렸다는 것입니다. 이 사건으로 많은 숫자의 교인들이 그녀의 예언 아닌 예언에 현혹되어 우왕좌왕 흔들렸다가 제 자리를 찾았다고 합니다. 물론 자기 자신도 신앙을 거의 잃다시피 되었다고 전해집니다. 분명하게 교회는 성령의 역사가 일어나야 합니다. 담임목회자가 성령의 권능이 있었으면 문제의 전도사를 기도를 하게 하고 안수하여 정상적인 사역자로 양성했을 것입니다. 이처럼 자기만 인정하는 영안이 열렸다하여 분별없이 언행을 함으로 성도들에게 상처를 주고, 하나님의 교회를 분리시키고 다니는 사람들 때문에 많은 사람이 피해를 입게 됨은 참으로 경계할 일입니다. 바른 분별력이 필요하다고 여겨집니다. 담임 목회자들이 이런 사역자들을 바르게 인도할 수 있는 성령의 권능이 필요합니다.

3.정 집사는 귀신방언을 해대내요. 많은 성도들이 저에게 와서 자신의 방언이 진짜 방언인지 아닌지 분별하여 달라고 합니다. 제가 군에 있을 때 군 교회에서 부흥회를 했는데 그때 성령체험을 하고 방언을 하기 시작을 했습니다. 말로 하는 기도보다 방언으로 기도하니 너무나 좋고 감사하고 영적인 체험도 하고 영성도 깊어지는 것 같았습니다. 그러다가 다른 부대로 발령이 나서 가게 되었습니다. 그런데 그곳에 방언통역을 한다는 권사 한분이 있었나 봅니다. 하루는 저와 가장 가까운 사람이 저에게 당신이 하는 방언기도는 귀신방언이니 하지 말라는 것입니다. 그리고 새벽에 기도할 때마다 제 옆에서 감시를 하고 방언하는

소리를 들어보는 것입니다. 그래서 제가 방언으로 기도를 하지 못했습니다. 그런데 문제는 방언으로 새벽에 기도를 하지 못한 날은 몸이 천근만근이고 기분이 좋지 못하여 하루 종일 고생을 한다는 것입니다. 방언으로 새벽에 기도하고 나면은 발걸음이 가볍고 하루가 상쾌하고 즐겁게 잘 지내는데 방언으로 기도하지 못하는 날은 정말 힘이 들었습니다. 그래서 필자가 "백세시대 건강하게 장수하는 법"이란 책을 출간할 것입니다.

그때 제가 느낀 것인데 사람은 영적인 존재이기 때문에 영성이 활성화 되지 못하면 건강에도 지장이 있다는 것을 체험으로 알게 했습니다. 그런데 제가 목회자가 되고 영적인 일에 관심을 많이 갇고 불갇은 성령도 체험하고 나름대로 영성이 조금 깊어진 지금 생각하면 초등학교 일학년 수준인 영적인 지식을 가지고 저의 방언기도를 방해하여 영적성장에 지대한 영향을 미쳤다는 것입니다. 그래서 제가 방언 통역에 대하여 관심을 갖기 시작한 것입니다. 그때 하도 고생을 해서 말입니다.

그런데 제가 성령치유 사역을 하다가 보니 교회에 방언통역을 한다는 성도들로 하여금, 교회 성도들에게 상처를 주고, 피해가 막심하다는 것입니다. 작년 추석 집회할 때 어느 여전도사가 와서 저에게 이렇게 상담을 했습니다. 목사님 우리 교회 전도사 중에 나름대로 방언 통역을 한다는 여전도사가 있는데, 새벽 기도할 때 성도들의 방언기도를 들어보고 나름대로 평가하여 담임 목사님에게 이야기 하면 목사님이 그 성도에게 방언기도를 하지 못하게 한다는 것입니다.

그 피해자 중에 자기도 포함이 된다는 것입니다. 그래서 자기가 방언으로 기도를 못하니 가슴이 답답하여 미칠 지경이라 휴일을 택해서 치유 받으러 왔다는 것입니다. 그래서 말씀 듣고 은혜 받고 심령을 치유 받고 제가 그 전도사의 방언을 들어보니 이상이 없는 성령으로 하는 영의 방언이었습니다.

그래서 이제 걱정하지 말고, 누구의 말에도 눌리지 말고 누가 무어라고 해도 방언으로 기도를 계속 하라고 조언한 일이 있습니다. 제가 성령치유 사역을 오래하다가 보니 개척교회나 큰 교회나 할 것이 없이 목회자 분들이 영안이 열렸다, 방언 통역을 한다하는 성도들의 말을 잘도 믿는 다는 것입니다. 분별해 보지도 않고 그 소리를 다 믿는 다는 것입니다. 분별해야 합니다.

저의 임상적인 견해로는 방언을 어떤 소리로 하든지 상관할 필요가 없다는 것입니다. 방언은 계속적으로 바뀝니다. 방언을 하다가 성령의 불세례를 강하게 체험하고 영의 통로가 열리면 방언이 달라지고 바른 방언이 됩니다. 그러므로 방언하는 것 들어보고, 귀신 방언인가 판단하지 말아야 합니다. 또 방언 통역을 아무렇게나 하는 것이 아닙니다. 잘못된 방언도 목회자가 성령의 불세례를 체험하고 성령의 능력을 받아 안수기도를 하면 성령의 강력한 역사에 의하여 영으로 하는 방언으로 바뀌더라는 것입니다. 방언분별에 대해서는 "**방언기도의 오묘한 신비**"를 일어보시기를 바랍니다. 절대로 교회에서 자기 나름대로 방언 통역한다는 사람들은 자신의 심령 상태를 진단해 보아야 한다고 저는 강력하게 주장을 합니다. 왜냐하면 방언을 가장 듣기 싫어하는 것들이 귀신입니다. 그래서 귀신에게 눌렸던 성도들이 방언을 받으면 귀신들이 많이 축귀되는 것입니다. 특히 영으로 속으로 하는 방언에는 귀신들이 정말로 듣지 못하고 축귀됩니다.

그러므로 방언 통역한다고 들어보고 귀신 방언 한다고 못하게 하는 그 성도가 바로 귀신 방언을 하는 것입니다. 방언기도의 분별은 본인이 하는 것입니다. 본인이 방언기도를 했을 때 마음이 뜨겁고 성령의 충만함을 느끼면 영으로 하는 방언입니다. 그러나 방언 기도를 하면 할 수 록 심령이 갑갑하고 영성에 변화가 없으면 잘못된 방언입니다. 이렇게 잘못된 방언을 하다가도 어느날 성령의 불세례를 체험하면 바른 방언으로 바뀌니까, 너무 성급하게 판단하여 낙심하거나 의기소침하면 영성에 해가 되니 참고하시기를 바랍니다.

그리고 방언통역은 심령이 성령으로 장악되고 치유되어 영감이 풍성하고 영안이 열리면 다 할 수 있는 은사입니다. 방언통역은사가 있다고 다된 것은 아니라고 생각합니다. 심령에서 성령의 생수가 올라오는 성도가 되는 것이 더 중요한 일입니다. 사람이 하는 말에 신경 쓰지 말고 방언으로 기도하세요. 때가 되어 성령으로 충만해지면 방언기도도 바뀝니다.

4.목사님 하나님이 진노하세요. 제가 부 교역자를 하던 때의

일입니다. 교회에 다니는 집사 중에서 남편하고 불화가 심하여 이혼을 결심하고 사십일 금식 기도를 하고 왔습니다. 그런데 보호식 기간에 교회에 나오면서 새벽기도를 했습니다. 그러던 어느 주일날입니다. 제가 1부 예배가 끝이 나고 2부 예배를 준비하고 있으면서 출입문 쪽을 보니까, 담임목사하고, 그 여 집사하고 막 손가락질을 하면서 다투는 것입니다. 그래서 저 여 집사가 미쳤나 조금 있으면 2부 예배를 인도해야 하는 목사님을 붙잡고 왜 저렇게 다투는 거야! 하고, 그저 먼발치에서 구경만 했습니다. 정말 상식이 없고 무식한 여자 입니다. 그러니까, 남편이 이혼을 하자고 하는 모양이구나 하며 혼자 말을 했습니다. 그래서 대관절 무슨 일 때문에 저렇게 다투는 것일까, 의아심을 가지면서 주일 예배를 마쳤습니다. 당시 우리 교회는 저녁 예배를 마치고 나면 교역자 회의를 합니다. 교역자 회의를 하면서 담임목사가 하는 말이 그 여자 귀신에게 눌렸다는 것입니다.

당시 제가 부교역자를 하던 교회는 신도시로서 종교 부지에 교회를 지었습니다. 그런데 사기꾼이 그 종교 부지를 되팔아먹으려다가 발각이 되어 사기죄로 감옥에 투옥된 상태였습니다. 그 사건을 귀신이 그 여 집사에게 알려준 것입니다. 목사가 그 사람을 감옥에 투옥되게 하여 하나님이 진노하신다는 것입니다. 그러면서 담임목사에게 회개하라고 했다는 것입니다. 나는 성령인데 담임목사에게 꼭 일부 예배가 끝나면 이야기하라고 해서 한다는 것입니다. 담임목사가 화가 나서 담당교역자에게 소리를 지르면서 나무라는 것입니다. 성도들 교육 똑바로 시키라고 말입니다. 그러면서 한 말 또 하고, 한 말 또 하고 하면서 회의를 하여 밤 열두시가 되어서 회의를 마쳤습니다.

저는 그때만 하더라도 그 여 집사가 영안이 열렸다고 하여 대단한 사람이라고 내심 부러워했습니다. 저는 그 때 정말 영적인 무지한 이였습니다. 그래서 야! 성령께서 그런 것도 알려주시는구나. 하고 대단히 의아하게 생각했습니다. 그런데 담임목사님이 하시는 말씀을 듣고, 이 여자가 귀신에게 이용을 당하고 있구나하며 생각을 했습니다. 지금 생각하면 정말로 악한 영에게 사로잡혀서 지내는 집사가 분명하다고 생각을 합니다. 귀신은 결점을 드러내어 망신을 시키기 명수입니다. 이 여 집사는 자신 나름대로는 환상을 보고 심령을 감찰하며 하나님의 음성을 듣는 다고 하지만 귀신의 하수인 노릇을 하는 것입니다. 남편하고 이혼하려고 하는 그 심령에 성령의 역사보다 악령의 역사가 더 강할 것입니다. 그리고 그렇게 보여주고 알려준 것은 교회와 담임목사를 위하여 기도하라고 알려준 것인데 그렇게 발설하여 예배를 인도할 담임목사의 심기를 괴롭히니 마귀의 종이 분명합니다. 그러므로 교회에서 영안에 열렸느니 음성을 듣느니 심령감찰(투시)를 한다는 성도나 교역자의 심령 상태를 분별해야 합니다. 우리는 바른 영안을 열어 이런 성도들이나 교역자에게 당하지 마시기를 바랍니다.

5. 우리교회 예배모습 주님 어찌해야할까요. 어느 자매가 저에게 전화로 상담을 요청한 내용입니다. 목사님! "영안을 밝게 여는 비결" 책을 읽고 목사님을 알았습니다. 그런데 목사님! 저는 아직 영안이 열리는 과정중이라 선명하게는 안보입니다. 제가 예배를 드리는 도중 저희 교회를 보았지요. 천장을 보니까 대문짝만하게 생긴 마귀가 히죽히죽 웃고 있었습니다. 그리고 강대상을 보니까 하얀 천사들이 아닌, 검은 물체들이(사람모양) 강대상을 서로 손잡고 빙 둘러있었습니다. 그래서 마음속으로 기도했습니다. 아아~ 주님! 어찌해야 좋을까요? 목사님 어떻게 하면 좋겠습니까? 그래서 제가 이렇게 대답을 해주었습니다. 정신을 차리고 그런 잘못된 것을 보려고 하지 마세요. 그리고 만약에 보이거든 성령의 임재 하에 예수님이 주신 권세를 가지고 대적기도하세요. 그러면 물러갑니다. 영안이 열리면 헛것만 보이는 것이 아닙니다. 천사도 보이고 말씀 속에서 여러 가지 영적인 비밀들이 보이는 것입니다. 영안을 바르게 열어가도록 바른 지도자에게 바르게 지도를 받기를 바랍니다.

6. 사랑과 부드러움이 귀신을 축귀하게 한다. 어떤 집사는 아내가 워낙 센 마귀가 붙어서 예수를 믿지 않는다고 하소연합니다. 기도할 때마다 험상궂은 중의 모습이 보이는데 그것이 그녀의 믿음을 방해한다는 것입니다. 저는 마음을 가다듬고 나서 그에게 조언을 해주었습니다. 주님을 믿지 않는 것은 마귀

가 붙어서 괴롭히는 면도 있지만, 또한 고집에 세기 때문이라고 말입니다.

그리고 그 중인지 뭔지 하는 귀신을 쫓아낼 수 있는 대적기도 비결을 가르쳐주겠다고 했습니다. 집사는 귀가 번쩍 뜨이는 모양입니다. "정말요? 어떤 비결?" "그녀에게 붙은 마귀를 쫓는 방법은 아주 간단합니다. 아주 부드럽고, 친절하게 대해 주세요. 진심으로 사랑하고, 섬기고, 백화점에서 고객 감동 세일하듯이 아내 감동세일작전 아시지요." 실망한 집사는 곧 전화를 끊었습니다. 제가 이렇게 일려준 것은 부인의 마음을 열게 하기 위해서 알려준 것입니다. 마음이 열려야 성령의 역사가 일어나고 귀신이 축귀되기 때문입니다. 축귀는 피사역자의 마음 안에서 성령의 역사가 일어나야 성령의 역사에 의하여 귀신이 떠나가기 때문입니다. 제가 장난을 치고 있는 줄 알았겠지요. 하지만 저는 농담이 아니었습니다. 그는 어떤 신령한 비법이 있는 줄 알았던 모양이었습니다. 악한 영들은 사납고, 거칠고, 전투적인 분위기에서는 잘 소멸되지 않습니다. 그들은 일시적으로 쫓겨나지만 곧 다시 돌아옵니다.

그러나 사랑스러움, 부드러움, 따뜻함, 상대에 대한 섬세한 배려가 있을 때 마귀는 견디지 못하고 달아나는 것입니다. 마음을 열을 때 성령의 역사에 의하여 귀신이 떠나가는 것입니다. 귀신들은 그러한 분위기에서 몹시 고통을 느끼기 때문입니다.

그러므로 어떤 사람이 이를 갈면서 우리를 해하려고 달려와도 조용한 시선으로 부드럽게 응시해주면 그들 속의 악의 기운이 순식간에 꺾여 버리는 것입니다. 따뜻함, 사랑스러움, 그것은 영적인 전쟁에서의 놀라운 힘입니다. 무기입니다. 그러므로 나쁜 것이 보여도 그것을 무시하십시오. 그리고 주님의 말씀, 영원한 사랑을 신뢰하십시오. 우리는 신실하지 않아도 주님은 언제나 신실하시니 항상 우리를 떠나시지 않고 우리를 버리시지 않으실 것입니다. 이렇게 그분에 대한 조용한 감사와 신뢰가 삶을 누리게 하며, 신앙생활을 부드럽고 행복하게 할 수 있는 원동력이 되는 것입니다.

충만한 교회에서는 매주 화-수-목 성령치유 집회를 11:00-16:30까지 진행을 합니다. 무료집회입니다. 단 교재를 매주 구입을 해야 입장이 가능합니다. 매주 다른 과목을 가지고 집회를 인도합니다. 우리 교회 집회는 "성령의 불세례, 내적치유, 귀신축사, 신유, 성령의 은사 전이, 깊은 영의기도"는 기본으로 깔아놓고 집회를 인도합니다. 어느 집회에 오시더라도 "성령의 불세례, 내적치유, 귀신축사, 신유, 성령의 은사 전이, 깊은 영의기도"를 받을 수 있다는 말입니다

병원이나 세상 방법으로 해결하지 못하는 15가지 질병과 문제도 해결 받겠다는 믿음과 의지를 가지고 참석하면 모두 해결 받습니다. 단 성령께서 자신을 장악해야 치유가 되기 때문에 성령이 장악하는 기간이 사람마다 다릅니다. 그래서 무슨 문제이든지 믿음을 가지고 오시면 해결이 된다는 것입니다. 오셔서 모두 치유와 능력을 받으시기를 바랍니다.

4장 목사님! 제 딸 눈에 귀신들이 보인대요.

(눅17:20-21)"바리새인들이 하나님의 나라가 어느 때에 임하나이까 묻거늘 예수께서 대답하여 이르시되 하나님의 나라는 볼 수 있게 임하는 것이 아니요. 또 여기 있다 저기 있다고도 못하리니 하나님의 나라는 너희 안에 있느니라."

하나님은 예수를 믿고 성령으로 거듭난 성도들이 영적인 사고를 하기 원하십니다. 우리가 말로는 예수를 믿고 영적으로 거듭났다고 합니다. 그러나 여전하게 육을 입고 육적인 사고에서 탈피하지 못하고 살고 있는 것을 부인할 수 없는 것입니다. 육적인 사고에서 탈피하지 못하니 영안이 열리지를 않는 것입니다. 성도는 반드시 영안이 열려야 합니다. 저는 영적인 사고가 굉장히 중요하다고 생각 합니다. 영적으로 사고하면 좀 더 빨리 영안이 열리고 영적으로 바뀔 수가 있기 때문입니다. 신령한 사람으로 바뀔 수 있습니다. 신령한 사람이 되어야 귀신들의 궤계를 알고 몰아낼 수가 있는 것입니다.

1. 강 목사 내 병도 한 번 고쳐 보아라. 제가 몇 년 전 새벽에 기도를 하면서 황홀한 중에 보니까, 얼굴이 흉측하게 생긴 악귀가 흐흐흐 하면서 달려드는 것입니다. 그래서 내가 예수 이름으

로 명하노니 떠나가라. 했더니 물러가는 것입니다. 조금 있다가 다시 저에게 공격을 합니다. 그래 내가 예수 이름으로 명하노니 떠나가라. 했더니 물러가는 것입니다. 이렇게 한 서너 번을 한 다음에 다시는 공격하지를 않았습니다.

그리고 어느날 새벽에 기도를 하다가 성령이 임재 하여 황홀한 상태가 되었는데 얼굴이 일그러진 두 놈이 나에게 다가 오더니 야! 강 목사 자네가 그러게 병을 잘 고친다면서 어디 나도 고쳐봐라. 그러면서 달려드는 것입니다. 그래서 내가 손을 얹고 "내가 예수 이름으로 명하노니 물러갈 지어다."하고 기도를 했더니 물러가는 것입니다. 만약에 내가 이때 두려워서 예수 이름을 사용하지 않았다면 영락없이 이것들에게 당했을 것입니다. 악한 영들은 이렇게 시기각각으로 영적인 사역을 하는 사역자에게 나타나 두려움을 주어서 사역을 못하게 하려고 달려드는 것입니다. 그러나 우리는 예수님이 주신 권세가 있습니다. 담대하게 예수 이름으로 명령하면 악귀는 물러가는 것입니다.

오래 전 부산에 사는 집사가 저에게 전화를 해왔습니다. "목사님, 기도 좀 해주세요. 지금 마귀가 얼마나 강하게 역사하는지 온 몸이 너무 아파요. 눈이 아른 거리면서 머리가 깨질 것만 같아요." 저는 물었습니다. "지금 마귀가 보입니까?" "예! 보입니다. 제 주변을 포위하고 있어요. 우리 집 건너편에 산이 있는데 마귀 다섯 마리가 산에서 나를 노려보고 있습니다. 제가 기도를 강하게 하면 보이지 않는데 오늘은 몸이 너무나 피곤하여 기도를 얼마 못했더니 마귀들이 더 역사합니다. 내가 영력이 떨어져서 그런 가봅니다." 집사님! 자꾸 산을 보고 놀라지 말고 호흡을 들이쉬고 내쉬면서 기도하면서 성령의 임재를 요청하세요. 그러면 머리가 시원해 질 것입니다. 지금 호흡으로 기도해 보세요. 그리고 물었습니다. "집사님! 머리가 좀 맑아진 것 같지 않아요?" 전화기 너머로 의아해 하는 그의 음성이 들려왔습니다. "정말로 신기합니다. 머리가 안 아픈 것 같아요. 왜 그러지?" 저는 계속 설명을 합니다.

"계속 마귀를 생각하니까 머리가 아프지. 잠깐 생각을 마귀에게서 멀어지는 말을 하니까 머리가 맑아지는 것입니다. 앞으로 지속적으로 빛의 생각을 해야 해요. 성경을 펼쳐서 보아요." 나는 그에게 성경 마가복음 16장 17절로 18절을 찾게 했습니다. "믿는 자들에게는 이런 표적이 따르리니 곧 그들이 내 이름으로 귀신을 쫓아내며 새 방언을 말하며 뱀을 집어 올리며 무슨 독을 마실지라도 해를 받지 아니하며 병든 사람에게 손을 얹은즉 나으리라, 하시더라" "집사님! 성령의 임재 하에 명령하세요. 주님께서 부활하심으로 마귀의 권세를 깨뜨렸기 때문에 이미 우리는 이긴 거예요. 그러니 이 말씀을 계속 주장해야 됩니다. 그리고 예수 이름으로 대적해야 합니다. 사탄아, 주님은 이미 너를 이기셨다! 예수 이름으로 명하노니 나에게서 떠나가라. 하고 믿고 선포해야 됩니다. 몸이 아픈 느낌, 그 감각을 믿으면 안 됩니다. 우리의 감각은 실제가 아니지만 주님의 말씀이 실제입니다." 많이 좋아진 목소리로 집사가 대답했습니다.

"목사님이 그 말씀을 하니까, 조금 전까지 산에서 나를 처다 보던 마귀들이 지금은 눈에 보이지 않고 있어요." "그래서 제가 다시 큰 소리로 마귀 애기 그만 하고 주님을 생각하라니까요. 계속 예수 이름으로 계속 대적기도하세요." 이 세상에는 많은 좋은 생각들이 있습니다. 적극적인 사고방식, 희망적인 사고, 생명이 아닙니다. 그것은 순간의 위안에 불과하며 주님께로부터 나온 것이 아닙니다. 참된 빛의 생각은 바로 주님 자신입니다. 주의 이름을 부르며 주님을 생각할 때 우리는 빛으로 감싸이게 되는 것입니다. 긍정적이고 희망적인 생각은 심리적인 것이며, 사람을 부추기는 것이므로 마귀는 그런 것을 전혀 두려워하지 않습니다.

그러나 우리가 주님을 바라보고 그분께 경배를 드리게 되면 마귀는 극심한 고통으로 도망갈 수 밖 에 없는 것입니다. 신령한 것, 심령감찰(투시), 영적 세계를 보는 것을 대단하게 생각하는 사람들이 있습니다. 그러나 그것은 실상 별것이 아닙니다. 그것은 영적인 세계를 이해하는 데 약간 도움이 될 뿐입니다.

어떤 사람이 누군가를 미워하고 있다면, 영안이 열린 사람은 그 사람을 볼 때 으르렁거리는 호랑이의 모습이 보이거나 그의 가슴속에서 악한 불길이 움직이는 것이 보일 것입니다. 누군가 간교하게 처신할 때 영안이 열렸다면 여우의 형상이 보일 것입니다. 그러나 사실 그런 정도는 영이 열리지 않더라도 어느 정도 사회경험, 사람 경험을 해 본 사람은 쉽게 느낄 수 있는 것입니다.

우리가 예배를 드리면서 찬양을 하고 통성 기도를 할 때, 영안이 열린 사람이 보면 예배당 안에 천사가 가득하고 금빛 가루가 마구 쏟아지는 것을 볼 수 있을 것입니다. 그러나 보이지 않더라도 그것은 당연한 현상입니다. 주님께서는 마태복음 18장 20절에 '두 세 사람이 내 이름으로 모인 곳에는 나도 그들 중에 있느니라.'고 말씀하셨기 때문입니다. 저는 예전에 청년부에 있던 자매가 내가 예배를 드리고 있는 중에 영이 열려 천사가 나를 둘러 진을 치고 있는 것을 보았다는 말을 듣고 무척 기분이 좋았던 적이 있었습니다.

그러나 알고 보니 그것은 별로 자랑스러운 일이 아니었습니다. 왜냐하면 대부분의 예배에서 대부분의 목회자가 기도하거나 찬양할 때 정도의 차이는 있으나 빛과 불의 역사가 흘러나오기 때문입니다. 빛은 진리를 깨닫게 하는 힘이며 불은 말씀을 실천케 하는 역동적인 에너지입니다.

그러므로 집회에서 진리를 깨달았다면 이는 빛을 받은 것이며, 어떤 감동이나 도전을 받았다면 이것은 불을 받은 것입니다. 물론 그 빛과 불의 느낌은 신체적으로 반드시 느껴지는 것은 아닙니다. 또한 그 빛과 불은 각 사람의 수용 수준에 따라 경험되는 차원이 다르므로 그렇게 마냥 자랑스러워 할 것은 못 됩니다. 그러나 이런 것을 전혀 보지 못하는 사람도 이 집회가 감동이 되고 있는지, 아니면 지루하고 따분한 집회인지는 쉽게 느낄 수 있는 것입니다. 지루한 예배는 뭔가 영의 흐름이 막혀있기 때문입니다. 분노와 미움, 용서하지 않음, 두려움, 근심 등이 목회자나 성도들 가운데 있을 때 이를 처리하지 않게 되면 영의 흘러나옴이 제한을 받게 되므로 영이 답답하여 고통을 느끼게 되는 것입니다.

2. **목사님 하늘에 무슨 용들이 이렇게 많습니까?** 얼마 전에 미국에 있는 어느 여 집사에게서 전화가 왔습니다. 국제 전화를 한 이유는 제가 쓴 책 중에 "성령의 불로 불세례 받는 법."과 "불같은 성령의 기름부으심" "영적인 궁금증과 명쾌한 답변"을 읽어 보았는데 자신의 궁금증이 풀리지 않는 것이 있어서 저에게 물어보려고 전화를 했습니다. 자신은 영안이 열렸는데 하늘을 보면 용들이 그렇게 많이 보인다는 것입니다. 그래서 하늘을 바라 보기가 두렵다는 것입니다. 그래서 제가 그랬습니다. 집사님! 그것은 집사님이 아직 성령으로 완전하게 장악되지 않아서 집사님 안에 육성(아담)이 남아 있어서 그 육성에서 역사하는 마귀가 보여주는 것입니다.

지금 집사님의 심령에 육신적인 것들이 아직 남아 있습니다. 말씀과 성령으로 치유를 받아 권능이 임하면 보이지 않을 것입니다. 사실 세상에 용들이 많이 있는 것은 사실입니다. 왜냐하면 하나님이 요한일서 5장 19절에서 이렇게 말씀했기 때문입니다. "또 아는 것은 우리는 하나님께 속하고 온 세상은 악한 자 안에 처한 것이며" 세상은 악한 자에게 처해 있기 때문에 육성(성령으로 완전하게 장악되지 않는 아담 안에 있는 영육상태)으로 열린 눈으로 세상을 바라보면 용들이 많이 보일 수가 있습니다.

그러나 하나님은 요한일서 4장 4절에서 이렇게 말씀하십니다. "자녀들아 너희는 하나님께 속하였고 또 그들을 이기었나니 이는 너희 안에 계신 이가 세상에 있는 자보다 크심이라." 세상에 있는 자보다 크신 하나님이 집사님을 장악하면 악한 것들은 될 수 있으면 보이지 않으려고 숨을 것입니다. 그리고 제가 체험한 이야기를 해주었습니다. 제가 시화에서 목회할 때에 우울증 환자를 약 2시간 동안 축귀를 했습니다. 그러고 나서 교회를 보니 여기저기 구렁이들이 돌아다니고 있었습니다. 그래서 "내가 예수 이름으로 명하노니 더러운 영들은 떠나갈지어다. 내가 예수 이름으로 우리 교회 안에 예수 피를 뿌리노라. 예수 이름으로 명하노니 더러운 영들은 물러갈지어다."그렇게 대적기도를 하고 보니까, 구렁이가 한 마리도 없었습니다. 예수 이름 앞에 악귀는 물러가는 것입니다. 집사님 무슨 말인지 알아들으셨지요. 집사님! 지금 하늘을 한번 보세요. 지금도 용들이 보입니까? 예! 지금도 보입니다. 그러면 이렇게 해보세요. "내가 예수 이름으로 명하노니 더러운 용들은 떠나갈 지어다." 하면서 서너번 대적기도를 해보세요. 그렇게 해보시고 조금 있다가 다시 전화를 하세요. 조금 있다가 전화가 왔습니다.

그래서 그렇게 대적기도를 해도 보이더냐고 질문을 했습니다. 그랬더니 웃으면서 신기하게 “내가 예수 이름으로 명하노니 더러운 용들은 떠나갈 지어다.” “내가 예수 이름으로 명하노니 더러운 용들은 떠나갈 지어다.” “내가 예수 이름으로 명하노니 더러운 용들은 떠나갈 지어다.”하고 세 번 기도를 했더니 하나도 보이지 않는다는 것입니다. 내가 이렇게 말해주었습니다. 앞으로 보일 때마다 대적기도를 하세요. 그러면 그렇게 영물들이 보이는 현상이 없어질 것입니다. 이렇게 하는 대도 다시 보이면 저에게 전화를 해주세요. 지금 일 년이 지났는데 전화가 오지를 않습니다. 많은 성도님들이 하나님이 주신 권세를 사용할 줄을 모릅니다. 영안은 하나님이 자신에게 준 권세를 알고 사용하는 자가 영안이 열린 자입니다.

3. 목사님! 제 딸 눈에 귀신이 보인대요. 어느 청년의 이야기입니다. 부모가 예수를 믿어 모태 신앙이라고 하지만 필자가 보았을 때 얼굴을 보면 평안함이 없고 두려움이 쌓여있어 성령의 은혜가 메말라보였습니다. 이 청년이 말하기를 어렸을 때부터 귀신들이 보였다는 것입니다. 교회에 가서 기도하다가 보니까, 여자 귀신이 교회에 돌아다니더라는 것입니다. 대학의 화장실에서 볼일을 보다가 뒤를 보니까, 여자 귀신이 있더라는 것입니다. 자다가 일어나면 자신을 내려다보는 귀신이 있었다는 것입니다. 화장실, 학교강단, 집에서 교회에서 자주 귀신은 본다는 것입니다. 자신의 상태를 목회자에게 상담을 해보니까, 영안이 열려서

보인다고 했다는 것입니다. 목회자가 영적으로 무지한 사람이었나 봅니다. 그런데 문제는 자신이 항상 불안하고 두려웠습니다. 자살(죽음)을 생각할 때도 있었다는 것입니다. 잠을 자다가 가위눌림을 자주 당하고 머리가 맑지를 못하고 집중하지 못했다는 것입니다. 꿈속에서 사람이 죽는 꿈을 자주 꾼다는 것입니다.

필자가 집안 어른들 중에 이방신을 섬기는 사람이 있는지 질문을 했습니다. 자신의 외할머니가 무당을 좋아하며 잡신들을 지극 정성으로 섬긴다는 것입니다. 외할머니가 가끔 영적인 문제가 일어나 자주 혼절을 하기도 한다는 것입니다. 원인이 없는 문제는 없습니다. 이 청년은 외가에 역사하는 귀신들의 영향으로 이러한 현상이 일어난 것입니다. 어렸을 때 영적인 면에 박식한 목회자를 만났다면 지금까지 이런 고통을 당하지 않았을 것입니다. 지속적으로 저희 교회를 다니면서 말씀 듣고 성령으로 치유 받아 정상으로 회복이 되었습니다.

또 다른 이야기는 6살 먹은 아이가 귀신이 보인다고 하면서 잘 놀란다는 것입니다. 저녁에 자다가 몇 번씩 깨어서 잠을 제대로 자지 못한다는 것입니다. 그러면서 저에게 이런 경우도 있느냐고 질문을 했습니다. 그래서 제가 이렇게 대답을 했습니다. 집안에 무당의 내력이 있든지, 절의 중이 있다든지, 통일교를 믿었다든지, 우상을 심하게 섬겼든지, '남묘호랭객교'를 믿은 적이 있다든지, 이단이 속한 경우에 아이들이 귀신을 보는 경우가 있습니다. 그 가정은 어느 경우에 해당됩니까? 외가 쪽에 무당이 있다는 것입니다. 지금 조치를 어떻게 하고 있습니까? 자기네 목사님이 능력이 조금 있으셔서 저녁마다 아이를 붙잡고 축귀를 한다는 것입니다. 그런데 귀신이 '안 나간다. 못 나간다.'하면서 떠나지를 않는다는 것입니다. 아이만을 붙잡고 축귀를 한다고 귀신이 떠나갑니까? 설령 귀신이 떠나간다고 하더라도 바로 다시 들어옵니다. 어머니하고 함께 축귀를 해야 합니다. 아이가 무슨 죄가 있습니까? 부모의 죄 때문에 아이가 생고생하는 것입니다. 부모의 죄 때문에 잘못하면 아이가 정상적인 생활을 못할 수도 있습니다. 속히 조치를 해야 합니다. 이런 경우는 목사님의 사고가 영적으로 사려 깊지 못하다는 것입니다. 물론 목사 자신은 귀신을 쫓을 수 있는 능력이 조금 있다고 하는데, 제가 상황을 분석해보면 목사님이 실수를 하고 있는 것입니다. 6살의 유아는 부모와 같이 성령을 체험하게 하고 내적치유하며 축사를 해야 합니다. 아이만 잡고 축사를 하니 아이가 얼마나 놀라겠습니까? 이런 경우는 차라리 목사님이 아무런 능력이 없는 것이 오히려 좋습니다. 선무당이 사람을 잡는 것입니다. 아예 못한다고 하면 환자의 부모가 다른 사람을 찾아서 치유할 수가 있는 것입니다. 아이들이 영적인 문제가 있다든지, 질병이 있는 경우는 이렇게 해야 합니다. 제가 그동안 수많은 사람들을 치유하며 체험한 것을 정리하면 이렇습니다. 아이를 치유하려면 먼저 가계력을 살펴야 합니다. 어머니 쪽의 영향인가, 아버지 쪽의 영향인가를 찾아야 합니다. 그래서 아버지 쪽의 영향이라면 아버지하고 같이 치유를 해야 합니다. 반대로 어머니 쪽의 영향이라면 어머니하고 같이 치유를 해야 합니다. 이는 영육의 질병 발생 기간이 얼마 되지 않은 경우입니다. 아이가 영육의 질병으로 고생한 기간이 오래되었으면 양쪽부모가 다함께 치유를 받아야 합니다. 그래야 빨리 치유가 될 수가 있습니다.

4.목사님! 저에게 음란 귀신이 역사한대요. 얼마 전에 서울 모 기도원에서 "영안을 밝게 여는 비결" 책을 사서보고 전화를 왔습니다. 사연은 이렇습니다. 부부가 같이 피부 마사지 업을 하다가 그만 두었다는 것입니다. 그런데 문제는 다음입니다. 자기 아내가 꿈속에서 남편이 음란한 짓을 하는 것이 보였다는 것입니다. 그래서 전도사에게 상담을 했다고 합니다. 전도사가 처방을 한 것을 보면 아주 대견합니다. 남편 속에 음란의 귀신이 있는 것은 여자들의 몸을 만지고 마사지를 했기 때문입니다. 여기까지는 맞습니다. 그런데 다음이 문제입니다. 귀신을 쫓아내려면 남편을 금식하게 해야 한다는 것입니다. 그래서 며칠을 해야 되느냐고 물어보니까, 20일 금식을 하면 귀신이 떠나간다고 했다는 것입니다. 남편이 순종하고 20일 금식을 했습니다. 그러고 며칠 지나 부인이 꿈을 꾸니까, 또 남편이 음란한 짓을 하는 것이 보였다는 것입니다. 다시 전도사에게 가서 물어보니 다시 금식을 하라고 해서 열흘 동안 금식하다가 책을 읽고 이상하여 저에게 전화를 한 것입니다.

제가 이렇게 대답을 했습니다. 음란 귀신을 떠나보내려면 우선 피부 마사지 업을 그만 두어야 합니다. 그리고 성령의 세례를 받아야 합니다. 성령으로 세례를 받을 때는 몸에 진동이 오기도 합니다. 토하기도 합니다. 기침이 사정없이 나오기도 합니다. 방언기도가 터지기도 합니다. 사지가 오그라들기도 합니다. 성령은 살아있는 영이기 때문에 지금까지 체험하지 못한 체험을 하게 됩니다. 그랬더니 목사님! 저는 아직 한 번도 그런 체험을 한 적이 없습니다. 아니 성령이 충만하다는 기도원에서 그렇게 오래 기도하셨는데 그런 체험을 못했단 말입니까? 예! 아직 체험하지 못했습니다. 집사님! 세상에 귀신이 있다고 누가 말 못합니까?

귀신이 있다고 말만하지 말고 귀신을 쫓아내 주어야하지요. 예! 목사님 맞습니다. 집사님! 귀신은 금식하다고 떠나가는 것이 아닙니다. 성령으로 세례를 받고 심령에서 성령의 불이 나와야 성령의 권능으로 귀신이 떠나가는 것입니다. 성령의 권능으로 귀신이 떠나가면서 몸에 아주 뜨거운 성령의 불세례도 체험하게 됩니다. 자꾸 그렇게 금식하시면 몸만 축나고 연세도 있으신데 건강에 문제가 올 수 있습니다. 정확하게 전문적으로 치유하는 장소로 가서 치유를 받으세요. 그러니까, 옆에 있던 부인이 전화를 받는 것입니다. 우리 교회가 어디에 있느냐는 것입니다. 그래서 자세하게 알려주었습니다. 며칠 후 부부가 찾아와 습니다. 부인하고 대화하다가 인 사실인데 음란한 행동을 할 것이라고 자꾸 남편을 의심을 했다는 것입니다. 남편이 음란한 행동을 할 것이라고 의심하니, 부인의 심리가 꿈을 꾸게 한 것입니다. 그러면서 우리 교회에 있는 "꿈해석을 통한 상담과 치유비결"책을 읽어보라고 했습니다. 영적인 세계에 대해서 잘 알려주고 몇 주 다니면서 치유 받으면 깨끗해질 것이라고 했더니, 순종하여 다니면서 남편과 부인이 다 같이 성령의 세례를 받았습니다. 성령의 불세례를 받으면서 내적치유가 되며 귀신이 축귀되었습니다. 성실하게 다니면서 완벽하게 치유를 받고 돌아갔습니다. 우리 영적인 지식을 바르게 알고 정확하게 쌓아야 합니다. 선무당이 사람을 잡습니다. 그리스도인은 선무당이 되면 안 됩니다.

5. 사모님 때문에 교회가 성장하지 않아요. 몇 년 전에 안산에 사는 사모님에게 전화가 왔습니다. 이유는 남편 목사님이 영안이 열렸다는 성도들의 말을 듣고 사모에게 전하는 과정에서 부부 싸움이 일어난 것입니다. 사모님이 하시는 말씀이 이렇습니다. 자기 교회에 영안이 열렸다는 여 집사가 있다는 것입니다. 이 집사가 영안을 열어 사모를 보니 사모에게 교회성장을 방해하는 귀신이 따라다닌다는 것입니다. 그 귀신들이 방해하기 때문에 교회가 성장되지 않는 다는 것입니다. 이 말을 하면서 목사님이 사모에게 따라다니는 귀신을 축귀하라고 했다는 것입니다. 그러니 목사님이 사모에게 이 말을 하면서 사모에게 역사하는 귀신을 쫓아내야 하겠다고 했다는 것입니다.

이 말을 들은 사모가 기분이 어떠했겠습니까? 목사님에게 성도들이 하는 말을 믿고 나를 귀신의 영향을 받는 사람 취급을 하려고 한다고 소리를 질렀다는 것입니다. 그러니까, 목사님이 사모의 뺨을 때렸다는 것입니다. 한 번도 아니고 두 번이나 때렸다는 것입니다. 뺨을 맞고 분해서 저에게 전화를 한 것입니다. 정말로 자기에게 귀신이 따라다니면서 교회 성장을 방해하고 있는 것이 맞느냐는 것입니다. 영안이 열리면 귀신이 따라다니는 것이 보일 수가 있느냐고 질문하는 것입니다.

그래서 제가 이렇게 말했습니다. 사모님 억울하지만 참으세요. 원래 귀신의 영향을 받는 사람들은 교회를 파괴하고 가정을 파괴하는 일을 전문으로 하는 자들입니다. 절대로 사모님에게 귀신이 따라다니지 않습니다. 이것은 그 여 집사가 목사님과 사모님을 이간시켜 가정과 교회를 파괴시키려는 마귀의 간계입니다. 그냥 두어서는 더 큰 문제가 생길 수가 있으니 목사님을 설득하여 모시고 오세요. 다음 주 월요일에 사모님이 목사님을 모시고 오셨습니다. 목사님에게 이렇게 말해주었습니다.

그 여 집사는 귀신의 영향을 받아 목사님의 가정과 교회를 파괴하려고 그렇게 말을 하는 것입니다. 여 집사에게 잘못되었다고 이야기 하면 자신의 정체가 폭로되어 교회를 떠납니다. 아무 소리 하지 말고 기도하는 시간에 안수를 하세요. 그러면 성령의 역사로 귀신이 떠나가니 헛것들을 보지 못할 것입니다. 몇 주만 그렇게 해보세요. 그러면 이상한 소리를 하지 않을 것입니다. 문제가 생기면 전화를 하라고 하고 집회시간에 불 안수를 해드렸습니다. 며칠을 다니면서 치유 받고 능력을 받았습니다.

몇 주가 지난 다음에 사모님에게 전화가 왔습니다. 목사님이 예배 시간마다 안수를 하니 머리가 너무나 아파서 교회에 있지 못하겠다고 하면서 교회를 떠났다는 것입니다. 목사님이 사모님에게 미안하다고 용서를 구했다는 것입니다. 그래서 일이 잘 마무리 되었다고 감사하다는 것입니다. 지금 교회에는 이렇게 자칭 영안이 열렸다는 성도들로 인하여 목회자들이 많이 당하고 있습니다. 이렇게 영적으로 혼탁한 성도들이 거의 영 권이 약한 개척교회 목회자들을 미혹하고 있습니다. 한 두건이 아닙니다. 그러므로 개척교회 목회자들을 무엇보다 영적인 눈이 열려서 이런 성도들에게 농락당하지 말아야 합니다.

6. 영안이 열렸으면 분별력을 기르자. 지금 교회에는 영안이 열렸다는 성도들과 교역자들로부터 피해가 대단합니다. 성도들도 피해를 당하고 있습니다. 목회자들도 영안이 열렸다는 성도들로부터 피해를 당합니다. 그것도 작은 교회목회자들이 많이 당한다는 것입니다. 저에게 거의 일주일에 한 두 번씩 문의 전화가 옵니다. 그럴 수가 있느냐고 물어오는 것입니다. 어느 목회자는 영안이 열린 성도가 사모 때문에 교회 성장이 안 된다는 성도의 이야기를 듣고 사모를 폭행하여 울면서 전화하시는 사모님들도 있습니다.

어느 성도는 자신의 교회 강대상 뒤에 마귀가 앉아 있는데 목사님은 모르신다고 저에게 말했다가 저에게 심하게 질책을 당하는 성도도 있습니다. 마귀가 보이면 예수 이름으로 대적하고 쫓아내야지 목사님이 능력이 없다고 흉보라고 보여주는 것이 아니라고 나무랍니다. 우리 눈에 무엇이 보인다고 함부로 말하다가는 영락없이 귀신의 하수인이 되고 만다는 것을 아시기를 바랍니다. 그리고 귀신을 무서워하지 마세요. 성령의 임재 하에 예수 이름으로 대적하면 물러갈 수밖에 없는 존재입니다.

그리고 성도들이 성령의 이끌림(입신)에 들어가 천국과 지옥을 보려고 노력을 많이 합니다. 그러나 예수님이 하나님 나라는 여기 있다 저기 있다고 할 것이 아니요 하나님 나라는 바로 너희 안에 있다고 했습니다. 예수님은 누가복음17장 20-21절에서 "바리새인들이 하나님의 나라가 어느 때에 임하나이까 묻거늘 예수께서 대답하여 가라사대 하나님의 나라는 볼 수 있게 임하는 것이 아니요, 또 여기 있다 저기 있다고도 못하리니 하나님의 나라는 너희 안에 있느니라." 그리고 마태복음12장 28절에서 "그러나 내가 하나님의 성령을 힘입어 귀신을 쫓아내는 것이면 하나님의 나라가 이미 너희에게 임하였느니라."고 말씀하십니다.

예수를 믿노라고 하면서 마음의 천국도 누리지 못하는 성도들에게 주님은 천국과 지옥을 보여주기를 원하시지 않는다고 생각합니다. 그리고 설령 천국지옥을 보았다고 하더라도 입을 조심하는 것이 옳습니다. 왜냐하면 바울도 자랑하지 않았기 때문입니다. 고린도후서 12장 4-6절에서 "그가 낙원으로 이끌려

가서 말로 표현할 수 없는 말을 들었으니 사람이 가히 이르지 못할 말이로다. 내가 이런 사람을 위하여 자랑하겠으나 나를 위하여는 약한 것들 외에 자랑하지 아니하리라, 내가 만일 자랑하고자 하여도 어리석은 자가 되지 아니할 것은 내가 참말을 함이라 그러나 누가 나를 보는 바와 내게 듣는 바에 지나치게 생각할까 두려워하여 그만두노라." 바울과 같이 하나님을 두려워하시기를 바랍니다.

만약에 하나님에게 물어보아서 하나님이 말을 하라고 하면 말하고, 그렇지 않으면 입을 다물고 있는 것이 좋습니다. 바울과 같이 겸손한 자가 되기 바랍니다. 잘못하면 자기가 예수님보다도 더 우월한 사람으로 취급될 수 있기 때문에 조심해야 합니다. 왜 조심해야 하냐면 잘못하면 믿음이 약한 성도들이 자신도 이런 신비한 것을 체험해보려고 말씀을 멀리하고 신비한 체험만 하려고 하는 신비주의자로 만들 수 있기 때문입니다.

신비주의자는 하나님의 말씀보다 신비 체험을 더 우월하게 여기는 성도입니다. 우리는 신비한 성도이지 신비주의자는 아닙니다. 자신의 심령을 예수 심령으로 만들면 자신 스스로 천국을 누릴 수 있다고 생각합니다. 그리고 이왕 영안으로 보려면 예수님이 나의 죄 때문에 채찍에 맞으시고 십자가에 달려 고통하면서 숨을 거두시는 모습을 보려고 하시기를 바랍니다. 이 땅에서 마음의 천국도 누리지 못하면서 천국 보려고 하지 말고 마음 천국을 이루시기를 바랍니다.

5장 귀신이 보여 지하철을 타지 못해요.

(히 5:12-14)"때가 오래 되었으므로 너희가 마땅히 선생이 되었을 터인데 너희가 다시 하나님의 말씀의 초보에 대하여 누구에게서 가르침을 받아야 할 처지이니 단단한 음식은 못 먹고 젖이나 먹어야 할 자가 되었도다. 이는 젖을 먹는 자마다 어린 아이니 의의 말씀을 경험하지 못한 자요. 단단한 음식은 장성한 자의 것이니 그들은 지각을 사용함으로 연단을 받아 선악을 분별하는 자들이니라"

예수를 믿고 성령으로 거듭난 크리스천이라도 영적인 지식이 없으면 불필요한 고통을 당하면서 살아갑니다. 크리스천은 분명하게 영적인 존재이며, 생명의 말씀과 성령으로 살아가는 사람들입니다. 물론 이 땅에서 살아가지만 천국의 시민권이 있는 사람들입니다. 천국 시민이므로 생명의 말씀과 성령으로 영의 눈이 열려야 합니다. 바른 영적인 지식이 있어야 합니다. 영적인 지식이 없으면 하나님께서 부여하신 권능을 사용할 수가 없습니다. 또 하나님께서 주신 복을 누릴 수도 없습니다. 많은 크리스천들이 성경말씀에 대해서는 아는 것이 많습니다. 잘 아시다시피 성경은 글씨로 기록되어 있기 때문에 머리로 지식적으로 알 수가 있기 때문입니다. 지금은 목회자나 성도들이 모두 고학력자들이기 때문에 원만하면 성경말씀을 지식적으로 이해할 수가 있기 때문입니다. 그런데 영적인 세계는 글씨로 알 수가 없습니다. 보이지 않은 세계이기 때문입니다. 보이지 않은 세계는 성령으로 영의 눈이 열려야 볼 수가 있습니다. 그리고 체험해야 믿을 수도 알 수도 있습니다. 영의 눈은 성령의 인도를 받으면서 말씀을 삶에 적용함으로 체험하면서 열리는 것입니다.

정작 크리스천들이 보고 대처해야 할 것은 영의 세계입니다. 그런데 영의 세계에 대한 전문적인 지식이나 체험이 없으니 효과적으로 대처하지 못합니다. 막연한 샤머니즘적인 지식으로 영의 세계를 대하고 있으니, 예수를 믿으면서도 여러 가지 이해하지 못할 고통을 당하면서 살아갑니다. 알고 보면 아무것도 아닌 것인데, 모르니 막연한 두려움으로 오류를 범하면서 지냅니다. 특별하게 귀신에 대한 막연한 두려움입니다.

어느 목사님의 사연을 들어보시기를 바랍니다. 저는 경기도 이천에서 목회하는 ○○○ 목사입니다. 여러 경로를 통해서 목사님의 사역을 알게 되었고, 배우게 되어서 감사합니다. 아뢰올 말씀은 저는 책만 보면 졸음이 쏟아져서 힘든 가운데 있습니다. 20년이 넘은 것 같습니다. 얼마 안 되는데, 예수님 편에서 서기 원한다고 계속해서 기도했을 때, 큰 뱀이 내 목 뒤에 가로로 길게 있는 것이 보였습니다. 하나님께 어찌해야 되는지 기도를 하고 있는데, 주님의 인도하심 따라 해결하고 싶습니다. 감동이 있으시면 메일로 연락해 주시면 대단히 감사하겠습니다.
무익한 종 드림

필자가 이렇게 답변해 드렸습니다. 목사님의 여러 현상은 영적인 눌림으로 일어나는 현상입니다. 책을 보면 졸음이 오는 것이나, 기도할 때 큰 뱀이 목뒤로 가로로 길게 보이는 것 등을 볼 때 영적으로 치유가 필요한 현상입니다. 성령님께서 귀신역사가 일어나고 있으니 쫓아내라고 보여주시는 것입니다.

목사님! 귀신의 역사에 대하여 바르게 알아야 합니다. 귀신이 들어와서 역사하면 우선 기분이 묘해지면서 가라앉습니다. 차분해지는 정도가 아니라, 모든 의욕이 사라지고 기분이 떠오르지 않습니다. 몸은 무거워지고 여기저기가 아프기 시작합니다. 가슴이 답답하다 못해 죽을 것 같은 고통이 찾아옵니다. 무어라고 분명하게 설명할 수 없는 묘한 통증과 답답함으로 인해서 숨이 막힐 것 같지만 실제로 숨이 막히는 것은 아닙니다. 일종의 공황장애(恐惶障碍)와 같습니다.

공황장애의 증상은 이렇습니다. 대개의 경우 공황발작의 첫 증상은 흔히 특별한 유발요인 없이 저절로 시작됩니다. 그러나 일정기간 동안의 육체적 과로나 심각한 정신적인 스트레스를 겪고 난 후에 증상이 처음 시작되는 경우도 많습니다. 대개 공황발작은 10분 이내에 급격한 불안과 동반되는 신체증상이 최고조에 이르며 20~30분 정도 지속되다가 저절로 사라지게 됩니다. 증상이 1시간 이상 지속되는 경우는 드물며, 증상의 빈도도 하루에 여러 번씩 나타나거나 1년에 몇 차례만 나타날 수 있을 정도로 환자에 따라 차이가 큽니다.

증상과 다음 증상 사이에는 예기 불안이 동반되기 쉬우며 발작 중에 이인감이나 우울 감을 경험하기도 합니다. 평소에 카페인 음료나 알코올을 과도하게 섭취해도 증상이 악화될 수 있습니다. 많은 환자들이 공황 발작이 있을 때 응급실을 방문하거나 내과 등, 다른 신체질환을 다루는 의사를 찾게 되며 증상의 원인을 찾기 위해 각종 임상 검사들을 하지만 공황발작 당시의 일시적인 혈압상승이나 과 호흡 증상 이외에는 특별한 이상이 없는 것으로 판정되곤 합니다. 환자는 죽을 지경인데 명확한 명명이나 증상이 나타나지 않는 것이 공황장애입니다. 일종의 악한 영의 역사라고 보면 정확합니다. 공황발작이 나서 호흡을 제대로 못하는 환자도 필자가 예수이름으로 기도하면 불과 수분 내에 정상으로 화복되기 때문입니다. 정기적인 성령치유를 받고 관리를 잘해야 하는 질병입니다.

어제 토요일 날 집중 치유를 하는데 한 여성이 앓는 소리를 하면서 기도를 하는 것입니다. 성령님에게 물었습니다. 성령께서 감동하시기를 집안에 어른 중에 꼼짝 못하고 누워서 지내다가 세상을 떠난 분이 있다는 것입니다. 그래서 본인에게 물었습니다. 그랬더니 지신의 친정어머니가 5년 동안 꼼짝 누워서 지내다가 세상을 떠났다는 것입니다.

그래서 당신은 지금 힘들어서 일어나지 못한 경우가 없느냐고 했더니, 목사님! 제가 아침에 일어나기가 힘이 듭니다. 피곤하고 스트레스를 받으면 다운되어 일어나기가 힘이 듭니다. 하는 것입니다. 이 여성은 지금 어머니를 다운되게 했던 악한 영의 영향을 받고 있는 것입니다. 축귀를 했습니다. 그 후 앓는 소리를 하지 않고 주여! 주여! 하면서 기도를 하는 것입니다.

이런 고통을 주위 사람들에게 말해도 이해하지 못합니다. 겉으로 보면 호흡도 정상적으로 쉬고 있는데 숨이 막혀 죽을 것 같다고 말한들 이해하지 못합니다. 그래서 꾀병이나 정신력이 약한 것으로 오인하게 됩니다. 병원에 가도 증상을 찾을 수 없으니 꾀병이라고 할 수밖에 없을 것입니다. 의지가 약하고 내성적이어서 그런 것이라 판단하게 됩니다. 그래서 가족들은 정신에 문제가 있다고 생각하고 그런 성격을 고치라고 책망하기도 합니다. 의지가 약하거나 생활력이 약한 무능한 사람으로 오인하게 되어 환자를 더욱 괴롭게 만듭니다. 사회성이 모자라 문제가 있다고 생각하고 사람들이 그들을 피하려고 합니다. 겉보기에는 의기소침하고 무능하고 무기력하고 활동적이지 못하기 때문에 사람들이 가까이하려고 하지 않습니다.

당사자는 가위눌림과 심한 우울증과 공황장애로 인해서 죽고 싶어집니다. 그런데도 불구하고 누구도 이 질환이 귀신들림에 의한 것이라고 생각하지 못하고 단순히 기질적이거나 정신적으로 문제가 있는 부적응 환자 정도로 넘깁니다. 영적으로 무능하기 때문입니다. 분별력이 없기 때문입니다.

가족들은 무능의 탓으로 돌리며, 정신에 문제가 있는 사람으로 생각하고 자주 책망하게 됩니다. 가족들의 이와 같은 올바르지 못한 대응으로 인해서 더욱 괴롭힘을 당하게 됩니다. 여러 가지 정신과 질환처럼 보이는 귀신들림은 당사자를 괴롭게 할 뿐만 아니라 가족들까지 고통을 당하게 됩니다. 정신을 잃는 것도 아니기 때문에 귀신들렸다고 생각하지 못하는 것입니다.

이런 중증 귀신들림 이전에 초기 증상은 마치 가벼운 노이로제처럼 자주 까닭 없는 짜증이 나고 때로는 이유 없는 충동이 솟아납니다. 자신의 내면에서 자신의 의지와는 상관이 없는 어떤 생각과 충동이 자신을 조정하는 것 같다는 느낌을 간헐적으로 받게 됩니다. 하지 말아야 할 일을 어처구니없이 해버려 당황하기도 합니다. 자신의 의지 즉 속마음과는 달리 어떤 충동이 일어나 순간 행동하게 되어 후회합니다.

이런 경우에 대부분의 사람들은 이렇게 말합니다. "내 정신이 아니었나봐!" 사람들도 그런 상식 밖의 행동을 돌발적으로 한 그 사람에 대해서 "그럴 수도 있지! 사람이란 누구나 정신 나간 짓을 할 때가 있다니까!"라면서 너그럽게 이해해줍니다. 그런데 이런 일이 한 번으로 그치는 것이 아닌데 문제가 있는 것입니다.

어처구니없는 실수를 자주하게 되면 사람들은 그때부터 그 사람을 온전하지 못한 문제가 있는 사람으로 여깁니다. 그러나 그것이 귀신들림에 의한 것이라는 생각은 전혀 하지 못하는 것입니다. 왜냐하면 귀신들림에 관한 지식이 거의 없기 때문입니다. 제가 성령치유 사역을 오래하면서 느낀 것은 성도들이 영적인 면에 참으로 무지하다는 것입니다. 왜냐하면 보이지 않는 분야이기 때문입니다. 그리고 막연한 두려움을 가지고 있기 때문입니다. 자주 머리가 어지럽고, 생각이 떠오르지 않을 정도로 머릿속이 안개 낀 것처럼 불투명하고 혼란스럽습니다. 만성두통으로 늘 시달리며, 가슴이 갑갑합니다. 때로는 가슴이 조여드는 협심증 증상과 같은 통증을 느낍니다.

메스껍고 헛구역질이 나옵니다. 차멀미를 하는 것 같이 속이 울렁거리고 머리가 어지럽습니다. 깊은 호흡을 하면 다소 안정이 되지만, 또 다시 그런 증상이 찾아옵니다. 기절하거나 죽을 것 같다는 생각이 들 정도로 갑갑함 때문에 다른 생각을 할 수 없게 됩니다. 서서히 자신이 앓고 있는 이 원인 모를 질환에 대한 공포가 더욱 두렵게 만듭니다. 바람처럼 또는 파도처럼 증상의 예조(豫兆)가 밀려들어오는 것을 느낍니다. 마치 흉악한 존재가 자신을 위협하려고 서서히 다가오는 것을 느낄 때 오는 공포심처럼, 그렇게 옥죄어드는 두려움으로 인해서 정상적인 생활을 할 수 없게 되어가는 것입니다.

우울증, 노이로제, 강박증, 피해망상, 공황장애 등과 같은 정신과 질환처럼 보이는 귀신들림과 잦은 충동과 거친 언행과 하나에만 극도로 몰입하는 자아몰입증과 같은 쏠림 현상이 나타납니다. 사람을 기피하고 소극적으로 변하게 됩니다. 사회와 서서히 단절된 삶으로 나가며, 사람을 만나는 것을 두려워하는 대인 공포증과 같은 심리적 현상이 나타납니다.

자신의 정신은 그대로 유지하면서 육신과 마음이 질병으로 고통을 당하는 이와 같은 귀신들림은 다른 병으로 오인하거나 성격에 문제가 있기 때문이라고 판단하기 때문에 귀신을 쫓아내지 못하고 세월을 보내어 만성화하기 쉽습니다. 적어도 5년 이상 이런 증상으로 시달림을 받은 경우 환자는 악습에 이미 물들어버리게 됩니다. 이런 경우 악습을 끊지 않으면 귀신은 물러가지 않습니다.

목사님에게 일어나는 현상은 혈통에 역사하는 악한 영의 영향입니다. 하나님께서 목사님에게 부여하신 권세가 있습니다. 그 권세는 귀신을 이기는 초자연적인 권세입니다. 물론 성령으로 나타나는 권세입니다. 목사님! 마음 안에서 성령의 역사가 일어나면 모두 떠나가야 하는 존재입니다. 문제는 목사님 마음 안에서 성령의 역사가 일어나게 하는 것입니다. 먼저 성령의 역사가 일어나는 장소에 가셔서 성령으로 세례를 받으시기를 바랍니다. 성령으로 세례를 받고 지속적으로 성령으로 기도하시면 귀신들은 떠나게 되어 있습니다. 의지를 가지고 기도해야 합니다. 목사님 너무 의기소침하지 마시고 염려하시지 마세요. 성령의 능력으로 치유 받을 수 있습니다.

이제 핵심에 들어갑니다. 어느날 전화를 받았습니다. 40대 후반정도 되는 목소리의 여성입니다. "목사님! 거기 집회 매주 있습니까?" "예! 매주 화-수-목 오전 11시부터 오후 4시 30분까지 집회를 합니다." "거기가면 목사님 안수를 받을 수 있습니까?" "예! 매 시간 안수를 해드립니다." "교회가 어디에 있습니까?" "서울 서초구 방배동에 있습니다. 지하철을 타시고 사당역에서 내려서 11번 출구를 나오시면 바로 옆에 있습니다." "목사님! 승용차를 타고 가면 주차장이 있습니까?" "무료 주차장은 다른 사람들이 주차하여 사용하실 수가 없을 것입니다. 유료 주차장은 많은데 주차를 하시려면 요금을 지불해야 합니다. 아니 전철을 타고오시면 편할 것인데, 왜 승용차를 가지고 오시려고 합니까? 승용차를 가지고 오셔서 은혜 받으시고 가실 때 문제가 있을 수도 있습니다. 왜냐하면 성령의 역사가 강하게 일어나서 몸을 가누기가 힘이 들 수가 있습니다. 대중교통을 이용하여 오세요. 지금 전화하시는 곳이 어디 입니까? 노원구입니다. 노원구이면 4호선이나 7호선을 타고 오시면 편할 것입니다. 그렇게 하시지요." "목사님! 제가 열렸거든요." "아니 무엇이 열렸다는 것입니다." "영안이 열렸습니다. 버스나 지하철을 타면 사람들에게 역사하는 귀신들이 저에게 덤벼듭니다. 귀신이 저의 눈에 보입니다. 처처에 귀신들이 우글거립니다. 너무 두렵습니다. 그래서 지하철이나 대중교통을 타고 가지 못합니다." "실례이지만 직분이 어떻게 되십니까?" "전도사입니다. 어떤 교회에서 교육전도사하면서 목사님의 안수도 받고, 귀신에게 고통당하는 사람들을 기도해주다가 보니까, 이렇게 되었습니다. 지금 귀신들이 무서워서 밖에도 제대로 나가지 못합니다. 너무나 많은 귀신들이 저에게 덤벼들기 때문에 집안에 있습니다. 그리고 저에게 질병도 생겼습니다. 자궁 경부 암이 생겨서 3기입니다. 전에 교회 목사님의 말로는 마귀가 자궁암을 발생하게 했다고 합니다." 지금 항암 치료를 받고 있다는 것입니다.

"제가 이렇게 대답을 해주었습니다. 전도사님 그래가지고 어떻게 하나님의 자녀라고 할 수가 있습니까? 앞으로 목회는 어떻게 할 수가 있겠습니까? 전도사님의 마음 안에 하나님이 계십니다. 하나님은 귀신보다 강하십니다. 담대해야 합니다. 바르게 아셔야 합니다. 전도사님은 지금 악한 영에 시달리고 계시는 것입니다. 성령께서 열어주신 영의 눈이 아니고 귀신이 열어준 눈입니다. 귀신이 세상에 널려있다고 생각하며 두려워하다가 죽이려고 보여주는 것입니다. 우리 교회 2주 만 다니면 귀신이 보이지 않을 것이니 마음을 단단하게 먹고 전철을 타고 다니세요. 세상에는 귀신도 충만하지만 성령도 충만합니다. "또 아는 것은 우리는 하나님께 속하고 온 세상은 악한 자 안에 처한 것이며(요일 5:19)" 마음으로 예수님을 찾으면서 기도하면 성령이 충만해져서 귀신들이 덤비지 못할 것입니다. 걱정하지 말고 오시기를 바랍니다." 그렇게 말해도 전도사가 두려움이 떠나가지 않아 남편이 승용차에 태우고 2주 동안 다녔습니다. 집회에 참석하여 말로 표현할 수가 없는 귀신들이 떠나갔습니다. 얼굴에 두려움이 사라졌습니다. 편안한 얼굴이 되었습니다. 전도사가 하는 말, 이제 귀신이 보이지 않는다는 것입니다.

우리가 여기서 바르게 알고 지나가야 합니다. 필자도 영안이 열렸다고 믿고 있습니다. 사역할 때에 귀신들이 보일 때도 있습니다. 그런데 전철을 타거나, 버스를 타고 갈 때 귀신이 안 보입니다. 왜 그렇습니까? 필자의 주인이신 성령께서는 지혜로운 영이시므로 불필요하게 귀신들을 보게 하지 않으십니다. 가끔 시내를 걸어갈 때 성령께서 경고하며 느끼게 하실 때도 있습니다. 혼탁한 곳이니 기도하라고 알려주시는 것입니다. 그리고 제가 성령으로 충만하니 귀신들이 숨기 때문입니다. 저에게 보이면 떠나가야 하기 때문에 어떻게 하든지 정체를 숨기려고 합니다. 귀신은 성령이 충만한 사람과 성령의 역사가 일어나는 장소에 가면 어떻게 하든지 정체를 숨기려고 합니다. 자신의 정체를 드러나면 떠나가야 하기 때문입니다.

그러나 귀신이 열어준 영의 눈은 상황이 달라집니다. 귀신이 열어주는 경우는 집안에 무당의 내력이 있든지, 절의 중이 있다든지, 통일교를 믿었다든지, 우상을 심하게 섬겼든지, '남묘호랭객교'를 믿은 적이 있다든지, 이단이 속한 경우에 시도 때도 없이 귀신이 보이는 경우가 있습니다. 어떻게 하든지 귀신들의 정체를 보게 하여 사람을 종으로 삼으려는 술책입니다. 두렵고 무서워 고통스러우면 귀신이 부리는 사람을 찾기 때문입니다. 전형적인 무당들이 사용하는 술책입니다. 무당집을 찾을 때 귀신들이 접신되는 것입니다. 굿을 할 때 귀신에게 접신됩니다. 그래서 조그마한 일이라도 생기면 무당이 생각나서 찾아가도록 한다는 것입니다. 가지 않으려고 해도 귀신들이 생각을 주장하여 하는 수 없이 찾아가는 것입니다. 무당을 부리는 귀신의 종이 된 것입니다. 귀신이 불안과 두려움을 주어서 꼼짝달싹하지 못하게 만듭니다. 그래서 지성인들도 무당에게 몇 십억씩 빼앗기는 것입니다. 그런데 우리가 알아야 할 것은 귀신이 부리는 사람은 목회자 중에도 있다는 것입니다. 분별력을 가져야 합니다. 신령하다고 다 성령의 사람이 아니라는 것입니다. 귀신도 얼마든지 신령하게 할 수가 있습니다. 그들의 열매를 보아 알 수가 있습니다. 필자가 사역을 하다가 보면 이상하게 어떤 곳, 그곳에 다녔다는 목회자나 성도의 영적인 상태가 비슷하다는 것입니다. 다 교회이고 기도원입니다. 다 목사님들이 사역하고 있습니다. 그런데 하는 짓을 보면 하나같이 같거나 비슷합니다. 이야기를 들어보면 찾아가지 않으면 안 되도록 한다는 것입니다. 그렇게 하다가 보니 거기 역사하는 영에게 잡히는 것입니다. 아니 잡혔다는 것입니다. 솔타이가 되었다는 것입니다. 솔타이에 대하여는 다음 장에 자세하게 설명됩니다.

이는 그곳에 역사하는 영이 있다는 결론입니다. 거기 갔을 때 마음을 열고 다가나니 귀신이 들어와 좌정하는 것입니다. 다녀온 사람들이 똑 같은 행동을 합니다. 거리를 다니면서 오만상을 다 지프라면서 다닙니다. 왜 그러냐고 물어보면 귀신이 보이기 때문이라는 것입니다. 이렇게 고통을 당하던 목회자와 성도가 우리 교회에 몇 주만 다니면 얼굴이 펴집니다. 귀신이 보이지 않고 마음이 편안해지기 때문입니다. 이런 유형의 사람들은 제가 안수를 해보면 거의 같은 영들이 역사하고 있다는 것입니다. 몇 주가 지나면 몸과 마음으로 느끼게 편안해진다는 것입니다. 눈에 귀신들이 보이지 않는 다는 것입니다. 그러니 분명하게 귀신이 열어준 영안이라는 것이 증명된 것입니다. 속지 마시기를 바랍니다. 진리를 따라가야 합니다. 바른 성령의 역사를 받아야 합니다.

귀신에게 괴롭힘을 당해보아야 귀신이 어떤 존재인지 압니다. 당해보아야 귀신에게 당하는 고통을 이해할 수가 있습니다. 필자가 그동안 체험하고 성령치유 사역 간 환자들의 상담을 통하여 알아낸 귀신이 보이는 시기는 이렇습니다. 몸이 허약할 때 귀신이 보입니다. 특별하게 비몽사몽간에 보이는 경우가 많습니다. 잠이 막 들려고 할 때 보입니다. 제가 군대에 있을 때 스트레스를 많이 받아 몸이 허약한 경유가 있었습니다. 전역하기 얼마 전이었는데 새벽에 교회에 가서 기도할 때 많이 보였습니다. 귀신이 달려들어서 '예수님의 이름으로 몰러갈지어다.' 하고 대적하면 하하하… 하면서 몰러갔다가 다시 달려들 곤 했습니다. 이런 일이 있은 후 얼마 자나지 않아서 병원에 입원을 하게 되었습니다. 크리스천들은 영성과 체력이 균형을 잡아야 합니다. 체력이 떨어져서 영력이 약해졌을 때 보이기도 합니다. 영적 정신적인 문제로 스트레스를 많아 받았는데 영적인 치유를 게을리 하면 귀신에게 전인격을 장악 당하게 됩니다. 이때에는 눈을 뜨고 걸어가면서도 보입니다. 지하철을 타고 갈 때도 보이고 버스를 타고 다닐 때도 보이는 경우가 있습니다. 두려움과 불안한 생각에 사로잡혀 살아갈 때 보이는 경우가 있습니다. 영적으로 깨끗하지 않은 사역자에게 안수를 받은 후에 보이기도 합니다. 이사를 가서 보이기도 합니다. 앞에 살던 사람들이 신전을 차려놓은 경우입니다. 귀신이 눈이 보이는 분들이 주무실 때 가위눌림을 당하는 경우가 있습니다. 이런 경우에 일부 기도원이나 교회에서 금식을 시키는데 이는 화약을 지고 불에 들어가는 경우와 마찬가지입니다. 절대 안정을 취하면서 영양식을 드시면서 전문가의 영적치유를 받으면 얼마 있지 않아 정상으로 돌아옵니다.

다음 간증을 읽어보시면 이해가 될 것입니다. 정이라는 자매의 영적인 상태와 이야기입니다. 이 자매는 우리 교회에 오기 전에 영적인 세력들의 영향으로 정신적인 문제가 발생하여 치유를 받으러 온 것입니다. 그러면서 저에게 이렇게 말했습니다. 목사님 저는 영적인 문제에 시달리다가 충만한 교회에 오게 되었습니다. 영적인 문제는 다름이 아니고 자꾸 눈에 악한 영들이 보이고, 밤에는 아예 잠을 자지 못할 정도로 불면증과 악한영의 괴롭힘에 일 년 반을 시달렸습니다. 그리고 심한 우울증으로 일 년을 고생을 하였습니다. 이곳저곳 능력이 있다는 곳에 다 다녔어도 치유 받지 못했습니다. 그래서 제가 이렇게 말했습니다. 자매님 하나님은 못하시는 것이 없으신 권능의 하나님이십니다. 제가 말하는 것을 믿고 매일 저희 교회에 치유집회에 참석하세요. 그러면 분명하게 치유가 될 것입니다. 그러니까. 이 자매의 얼굴에 화색이 생기면서 알았습니다. 감사합니다. 그러면서 지속적으로 다니면서 치유를 받았습니다. 이분의 아버지가 저에게 하는 말이 아파트 문을 열고 들어가면 아빠 여기 귀신이 있어요,

하고 놀라고, 또 저기도 귀신이 있어요, 하며 놀라고, 자다가도 귀신이 나타났다고 소리를 질렀다는 것입니다. 그러면서 저에게 하는 말이 목사님 한번 생각해 보세요. 잘 길러서 미국 유학을 7년이나 다녀와 영어를 그렇게 잘하던 딸이 연속적으로 스트레스를 많이 받다가 그만 스트레스가 쌓여서 저렇게 순간적으로 변해 버리니 아버지의 마음이 찢어집니다. 지난 일 년 반 동안 못 해본 것 없이 다해보았습니다. 목사님 저희 딸을 예수 이름으로 치유하여 종전같이 회복 되도록 도와주세요. 그래서 제가 이렇게 대답을 했습니다. 예수님은 못하시는 것이 없습니다. 의지를 가지고 제가 하라는 대로 순종하고 연속적으로 집회에 참석하여 말씀 듣고 불같은 성령을 체험하고 안수기도 받으면 정상으로 회복이 됩니다. 하고 안심을 시켰습니다.

본인의 말로는 무당 옷을 입은 귀신은 밤에 많이 나타나고, 흉측하게 생긴 귀신은 낮에도 아파트 문을 열면 나타나 놀라게 했다는 것입니다. 그래서 이곳저곳을 헤매며 돌아다니면서 치유 받으려고 하다가 도저히 해결 받지 못하고 어느 분의 소개를 받고 충만한 교회에 다니면서 치유를 받게 된 것입니다. 아버지와 어머니 모두 등록을 하고, 매주 마다 영적인 말씀을 듣고 영성 훈련을 하며, 매시간 목사님의 안수를 받으면서 악한 영들이 때로는 울면서 떠나가고, 어떤 때는 악을 쓰면서 떠나가고, 어떤 때는 얼굴과 몸이 뒤틀리다가 떠나가고, 그리고 떠나가면서 각각 형상으로 보여주면서 떠나갔습니다. 그렇게 한 달 정도 치유를 받으니까, 나를 놀라게 하고 괴롭히던 악한 영들이 서서히 보이지를 않았습니다. 영적인 깊은 말씀을 듣는 중에도 하품을 통해서 말도 못하게 떠나갔습니다. 하루에 화장지 한통이 들어갈 정도로 많은 더러운 것들과 상처들이 치유되었습니다. 한 두 달이 지나니까, 잠이 잘 오고 불면증도 서서히 사라졌습니다. 그리고 악한 것들도 보이지 않고 밤에도 조용하게 잠을 잘 수 있었습니다. 그러나 우울증의 현상은 완전히 없어지지 아니하고 여전히 남아서 저를 괴롭혔습니다. 그래서 끝까지 치유 받아 정상적인 생활을 하려고 계속 다녔습니다. 4개월이 지나고 5개월 중간쯤 되니까, 마음이 상쾌해지고 삶에 생기가 돌고 우울증이 사라지는 것이었습니다.

그리고 목사님의 말씀이 꿀같이 달게 들려 졌습니다. 성경을 읽으면 옛날에는 하나도 보이지 않았는데, 눈에 쏙쏙 들어오는 것을 보니 영안도 열린 것이 분명합니다. 그래서 저는 이렇게 생각합니다. 하나님이 못 고칠 질병이 없고 못 떠나보낼 악한 영이 없다, 그리고 눈에 악한 영이 보인다고 자랑하는 사람들은 정신적으로 영적으로 조금 문제가 다는 것을 체험적으로 알게 되었습니다. 왜냐하면 그렇게 낮이나 밤이나 눈에 보이면서 괴롭히던 귀신들이 이제 봄 햇살에 하얀 눈이 녹아 없어지듯이 없어졌기 때문입니다. 저에게 이렇게 간증하는 것입니다. 예수를 믿으면서도 이런 고통을 당하는 분들이여, 쓸 데 없는 고통당하지 말고 시간여유를 가지고 저같이 치유를 받고 참 평안과 주님의 은혜를 체험하시기를 바랍니다. 우리가 잘못 알면 이렇게 고통을 당하기도 합니다.

6장 그분을 생각만 해도 온 몸이 오싹해요.

(고후 11:4)"만일 누가 가서 우리가 전파하지 아니한 다른 예수를 전파하거나 혹은 너희가 받지 아니한 다른 영을 받게 하거나 혹은 너희가 받지 아니한 다른 복음을 받게 할 때에는 너희가 잘 용납하는 구나"

하나님은 예수를 믿는 우리에게 영적인 얽힘(솔타이)을 주의하라고 하십니다. 분별력을 길러 귀중한 자신의 영을 지키라고 하십니다. 자신의 영은 자신이 지켜야 합니다.

솔 타이(soul-tie)라는 말은 어떻게 보면 생소한 말 같지만 영성에 관심이 있는 신자이면 반드시 알고 있어야 하는 용어입니다. 솔 타이(soul-tie)라는 말은 솔(soul)은 우리말로 영혼 혹은 혼(soul)이며 타이(tie)라는 말은 묶는다는 의미로서 우리말로는 '영적 유대'또는 '영적 얽힘' 혹은 '영적 결합'이라고 할 수 있습니다.

이 솔 타이는 두 가지 의미로서 설명을 할 수 있는데 전자는 긍정적인 측면으로 이해하는 말이며, 후자는 부정적인 측면으로 이해 할 수 있습니다. 그러나 솔 타이는 이 두 가지 면을 다 포함하는 말이므로 어느 하나로만 표현하면 다른 면이 축소가 되므로 영어 표현을 그대로 옮겨 사용하는 경우가 많습니다.

예를 든다면 이런 경우입니다. 목사님 제가 기도하러 기도원에 자주 갑니다. 거기서 만나는 사람과 대화를 하는 것을 즐기는 편입니다. 그런데 집에 돌아와 함께 대화하던 사람을 생각하노라면 몸이 전류가 찌릿찌릿하면서 불쾌합니다. 저녁에도 새벽에도 그럴 때가 있습니다. 어찌된 일입니까? 어떻게 해야 해방을 받을 수 있을 까요?

영육의 상처가 있는 분들이 영적으로 좋지 못한 사람과 마음을 열고 대화하여 영의 전이가 이루어진 것입니다. 쉽게 설명하면 대화한 사람에게 역사하던 귀신이 당신에게 전이되었다는 말입니다. 그러므로 기도원이나 영성원 같은 곳에서 낫선 사람과 대화는 안 하는 것이 좋습니다. 자신이 성령으로 충만하여 강한 권능이 영으로부터 흘러나온다면 문제가 되지 않습니다.

그러나 상처가 많고 영적으로 약하다면 영의 전이가 일어날 수가 있습니다. 예를 든다면 이런 경우입니다. ㅇㅇ에서 믿음생활을 하는 여 집사에게서 전화가 왔습니다. 다른 곳에서 믿음생활을 2년 동안 하다가 ㅇㅇ으로 이사를 왔다는 것입니다. 문제는 전에 모시던 교회 목사님의 영에 영향이 강하여 생활하는데 굉장한 어려움을 겪고 있다는 것입니다. 담임목사님이 양신역사가 심하여 자신이 중보기도를 해야 한다는 것입니다.

자신만 인정하는 성령이 전에 모시던 담임 목사님을 위하여 중보기도를 하라는 것입니다. 어느 날은 새벽 3시 30분에 깨워서 잠을 자지 못하게 하면서 기도하라고 한다는 것입니다. 막 불이 쑥쑥 들어 오기도하고 소름이 끼치기도 하면서 기도하게 한다는 것입니다. 본인은 성령님이 시키신다고 하는데 이는 잘못알고 있는 것입니다. 정말 힘이 들어서 어찌하면 좋겠느냐고 전화로 물어보는 것입니다. 자기가 담임목사님이 영적인 상태가 좋지 못하여 영적으로 깨어나기를 소원하며, 중보기도를 계속해 왔는데 계속 중보기도를 해야 하느냐는 것입니다. 여 집사는 분별력이 없어서 속고 있는 것입니다.

목사님에게 역사하는 영과 솔타이(영의 얽힘)가 된 것입니다. 이런 사람들이 다수가 있습니다. 모두 영적으로 문제가 있는 사람들입니다. 자신이 영적으로 깨어있고 능력이 있다고 자신만이 인정하는 과대망상에 빠진 사람들입니다. 그렇기 때문에 자기관리를 소홀하게 하여 상대에게 역사하는 영에 묶임을 당한 것입니다. 이 여 집사도 자신이 특별한 사람인 것과 같이 자랑을 하는 것입니다. 자신이 5차원의 사람이라는 것입니다.

내가 불쌍해서 자세하게 설명을 해주었습니다. 본인이 상처와 영적으로 문제가 있어서 그것을 빌미로 들어와 역사하는 귀신이라고 알려주었습니다. 빨리 치유 받지 않으면 영적 정신적인 문제와 가정환경에 문제가 발생할 것이라고 알려주었습니다. 그러니까, 자수를 하는데 음란한 생각이 들어서 힘이 든다는 것입니다. 그래서 영적으로 음란하면 육적인 음란도 따라오는 것이니 하루라도 빨리 영적치유와 상처치유를 받으라고 했습니다.

그랬더니 자기가 사는 ○○에는 자신의 문제를 치유하여 줄 목사님이 없다는 것입니다. 그래서 안 되면 서울이라도 올라와서 치유를 받아야 한다고 알려주었습니다. 그러니까, 여 집사가 하는 말이 목사라고 다 목사가 아니었다는 것입니다. 자꾸 자신에게 문제가 있었다는 것을 인정하지 않고 전 담임목사에게 화살을 돌리는 것입니다.

그래서 여 집사에게 원래 집사님이 영적으로 혼탁하고 상처가 많아서 그런 일이 생긴 것이니 목사를 원망하지 말라고 했습니다. 원래 상처가 많고 영적으로 혼탁한 사람들이 자신을 보지 않고 남을 봅니다. 자신은 아는 것이 많으니 다되었다고 생각하기 때문입니다. 영적인 눈이 열리지 않아서 분별능력이 없으니 영적으로나 상처로 고생하는 사람들을 불쌍하게 보고, 자꾸 도와주려고하고, 기도해 주려고하고, 영적인 것에 관심을 많이 갖는 것이라고 일러 주었습니다.

이 여 집사와 똑 같던 여 집사가 우리 교회에 와서 치유 받은 사람도 있습니다. 지금도 다니면서 치유를 받고 있습니다. 지금은 거의 정상으로 회복이 되었습니다. 이런 분은 담임목사가 꿈에 보이면 영락없이 영적으로 고통을 당합니다. 생각이 나도 마찬가지입니다. 이는 내가 임상적으로 체험한 바로는 귀신이 하는 짓입니다. 막 섬뜩 섬뜩하고 열이 오르는 현상이 자주 일어납니다. 될 수 있는 한 빨리 치유를 받아야 합니다.

첫째, 성경에 기초하는 솔 타이. 솔 타이란 말은 성경에 그 기초를 두고 있습니다. 창세기 2장24절에 남편과 아내와의 관계에 대해 이렇게 기록하고 있습니다. “이러므로 남자가 부모를 떠나 그 아내와 연합하여 둘이 한 몸을 이룰찌로다” 이 말씀에서‘연합하다’는 말의 히브리어는 다바크(dabaq)인데 이 말은 ‘들어붙다, 접착되다, 단단하게 붙다, 가까이 따르다, 합세하다’ 등의 뜻을 가집니다. 성경은 우리가 오직 하나님께만 연합되고 솔 타이 되기를 성령님은 바라시고 계십니다.

둘째, 성경에 있는 솔 타이의 경우. 사무엘상 18장 1절에서 “다윗이 사울에게 말하기를 마치매 요나단의 마음이 다윗의 마음과 연락되어 요나단이 그를 자기 생명같이 사랑하니라”에서 두 사람의 맹세로 솔 타이가 이루어졌음을 봅니다. 솔 타이는 마치 실로 엮듯이 묶이는 것으로 표현하고 있습니다. 부정적인 솔 타이일수록 그 유대는 강하기도 한데 요나단은 아버지보다 다윗을 더 소중하게 생각합니다. 다윗은 그럼에도 불구하고 요나단보다 하나님을 더욱 소중하게 생각했지만 다윗은 하나님과 강한 솔 타이를 맺고 있었으므로 어떠한 경우에도 하나님을 의지했고 붙들었습니다.

룻기에 나오는 룻과 나오미의 솔 타이의 경우는 건강한 유대를 만들었습니다. 늙은 시어머니와 젊은 며느리의 관계는 서로 돕는 관계입니다. 이처럼 솔 타이는 기도 동역자, 종교적 지도자, 종교적인 멘토 사이에 쉽게 형성됩니다. 담임 목사와 성도

사이에 형성되는 솔 타이는 교회를 강하게 만듭니다. 그러나 이와 반대로 이단의 지도자나 영적으로 혼탁한 목회자와의 솔 타이는 그 영혼을 망하게도 하는 것입니다.

셋째, 부부간의 솔 타이. 사람은 하나님께서 남자와 여자로 만드셨습니다. 그래서 인간은 혼자 살 수 없도록 지음을 받았습니다. 간혹 혼자 독신으로 살기도하지만 하나님의 창조의 섭리는 남녀가 부부로 살아가도록 하셨습니다. 성경도 이를 적극 지지하여 두 몸이 한 몸을 이루는 관계라고 말씀하십니다. 그러므로 부부 관계는 솔 타이의 전형을 이루는 관계라고 하겠습니다. 그러한 이유로 인하여 가장 보편적인 관계가 절대적인 유대를 이루어야 하는 부부 관계인 것입니다.

부부관계는 닮아간다는 말이 두 사람사이에 솔 타이가 형성이 되었다는 말입니다. 예를 들어 정직한 성품의 여자가 사기성이 많은 남자와 결혼하였습니다. 그녀는 남편의 사기성을 깨닫고 이를 지적하였고 이 때문에 많은 갈등을 겪었지만 결혼 생활을 계속 이어갔습니다. 처음에는 그러한 남편의 성격이 맞지 않아 부부 싸움이 잦았지만 세월이 흐르면서 그녀는 남편의 그러한 성향을 닮아가기 시작했고 친정 식구들은 남편처럼 변해버린 그녀를 기피하게 되었습니다. 자신도 남편의 사기성을 닮아버렸습니다. 이것이 솔 타이입니다.

또한 부부지간에는 마음은 각기 다르지만 몸은 하나입니다.

그래서 자손을 생산하기도하고 부부 성생활도 하므로 몸이 하나이기에 남편과 아내의 혼(겉 사람)안에 있는 어둠의 악령들과 귀신은 혼의 묶임(솔 타이=soul-tie)이 되어 있어서 남편과 아내의 몸에 상호 이동하면서 거하고 있습니다. 그래서 성령 충만한 어느 한쪽을 축사하면 다른 쪽에 있는 귀신들이 축사가 되기도 하는 것입니다.

넷째, 부모와 자녀의 솔 타이. 자녀는 부모를 거울로 삼아 성장한다고 할 수 있습니다. 그러므로 부모는 모든 면에서 자녀에게 많은 영향을 주는데 좋은 면뿐만 아니라, 나쁜 면도 그대로 영향을 끼치게 됩니다. 자녀에게 지나친 간섭이나 강요는 나쁜 솔 타이를 만들어냅니다. 언어 습관이나 행동을 부모와 똑 같이 행하게 되도록 만듭니다. 한 사람이 아들 4명 딸 두명을 두었는데 판사 2명 행정고시 2명을 배출한 가정이 있었습니다. 가정을 분석한 결과 아버지가 집에서 늘 하는 일이 책을 읽고 공부하는 것이 었다고 합니다. 자녀들이 이를 보고 공부를 하지 않을 수가 없어서 공부를 열심히 하여 판사 2명, 행정고시 2명을 배출한 것입니다. 부모의 습관을 은연중에 닮아간 것입니다.

따라서 부모가 하나님을 섬기고 순종하는 삶은 자녀가 본을 받게 되어 대대로 가계에 축복이 되는 것입니다. 부모와 자녀는 의지로 솔 타이 되어 있습니다. 그래서 어린 애기가 몹시 아플 때에는 아기보다는 그 어머니가 성령이 충만 할 경우 엄마 안에 있는 귀신과 악령을 예수님의 이름으로 쫓고 나면 아기가 금방 낫게 됩니다. 이렇게 의지가 종속이 되어 있습니다, 이것이 솔 타이입니다.

다섯째, 불건전한 관계의 솔 타이. 솔 타이는 두 사람 이상의 사이에서 관련된 관계의 산물입니다. 특히 부정적인 면이 강합니다. 특히 가족이나 혼인 관계의 남녀, 사제 간의 관계도 솔 타이가 형성이 됩니다. 하나님이 허락하신 결혼 관계 이외에 성 관계를 가지면 관계를 가진 그 사람들 사이에는 영적 결합(spiritual tie), 영혼의 결합(soul-tie) 및 육신의 결합(body-tie)의 삼중 관계가 형성이 됩니다(고전 6:15-20).

간음과 음란 행위를 통하여 음란과 정욕의 영이 역사하고, 성적 파트너와 '한 몸'(one flesh)이 됨으로 해서 상대자가 가진 모든 불경건한 영적, 혼적, 육신적인 관계를 그대로 전수받게 됩니다. 어떤 한 사람과 성적 관계를 가지면 그 사람이 이전에 가졌던 모든 성적 파트너의 나쁜 영향력을 그대로 받게 된다는 말입니다. 그래서 이런 경우는 솔 타이를 끊는 기도를 시편118편에 있는 말씀을 인용하여 솔 타이를 끊어야만 합니다.

여섯째, 권위자와의 솔 타이. 부모 외에 과거 나의 권위자(연장자 친척들, 직장이나 군대의 상사나 상관, 교회의 지도자나 목회자들 등)사이에 생긴 불경건한 솔 타이도 끊어야 합니다. 신앙생활에서 절대적인 영향을 끼치는 사람이 바로 목자인 담임 목회자입니다. 어떤 교회에 오래 다니면 그 교회 담임 목회자와 비슷하게 닮아가는 경우를 많이 볼 수 있습니다. 좋은 점뿐만 아니라 나쁜 점도 그대로 닮아가게 되는 것입니다. 반드시 성령의 임재 가운데 찾아내어 해결해야 합니다.

일곱째, 친구 사이와의 솔 타이. 우리 한국의 속담에 '친구 따라 강남 간다'는 말이 있듯이 성장기의 자녀들에게 가장 큰 영향을 끼치는 것이 친구 관계입니다. 친구 한 사람 잘못 만나서 인생을 망치는 사람이 있는가 하면 친구 한 사람 잘 만나서 인생의 전기를 만든 사람도 있습니다. 사람들은 친구와 교제하면서 자기도 모르게 닮아가기 때문입니다. 이전에 내가 가진 친구 관계를 점검하면서, 그로 인한 모든 불경건한 솔 타이를 끊을 필요가 있습니다.

여덟째, 동료 신자와의 솔 타이. 신자들을 주안의 형제자매로서 사랑 안에서 함께 지어져 가야 합니다(엡 4:16). 그리스도 안에서 신자의 관계는 한 몸에 붙은 각 지체와의 관계입니다. 따라서 신자들은 서로 간에 솔 타이가 생겨서 상호 경건한 영향을 끼치는 것은 바람직한 일입니다. 그러나 이러한 관계들이 잘못될 경우에는 불경건한 관계로 발전되어 마귀에게 틈을 주게 됩니다(고후 2:11). 하나님이 허락하신 경건한 솔 타이는 그리스도 안에서 사랑에 기초한 관계이지만 마귀적인 솔 타이는 탐욕에 그 기초를 둔 것입니다.

아홉째, 죽은 사람과의 솔 타이. 가족의 일원이나 친구가 죽었을 때 그 사람과 형성된 연민의 정! 즉 솔 타이를 끊어야 합니다. 그렇지 않으면 그로 인한 슬픔이나 비탄으로 인해 생존자가 고통을 받는 경우가 많으면 영적인 존재인 악령과 귀신은 그것을 매개로 하여 들어오게 되는 것입니다. 성경에 보면 사랑하는 사람이 죽었을 때 애통하는 기간은 보통 7일에서 한 달입니다. 야곱이 죽었을 때 요셉은 7일 동안 애통해 했습니다(창 50:10). 아론이나 모세가 죽었을 때 이스라엘 사람들은 한 달간 애통해 했습니다(민 20:29; 신 34:8). 너무 오래 동안 애통해 하는 것은 그만큼 솔 타이가 깊게 형성되었음을 의미하며 그럴 때 생존자에게 슬픔의 영, 비탄의 영, 고독의 영이 발판을 삼고 침투할 우려가 많습니다.

실제로 서울에 사는 여성도의 경우 시 어머니가 돌아가시고 나서 자신에게 어떤 강한 기운이 자신에게 덮치는 것을 느꼈다는 것입니다. 목사님에게 물어보니 아무것도 아니니 무시하고 지내라고 해서 무시하고 살았는데 3년 정도 지나니까, 초등학교 다니는 딸이 영적으로 이상한 행동을 하더라는 것입니다. 다른 사람들은 잘 모르는데 자신은 안다는 것입니다. 구역질을 하고 머리가 아프다고 하면서 정상적인 생활을 못할 때가 종종 있다는 것입니다. 지금 치유를 받으러 다닙니다.

열째, 당파와 교파와의 솔 타이. 교회 내에서 당 짓는 사람들 사이에 솔 타이가 강하게 형성이 됩니다(고전 3:4~5). 특히 주의해야 할 사실은, 내가 오랫동안 신앙생활을 해 온 특정 교파나 특정 교회와도 솔 타이가 형성된다는 사실입니다. 교파나 교단은 몸인 그리스도의 다양한 한 지파로서 하나님을 섬기는 곳이지만, 이 세상에서 어느 것도 완벽한 것은 없기 때문에, 그런 교파나 교회와 나 사이에 솔 타이가 생겨서 다른 교파나 다른 교회를 수용하지 못하는 배타적 성향을 띄기 쉽습니다.

특정 교단에서 신앙생활을 한 사람은 다른 곳으로 이사를 가도 그 교단에 속한 교회에만 출석합니다. 물론 자기가 은혜를 받았고 또한 익숙하고 편한 곳에서 신앙 생활하는 것이 당연하다고 생각할 수 있습니다. 그러나 그런 긍정적인 측면 외에도 솔 타이로 인해 특정 교파나 교회에 나 자신을 제한하여 새로운 가능성에 문을 닫는 것은 현명한 처사라고 할 수 없습니다.

열한 번째. 기타 솔 타이가 생기는 경우

○서로 비슷한 생각이나 마음을 가질 때 솔 타이가 형성됩니다. ○어떤 대상을 불쌍하게 느끼거나 안쓰러운 마음을 가질 때 솔 타이가 형성됩니다. ○나쁜 일을 공모할 때, 공모자 사이에 솔 타이가 형성됩니다. ○이념이나 사상을 공유할 때 이데올로

기 솔 타이가 형성됩니다. ○어떤 사람에 대해 특정한 감정을 가질 때 솔 타이가 형성됩니다. ○어떤 사람을 미워하거나 증오할 때 솔 타이가 형성됩니다. ○어떤 사람과 오랫동안 같이 교제했을 때 솔 타이가 형성됩니다. ○어떤 물건, 동물을 좋아할 때 솔 타이가 형성됩니다. ○애완동물이나 마스코트 같은 것을 좋아할 때 솔 타이가 형성됩니다. ○스포츠, 영화, 오락 등도 지나치면 솔 타이가 형성됩니다. ○중독 증세. 마약, 술, 담배. 인터넷, 포르노(음화)등으로 인해 솔 타이가 형성됩니다.

열두 번째. 솔 타이를 끊기

○상처를 받았으면 상대방을 용서해야 솔 타이가 끊어지게 됩니다. ○대상이 불쌍하거나 안쓰럽더라도 하나님께 의뢰할 때 솔 타이가 끊어지게 됩니다. ○원수 갚는 것은 하나님께 맡겨야 솔 타이가 끊어지게 됩니다. ○무소유로 손에 가진 것을 내려놓을 때 솔 타이가 끊어지게 됩니다. ○매사에 자존심을 버리고 겸손할 때 교만의 솔 타이가 끊어지게 됩니다. ○이기심을 버리고 공동체 의식을 가질 때 솔 타이가 끊어지게 됩니다.

솔 타이가 형성된 성도는 하루라도 빨리 자신의 죄악과 잘못을 인정하고 성령의 역사가 강한 장소에 가서 상처를 치유하고 귀신을 몰아내야 합니다. 시간이 많이 걸립니다. 자신이 성령으로 장악이 되는 만큼씩 귀신으로부터 자유하게 됩니다. 영안을 열어 자신의 역적인 상태를 바르게 분별하기를 바랍니다. 영적인 눈을 열러 불필요한 고통을 당하지 말기를 바랍니다.

지금 교회에는 솔타이로 고통을 당하는 목회자들과 성도들이 의외로 많습니다. 일종의 영들의 전이라고 할 수 있는데 좋지 못한 영을 가진 사역자와 목회자로부터 영들의 전이가 일어난 것입니다. 1-2개월만 같이 있으면 전이가 일어납니다. 특별하게 교회나 기도원 같은 곳에서 솔타이가 잘 이루어 집니다. 왜냐하면 마음을 열고 말씀을 듣고 안수를 받기 때문입니다.

요즈음도 사역자들이 자기 관리를 잘하지 않고 사역하는 분들이 많습니다. 또 자기 관리를 어떻게 해야 하는지 알지도 못하면서 약하게 일어나는 성령의 은사나 권능을 가지고 사역을 하고 있기 때문입니다. 이런분들은 사역자 본인 역시도 잘못된 영들로 인하여 고통을 당하는 것이 보통입니다. 성령의 역사가 장악하고 성령의 인도를 받는 사역자에게서는 이런 좋지 못한 솔타이는 일어나지 않습니다. 자기 관리를 등한히 하고 영육의 상태가 좋지 못한 사역자들에게서 일어나는 현상입니다.

우리 목회자나 성도들은 바른 분별력을 가지고 치유와 성령의 권능과 말씀의 은혜를 받아야 합니다. 제일 좋은 분별의 법칙은 열매를 보는 것입니다. 그 사역자의 가정을 보면 쉽게 분별할 수가 있습니다. 절대로 역사를 보지 말고 열매를 보는 눈이 열려야 할 것입니다. 역사만 좋아하면 영락없이 솔타이가 될 수가 있으니 주의해야 합니다.

7장 목사님! 저 지금 성령으로 충만해요.

(행4:28-31)"하나님의 권능과 뜻대로 이루려고 예정하신 그것을 행하려고 이 성에 모였나이다. 주여 이제도 그들의 위협함을 굽어보시옵고 또 종들로 하여금 담대히 하나님의 말씀을 전하게 하여 주시오며, 손을 내밀어 병을 낫게 하시옵고 표적과 기사가 거룩한 종 예수의 이름으로 이루어지게 하옵소서 하더라. 빌기를 다하매 모인 곳이 진동하더니 무리가 다 성령이 충만하여 담대히 하나님의 말씀을 전하니라"

성령은 우리를 권능 있는 사람으로 다시 태어나게 합니다. 예수를 믿으면서도 능력이 없는 사람이 많습니다. 기도에도 능력이 없고 전도에도 능력이 없습니다. 신앙생활에 아무런 능력이 없습니다. 의식과 형식적인 예수를 믿지만 폭발적인 그러한 파워가 없습니다. 다이너마이트 같은 힘을 가지고 기도를 하고 아주 즐거운 신앙생활을 하고 남에게 예수를 척척 전도하는 것을 보면 부럽기가 한이 없습니다. "왜 나는 저렇게 되지 않을까?" 그것은 성령의 불로 불세례를 받지 않았기 때문인 것입니다. 예수를 믿으면 성령이 와 계시지만 간절히 성령의 불로 불세례를 받기 위해서 기도하면 성령으로 불세례를 받게 되는 것입니다. 성령의 불세례를 받고 충만의 체험을 하게 되면 권능이 임하시게 되는 것입니다. 신앙생활에 권능과 능력이 임해요. 그래서 신앙생활은 능력 있는 신앙생활을 할 수 있는 것입니다. 무능력한 이름만 믿는 신자가 아니라, 정말 그 생활 속에 하나님의 역사가 나타나는 그런 신앙생활을 할 수 있는 것입니다.

필자가 그간 성령 사역을 하면서 성령의 불로 불세례를 체험하게 한 성령의 임재 사건들이 있습니다. 성령의 불로 불세례를 받고 성령의 능력을 받아 하나님께 쓰임을 받기를 사모하는 분들에게 바르게 분별하여 성령의 불을 받게 하기 위하여 여기에 소개합니다. 성령의 역사와 악령의 역사가 비슷하기 때문에 자신이 나름대로 생각하기는 성령으로 충만한 줄로 아는데 그렇지 못한 경우가 많습니다. 자신을 분별해 보시기를 바랍니다.

첫째, 초기 성령체험 현상은 분별이 필요. 성령이 성도를 장악하면 몸으로 느끼게 됩니다. 진동을 하기도 합니다. 손이 위로 올라가면서 흔들기도 합니다. 몸이 뒤 틀리기도 합니다. 허허허 하면서 웃음이 터지기도 합니다. 마치 전기에 감전된 것과 같이 손이 찌릿찌릿하기도 합니다. 땀을 흘리면서 악을 쓰기도 합니다. 손가락이 게발과 같이 오그라들면서 떨기도 합니다. 사지가 뒤틀리기도 합니다. 덩실덩실 춤을 추기도 합니다. 팔과 다리가 오그라들기도 합니다. 이상한 소리를 내기도 합니다.

저도 처음 성령사역을 할 때는 이런 현상을 느꼈다면 성령 세례를 받은 것이라고 믿었습니다. 성령사역을 십년이 넘은 지금에 와서 보니 참으로 위험천만한 성령의 역사가 교회에서 일어나고 있다는 것입니다. 이런 현상은 분명하게 분별되어야 할 현상입니다. 성령이 임재 하니 사람 속에 숨어있던 악한 영이 정체를 폭로할 때 일어나는 현상이라고 해도 틀리지 않습니다.

제가 얼마 전에 성령사역을 하면서 위와 같은 현상을 일으키는 성도를 안수 했습니다. 그랬더니 악한 영이 말로 표현할 수 없을 정도로 떠나갔습니다. 3일 동안 지속적으로 안수하니 위와 같은 영적현상이 일어나지 않았습니다. 일어나지 않을 뿐만 아니라, 본인의 마음이 너무 편안하고 기도가 술술 나온다고 간증을 했습니다. 그래서 본인에게 기도할 때 이런 현상이 일어난 것이 얼마나 되었느냐고 질문했습니다. 3년 정도 되었다는 것입니다. 3년 동안 귀신에게 속은 것입니다. 이 성도가 잘못된 것이 아닙니다. 이런 현상을 보고 양신역사라고 하면서 바로 잡아줄 영적인 사역자가 없었다는 것입니다. 이 성도의 말에 의하면 3년 동안 성령의 역사가 있다는 곳은 안 가본 곳이 없을 정도로 다 다녀 보았다는 것입니다. 그런데 어느 한곳에서도 바로 잡아주는 곳이 없었다는 것입니다.

이 성도가 하는 말이 성령의 역사가 있다는 곳에 가서 2박 3일 또는 3박 4일 은혜를 받고 오면 한 일주일은 충만하게 지낸답니다. 그런데 2주가 되면 슬슬 마음이 답답하고 기도가 잘되지 않아서, 또 다른 곳을 가게 되었다고 했습니다. 이 현상은 이렇게 설명할 수 있습니다. 성도는 영의 만족을 누려야 모든 것이 좋아집니다. 자기 나름대로 성령이 충만하다고는 하지만, 저와 같은 전문적인 성령사역을 하는 분들의 눈에는 이렇게 보입니다. 이 성도의 마음 안에 있는 성령의 역사가 밖으로 나타나지 않는 것입니다. 즉, 영의 통로가 막혔다는 것입니다. 성도는 마음 안에 있는 성령의 불과 성령의 생수가 심령에 부어져야 영의 만족을 누리는 것입니다. 그런데 영이 막혀서 심령에서 성령의 역사가 밖으로 나오지 못하니 은혜 받을 때는 괜찮은데 시간이 지나면 답답해지는 것입니다.

이 문제가 왜 생길까요. 첫째, 성령의 불을 밖에서 받는다는 잘못된 이론 때문입니다. 이는 뒷장에서 상세하게 설명을 합니다. 둘째, 성령의 불을 받으려고 밖에만 관심을 가지니 정작 자신의 심령에 관심을 갖지 않으니 영의 통로가 열릴 이유가 없는 것입니다. 셋째, 자신의 심령 상태에는 관심을 갖지 않고, 그저 보이는 면, 역사가 나타나는 것에만 관심을 가진 결과입니다.

지금 많은 교회와 성령사역을 하는 곳들이 모두 이렇습니다. 성령의 불을 밖에서 받으려고 능력이 있고 불이 있다는 강사에게만 관심을 가지기 때문입니다. 저도 초기 성령사역을 할 때와 성령의 능력(불)을 받으러 다닐 때 모두 이런 식이었습니다.

저는 다행하게도 내적치유를 하면서 내면에 관심이 많았기 때문에 쉽게 내면관리를 하다 보니까, 성령의 불은 자신의 영 안에 계신 성령으로부터 나와야 된다는 것을 알게 된 것입니다. 그래서 내면관리를 집중해서 하다 보니까, 앞의 성도와 같이 잘못된 성령의 역사를 분별하여 치유할 수가 있었습니다. 이런 분들이 우리교회 집회에 오면 먼저 기도 시간에 제가 안수를 일일이 하면서 성령의 역사가 성도의 마음 안에서 일어나도록 합니다.

조금만 지나면 강력한 성령의 역사가 일어나 속에서 더러운 상처와 귀신들이 떠나갑니다. 이렇게 2일만 하면 거의 모두 이해할 수 없는 성령의 역사가 정리됩니다. 점차 안정을 찾아 심령에서 불이 나오는 성도들로 바뀌게 됩니다. 기도는 성령으로 해야 합니다. 자신의 마음 안에 계신 성령의 역사가 밖으로 나오면서 치유도 되고, 귀신도 떠나가고, 자신의 안에 계신 성령으로부터 '레마'도 들리게 되는 것입니다.

귀신 축사하면 능력 있는 목사가 귀신을 불러내어 쫓아내는 줄로 알고 있습니다. 이것은 잘못 알고 있는 것입니다. 자기 안에 계신 성령의 역사가 밖으로 나오면서 귀신을 몰아내는 것입니다. 귀신은 전적으로 귀신의 영향을 받는 성도의 성령의 권능에 의하여 밀려나오도록 해야 합니다. 그래서 성령의 세례가 중요한 것입니다. 성령의 세례가 임해야 귀신을 축귀할 수 있기 때문입니다.

영적인 사역자는 어떻게 하면 피 사역자에게 성령의 역사가 강하게 일어나게 할 수 있는지 비결을 터득하고 행할 수 있는 사람이 진정 영적인 사역자입니다. 방법은 그리 어렵지 않습니다. 피 사역자의 심령에서 성령의 역사가 일어나 밖으로 나오게 하면 되는 것입니다. 그런데 성령의 불을 밖에서 받는다고 인식하고 밖에만 관심을 가지고 있으니 영의 통로가 뚫리는데 시간이 많이 걸립니다. 성도들이 영의 만족을 누리지 못하고 방황을 합니다. 성령의 불을 밖에서 받으려고 관심을 밖에 두니 심령을 치유할 수가 없습니다. 심령치유가 되지 않으니 예수를 20년을 믿어도 변화되지 않는 것입니다. 구습은 반드시 성령의 역사가 일어나야 치유가 됩니다. 바른 성령의 역사를 알고, 바르게 기도하고, 성령을 체험하면 성도가 변하지 않으려고 해도 변화될 수밖에 없습니다. 이를 시정하여 해결해야 될 문제는 첫째, 성령의 불은 심령에서 나와야 합니다. 물론 처음에는 밖에서 역사하는 불을 받아야 합니다. 그러나 시간이 경과되면 자신 안에서 성령의 불이 나오도록 영성관리를 해야 합니다. 그래야 영이 자랍니다. 영은 생명의 말씀과 성령의 역사에 의하여 영이 깨어나고 자라게 됩니다. 둘째, 기도를 바르게 해야 합니다. 성령으로 심령에 관심을 두고 기도해야 합니다. 머리를 써서 아무리 장구한 말을 많이 한다고 해도 변화되지 않습니다. 왜냐하면 인간적인 3차원의 기도이기 때문입니다. 성령으로 기도하여 심령에서 초자연적인(5차원) 성령의 역사가 일어나야 변화되기 시작 합니다.

제가 지금까지 설명한 말을 오해해서 들을 수가 있어서 다시 한 번 말씀 드립니다. 성령님은 인격체이시지만 실제적인 어떤 능력과 에너지로써 충만하게 임하면 우리가 육체적으로도 어떤 느낌과 감각을 느끼게 됩니다. 일반적으로 불의 뜨거운 느낌, 전류가 흐르는 것과 같은 느낌, 몸이나 신체의 일부가 가벼워지는 부양감, 또는 반대로 무거워지는 것과 같은 느낌, 환한 빛이 비추어져 오는 것과 같은 느낌, 때로는 향기가 풍겨오는 것과 같은 느낌, 한없이 포근한 느낌, 시원한 느낌, 때로는 편안하여 졸리는 것과 같은 느낌 등 다양하게 느껴집니다.

그러나 이와 같은 현상은 성령체험의 초기에 나타나는 현상입니다. 어느 정도 신앙이 자라고 영이 깨어나 성령이 자신을 장악하면 서서히 몸으로 느끼거나 볼 수 있는 가시적인 현상이 없어집니다. 왜 그럴까요? 성령이 자신을 완전하게 장악하여 성령님과 친밀하게 되니, 육체가 성령에게 장악당하여 성령과 하나가 되었기 때문입니다.

제가 그동안 성령사역을 하면서 체험한 결과 성령의 체험현상은 항상 일어나는 것이 아닙니다. 성령으로 변하여 영이 자라면 자란 만큼씩 몸으로 느끼거나 볼 수 있는 가시적인 현상이 현저하게 줄어듭니다. 그래서 자신이 몸으로 느끼거나 볼 수 있는 가시적인 현상이 나타났다고 영적으로 다 된 것이 아니라는 것입니다. 이는 이 책을 읽고 있는 분이 말씀과 성령으로 깊은 영성을 개발하여 성령님과 인격적이고 친밀한 관계가 되면 이해할 수가 있습니다. 이는 성령님과 이런 관계가 된 것입니다. 성령이여! 임하소서. 하면 이미 성령님이 자신을 장악한 것으로 믿는 것입니다.

이를 믿고 담대하게 성령님이 주신 레마를 가지고 사역을 하면 성령이 역사하여 주시는 관계이기 때문입니다. 한마디로 성령님과 주거니 받거니 하는 관계가 되었기 때문에 성령의 임재 현상이 필요가 없는 것입니다. 너무 성령의 임재현상에 관심 갖지 마시고 말씀과 성령으로 변하여 성령님과 인격적인 관계가 되려고 노력해야 합니다. 성도들을 이렇게 지도해야 성도들의 믿음이 자라서 영의 자립을 하면 영적인 군사가 되어 하나님에게 쓰임을 받을 수가 있는 것입니다. 히브리서 저자는 5장 12절에서 이렇게 말합니다."때가 오래 되었으므로 너희가 마땅히 선생이 되었을 터인데 너희가 다시 하나님의 말씀의 초보에 대하여 누구에게서 가르침을 받아야 할 처지이니 단단한 음식은 못 먹고 젖이나 먹어야 할 자가 되었도다"성도는 영이 자라야 합니다.

능력 있다는 목사님만 바라보고 성령의 불 받으려고 하는 무지한 성도들을 만들지 말아야 합니다. 스스로 자기에게 임재 하여 계신 성령님으로부터 불을 받고 레마를 받아 살아가는 성도를 만들어야 합니다. 다시 말하면 영적인 자립을 하는 성도를 만들어야 한다는 것입니다. 그래야 어디를 가더라도 자기 안에 계신 성령님과 친밀한 관계를 가지면서 자기가 위치해 있는 곳을 하나님의 나라로 만드는 하나님의 군사가 될 수 있는 것입니다.

둘째, 강한 진동현상이다. 얼마 전에 목회자 부부가 지방에서 올라와 저희 교회집회에 참석 했습니다. 저희 교회는 집회시에 1시간 말씀을 전하고 40분 이상 개인 기도를 합니다. 개인 기도시간에 제가 일일이 안수를 해드립니다. 첫 시간 안수를 하면서 목사님을 보니 진동을 아주 심하게 했습니다. 더 자세히 보니 무당의 영이 정체를 폭로하고 흔들어대는 것이었습니다.

그래서 첫 시간에는 아무 말도 하지 않고 안수만 해드렸습니다. 둘째 시간이 되었습니다. 안수를 하면서 목사님에게 질문을 했습니다. 목사님 언제부터 이렇게 진동하며 기도를 하셨습니까? 상당히 오래되어 얼마나 되었는지 모르겠다는 것입니다. 목사님! 목사님은 이러한 진동을 하는 것이 성령 충만해서 나타나는 것이라고 알고 있으시지요. 예! 맞습니다. 저 아주 성령 충만합니다. 그런데 여기에 왜 오셨습니까? 사모가 아파서 치유 받으러 왔습니다.

그래요. 목사님 혹시 집안에 무당이 없으십니까? 목사님이 하시는 말씀이 이렇습니다. 예! 무당은 없고 고모가 점쟁이를 하고 있다고 아버지에게 들었습니다. 목사님 오해하지 마시고 들으세요. 지금 목사님은 무속의 영이 진동을 하고, 손을 흔들면서 기도를 따라 하고 있습니다. 목사님이 이를 인정하지 않고 성령의 역사라고 믿으니 떠나가지 않는 것입니다. 축사를 해드릴까요? 했더니 해달라는 것입니다. 그래서 이 더러운 무속의 영아! 정체를 밝혀라. 하니 아주 심하게 손을 흔들어 댑니다. 예수 이름으로 명하노니 더러운 무속의 영은 떠나갈지어다. 했더니 기침을 사정없이 하면서 오물을 토하면서 귀신들이 떠나갔습니다. 2일째 되는 날도 진동을 약하게 하며 손을 흔들고 기도를 하여 축사를 했습니다. 3일째 되는 날은 진동을 하지 않고 손도 흔들지 않고 아주 편안하게 기도를 하셨습니다. 무속의 영이 떠나간 것입니다.

그런데 문제가 하나 있었습니다. 사모님이 질병으로 시달려서 정상적인 생활을 못하시는 것입니다. 그래서 사모님을 치유하려고 지방에서 올라온 것입니다. 목사님 집안에 역사하던 무속의 영이 사모님을 괴롭히는 것입니다.

그래서 사모님을 앞으로 모시고 나와서 안수를 하니 귀신들이 말로 표현할 수 없을 정도로 많이 나갔습니다. 근육통과 관절염으로 아프지 않는 곳이 없었다고 합니다. 원래 무속의 영이 역사하면 근육통과 관절이 아플 수가 있습니다. 안수 받고 날아갈 것 같다고 하면서 내려가셨습니다.

허리에서부터 얼굴까지 반신불수가 되어 12월 20일부터 다음해 4월 25일 충만한 교회에 오기 전까지 반신불수가 되어 거동을 못하며 집안에서 지내던 목사님의 이야기 입니다. 친한 친구 목사님들이 충만한 교회에 가면 치유가 된다는 말을 듣고 차에 실려 우리 교회 성령치유 집회에 참석하여 은혜를 받았던 이야기 입니다. 그런데 참석한 첫날부터 강한 성령의 불을 받고 온몸이 불덩어리가 되더니 몸이 뒤틀리기 시작 했습니다. 악한 귀신들이 발작을 한 것입니다. 제가"예수 이름으로 명하노니 허리를 잡고 있는 더러운 귀신은 떠나가라"하고 안수 기도를 할 때마다 수많은 귀신들이 발작을 하면서 떠나고 소리를 지르면서 떠나갔습니다.

목사님의 이야기입니다."저는 이때까지 내가 허리디스크와 좌골 신경통으로 이렇게 거동을 못하게 되었지, 악한 영의 역사로 이렇게 되었다고는 꿈에도 생각을 하지 않고 병원치료만 하였습니다. 한마디로 영적인 무지한 이었습니다. 성령님의 인도로 충만한 교회에 와서 성령의 불을 받고 아~ 이것이 영적으로 문제가 되어 발생한 것이구나! 체험적으로 인정을 했습니다.

저는 충만한 교회에 오기 전에 영적인 집회에 참석을 많이 했습니다. 심지어는 미국에 가서 빈야드 집회도 참석을 했습니다. 그때도 몸이 뒤틀리고 발작을 했습니다. 거기 있는 사역자들이 성령의 불을 받은 것이라고 했습니다. 저는 성령의 불을 받았기 때문에 저에게 악한 영이 역사한다는 것은 꿈에도 생각을 못했습니다. 저의 허리를 아프게 하는 것은 악한 영의 역사라고 인정을 하니 귀신이 떠나가고 치유되기 시작하다가 며칠 지나니 저 혼자도 걸을 수가 있었습니다.

강 목사님이 안수 기도를 하면 할수록 몸이 편안해졌습니다. 허리 아픈 것이 점점 없어졌습니다. 몸이 뒤틀리고 발작하는 것도 없어졌습니다. 정말 신기할 정도로 안정을 찾았습니다. 치유 되고 능력을 받으니 심령이 읽어지는 지식의 말씀의 은사가 나타나고 안수 기도하면 강요셉 목사님 같이 성령의 역사가 강하게 나타납니다.

그래서 다시 목회를 시작하니 교회가 점점 부흥이 되었습니다. 몇 개월 다니면서 치유를 받으니 이제 몸도 완치가 되었습니다. 저를 치유하신 하나님에게 영광을 돌립니다."

이렇게 안수를 받고 치유하면 진동하는 것이 현저하게 줄어듭니다. 이분도 몸이 뒤틀리고 발작하는 것이 없어졌습니다. 첫째 날과 둘째 날은 교회의 접의자를 다 차고 다닐 정도로 몸이 뒤틀리고 발작을 했습니다. 점차 치유되어 안정을 찾고 심령에서 성령의 불이 나오는 기도를 하니 목사님에게 역사하던 귀신들이 떠나간 것입니다. 이렇게 기도하고 안수하면 할수록 안정을 찾아야 바른 성령의 역사를 체험하는 것입니다. 우리 속지 맙시다. 이분도 외국 빈야드 집회에 까지 참석했다는데 누구하나 바로 알려줘서 치유해준 사역자가 없었다는 서글픈 사실입니다. 지금 외국이나 한국이나 성령의 역사에 대한 영적인 분별 수준들이 이렇습니다.

셋째, 몸이 비틀어지는 현상이 일어나기도 한다. 안녕하세요. 요즘 목사님 책과 집회 참석으로 은혜를 많이 받고 있습니다. 배운 대로 방언 기도할 때 계속해서 입이 벌어지고 소리를 지르게 되고 몸이 비틀어지는 현상이 일어나는데 절제하면 곧 그칩니다. 절제하지 말고 그냥 놔두어야 하는지 절제하고 다시 기도해야 하는지를 잘 모르겠습니다.

안방에서 기도하는 저를 위해 거실에서 기도하는 아내도 저처럼 심하지 않지만 호흡기도 몇 번만 해도 입이 벌어지고 하품도 나고 속이 이글거린다고 합니다. 좋은 현상인지요. 귀신이 나가는 현상인지요? 꼭 회신 부탁드립니다. 심적으로 많이 부드러워졌고 인내심도 많이 강해진 것을 느끼게 됩니다. 교회에서 한 시간 이상 부부가 기도하고 퇴근하려고 합니다. 답변 부탁드립니다. 아직 영적으로 초보라서 모든 것이 궁금합니다. 큰 사역에 많은 열매 있기를 기도합니다.

답변합니다. 지금 나타나는 현상은 성령을 체험하고 일어나는 초기 현상입니다. 지속적으로 깊은 영의기도를 하여 심령 안의 상처를 몰아내야 합니다. 시간이 좀 걸릴 것입니다. 제가 집필한 책 중에 "성령의 불로 충만 받는 법"을 읽어보세요. 전문적인 성령치유를 하는 곳에 가셔서 어느 정도 말씀과 성령으로 정화가 되면 그런 현상이 점차 없어질 것입니다.

빨리 해결을 받으시려면 저희 교회에서 매주 토요일 실시되는 집중치유에 예약하여 치유를 받으시면 나타나는 현상이 없어질 것입니다. 지금 상태를 그냥 두면 더욱 강하게 묶일 수가 있으니 주의해야 합니다. 지속적으로 성령의 충만을 받아 심령에서 평안이 올라오고 영안이 열려서 성경 말씀 속에서 비밀이 깨달아 져야 합니다. 일어나는 현상만 가지고 너무나 예민하게 생각하지 마세요. 아직 갈 길이 멀었습니다. 영적인 원리들을 많이 깨달아서 지금 목사님 부부에게 일어나는 현상을 스스로 깨달아 알 수 있는 수준이 되어야 합니다.

넷째, 이상한 소리. 성령이 임재 하여 역사하면 이상한 소리를 하는 경우가 있습니다. 소리를 잘 분별하여 해결해야 합니다. 흐흐흐 하면서 흐느끼기도 합니다. 이는 상처로 인하여 흐느끼기도 합니다. 귀신이 정체가 폭로되니 흐느끼기도 합니다. 쉬쉬쉬! 쉬쉬쉬! 하면서 뱀 소리를 내는 경우도 있습니다. 이때 예수 이름으로 명하노니 더러운 영은 떠나가라, 하며 명령하면 피사역자가 입에서 뱀을 뽑아내는 시늉을 하는 경우가 많습니다.

엉엉엉! 우는 경우도 있습니다. 우는 소리가 들리지 않고 등에다가 손을 얹으면 손으로 우는 소리가 감지되어 전해옵니다. 조금 지나면 울을 소리가 밖으로 나오면서 웁니다. 울도록 내버려두다가 우는 소리가 약해지면 서러움의 영을 몰아내야 합니다. 예수 이름으로 서러움의 영은 떠나갈지어다. 하면 기침을 사정없이 하면서 떠나갑니다. 바르게 알아야 할 것은 울 때는 서러움의 상처가 치유되는 것입니다. 운다고 상처 뒤에 역사하는 서러움의 영은 떠나가지 않습니다. 예수 이름으로 떠나보내지 않으면 성령의 임재만 되면 웁니다. 반드시 축사를 해야 합니다.

우리 교회는 매주 토요일 날 "개별집중 능력은사전이와 개별집중치유"사역을 합니다. 얼마 전 토요일 날 집중치유를 하는데 따따다! 따따다! 하면서 방언기도를 했습니다. 그런데 성령께서 악한 영의 역사이니 속지 말라고 감동하십니다.

그래서 예수 이름으로 명하노니 지금 방언기도로 속이는 더러운 영은 떠나가라. 했더니, 막 기침을 하는데 사정없이 하면서 귀신들이 떠나갔습니다. 성령치유 사역을 하면서 소리분별을 잘해야 합니다. 성령의 임재로 방언기도 한다고 믿어버리면 귀신에게 속는 것입니다.

다섯째, 환상 · 음성 · 깊은 임재. 많은 성도들이 기도하다가 환상을 보거나 깊은 임재나 음성을 들으면 다 된 것으로 믿어버립니다. 얼마 전에 성령사역을 한다는 교회를 다니는 성도가 치유를 받으러 왔습니다. 상담을 요청하여 상담을 하는데 자기는 환상을 볼 때도 있고, 음성을 들을 때도 있다는 것입니다.

저희 교회에 치유 받으러 온 것은 다름이 아니고 얼마 전에 기도하다가 음성을 들었는데 종말을 준비하라고 들었다는 것입니다. 자기는 하나님이 종말을 준비하라고 하시니 지금 하고 있는 일을 그만두고 다른 일을 하려고 하다가 저에게 상담을 해보고 결정하려고 왔다는 것입니다.

제가 성령님에게 질문을 했습니다. 이 성도가 하는 말이 맞습니까? 아니다. 지금 이 성도는 이랬다가 저랬다가 하는 양신역사를 일으키고 있다. 그러면 어떻게 합니까? 다시 물어보라는 것입니다. 종말에 대하여 음성을 이번에 처음 들었느냐고… 성도에게 질문을 했더니 육년 전에도 종말을 준비하라는 음성을 듣고 사업하던 것을 정리하여 많은 손해를 보았다는 것입니다.

제가 이렇게 말했습니다. 성도님은 지금 양신역사가 일어나고 있습니다. 종말을 준비하라는 소리는 마귀가 하는 소리입니다. 만약에 지금 하는 일을 그만두면 육년 전과 같이 큰 손해가 납니다. 쓸데없는 곳에 관심두지 말고 지금 하는 일이나 열심히 하십시오. 일을 그대로 하면서 심령을 말씀과 성령으로 치유하세요. 그러면 양신역사가 정리 될 것입니다. 성도가 이렇게 말합니다. 아니 목사님! 기도하면서 환상도 보고, 음성도 듣는데 양신역사가 일어날 수 있습니까?

그래서 나는 성령의 음성을 듣고 성령사역을 시작했는데 그 때부터 귀신에게 말도 못하게 공격을 당했습니다. 그래서 내적 치유를 1년을 받았습니다. 그래도 귀신이 떠나가지를 않았습니다. 7개월을 교회에서 잠을 자지 않으면서 기도하여 내면을 정리했습니다. 음성을 듣고, 환상을 보고 해도 양신역사가 일어납니다. 하나님은 환상과 음성을 들으면서 자신의 심령을 치유하라고 환상과 음성을 들려주시는 것입니다. 경거망동하지 말고 내말을 듣고 순종하라고 조언한 적이 있습니다. 요즈음 많은 목회자와 성도들이 환상을 보고 음성을 들으면 다 된 줄로 착각을 합니다.

이는 한마디로 착각입니다. 하나님은 심령에 관심이 많습니다. 심령관리에 시간과 물질과 마음을 투자하시기를 바랍니다. 또 바르게 알아야 할 것은 성령의 인도를 받으면 종말 준비 하지 않아도 성령께서 천국으로 인도하십니다. 종말이 무어니 하는 감언이설에 속지 마시기를 바랍니다.

2부 영안을 열려면 이렇게 하라.

8장 영적인 존재들을 인정해야 열린다.

(고전 2:10)"오직 하나님이 성령으로 이것을 우리에게 보이셨으니 성령은 모든 것 곧 하나님의 깊은 것까지도 통달하시느니라"

하나님께서 사용하실 분들에게 영적인 세계를 체험하게 하십니다. 영적인 세계를 알아야 영적인 사역자가 될 수가 있기 때문입니다. 하나님은 성도가 예수를 믿고 교회에 들어오면 성령을 체험하게 하십니다. 성령을 체험하면서 영적인 면에 관심이 많아집니다. 예수를 믿고 교회에 들어오면 성령께서 축복을 받는 것에 관심을 갖는 것에 앞서서 영적인 면에 관심을 갖도록 인도하시는 것입니다. 영적인 눈이 열려서 하늘나라 사람으로 변해야 사용할 수 있기 때문입니다. 영적인 눈이 열려서 영의 사람이 되어야 하기 때문입니다. 영적인 세계에 관심을 가짐과 동시에 영적인 궁금증이 생깁니다. 능력은 어떻게 받을까? 환상은 어떻게 열릴까? 영적인 세계에 무엇이 존재할까? 영안은 어떻게 열릴까? 성령은사는 어떻게 해야 받을 수 있을까? 영들은 어떻게 분별할까? 방언 기도는 어떻게 받게 될까? 이런 궁금증을 해결하기 위하여 책도 읽고 집회도 참석하여 영의 눈이 뜨이게 됩니다.

세상에서 불신자로 살아갈 때는 영이 육에 눌려서 기능을 제대로 발휘하지 못합니다. 한마디로 갑갑한 인생입니다. 복음을 전도 받고 교회에 나와 예수 믿고 성령으로 세례를 받으면서 처음으로 느끼는 영적인 체험을 하는 것입니다. 인간이 본능적으로 세상을 살아가다가 말씀을 통하여 성령이 운행하시어 빛이 비치고 영적인 눈이 열리며 깨닫기 시작하는 것입니다.

많은 분들이 예수를 믿고 교회에 와서 처음 성령으로 세례를 받으면서 회개의 눈물을 흘립니다. 처음 하나님을 만나는 단계입니다. 저도 처음으로 하나님을 만나 회개의 눈물을 1박2일 동안 흘렸습니다. 정말 주체 못 할 정도로 회개의 눈물을 흘렸습니다. 순간 영이 깨어남으로 지금까지 체험하지 못한 신비한 것들이 보이게 됩니다. 이즈음에 내가 꿈속에서 보니 내 배가 자꾸 불러 오는 것입니다. 아 내가 임신을 했구나~ 아기를 어디로 낳지 하고 걱정을 하는데 갑자가 내 배가 갈라지면서 검은 치타가 죽어서 나오는 것입니다. 그것이 무엇이겠습니까? 혈기입니다. 성령을 체험하니 혈기가 죽어서 나오는 것입니다. 아직 그래도 세상에서의 행동하던 육성이 펄펄 살아있는 시기입니다. 아무것도 모르면서 아는 척을 잘 하는 시기이기도 합니다.

그러나 땅의 사람이 하늘의 사람으로 바꾸어지는 첫 경험이므로 여러 영적인 신비한 체험들이 마음속에 강하게 자리하게 됩니다. 이때에 주의해야 할 것은 나쁜 영의 전이가 된다는 것입니다. 영들의 전이에 대한 자세한 지식은 제가 집필하여 출간한 "하나님의 복을 전이 받는 법" "영들을 보는 눈을 개발하라" "영의 눈이 열리는 영성개발" 책을 읽어보시면 상세하게 알 수 있을 것입니다. 이 책에는 하나님의 복을 전이 받는 법과 성령의 권능을 받는 법이 상세하게 수록되어 있습니다. 그리고 영들이 어떻게 전이 되는지와 일대일 사역자에게 자주 나타나는 영적손상과 대처 방법에 대하여 제시하고 있습니다.

예수 믿고 교회에 들어와 성령으로 불세례를 체험하고 사람 속에 있던 신령적인 요소가 깨어납니다. 이때부터 성령께서 인도하십니다. 영의 눈이 열리니 영적인 것에 관심을 가지기 시작합니다. 툭하면 자기에게 나타난 영적인 현상을 가지고 상담을 하려고 합니다. 신비한 음성을 들으려고 합니다. 기도 할 때 무엇인가 보이고, 또 보려고 하고, 영물들이 보인다고 자랑도 하기 시작합니다. 영혼이 혼탁하여 혼란스러운 꿈을 많이 꾸기도 하는 시기입니다. 꿈에 뱀이 나타나기도 하고 무당이 보이기도 합니다. 어느 분은 자신이 기도할 때 환상으로 보니 입에서 뱀이 나왔는데 이것이 무엇이냐고 물어보는 사람도 있습니다. 이는 자신의 심령상태를 보여준 것입니다. 자신이 아직도 마귀의 영향 하에 있다는 것을 환상으로 보여준 것입니다. 저도 이 시기에 말로 표현하기 힘든 영적인 현상을 체험했습니다.

기도할 때 얼굴이 일그러진 사람이 나타나 하! 하! 하! 하면서 달려들기도 했습니다. 중이 목탁을 탁탁 치면서 기도를 방해하기도 했습니다. 여자가 머리를 풀어 젖히고 흐느끼면서 울기도 했습니다. 어느 목사님은 호흡을 깊게 하면서 기도를 하니 몸이 뒤틀리는데 이것이 무슨 현상이냐고 질문하기도 합니다. 이는 자신 안에 있는 악한 영의 역사가 성령의 역사에 의하여 밖으로 드러나면서 나타나는 현상입니다. 자기 교회에서 목요일 밤에 기도를 하는데 눈을 감고 기도하면 곡하는 소리가 들린다는 것입니다. 눈을 뜨고 보면 아무도 곡하면서 기도하는 사람이 없었다는 것입니다. 그래서 권사가 하나님에게 기도하니 천사가 기도를 도우면서 기도하는 소리라는 것입니다. 이것은 곡하는 사람 속에 있는 귀신이 곡하면서 기도하는 것입니다.

많은 분들이 이 시기에 이런 경험을 합니다. 자신의 나름대로 판단하여 기도할 때 영물들이 보이고, 환상도 보이니 자신이 제일 믿음이 좋은 사람이라고 스스로 판단하여 교만하게 행동하는 시기입니다. 이는 옛 사람이 죽지 않고 그대로 있기 때문에 자연스럽게 나타나는 현상입니다. 교회에 나와 나름대로는 불 같은 성령도 체험했고 열심히 믿음 생활한다고 해도 아직 육신에 속하여 환경을 의식하며 살아가는 것입니다. 예수를 믿어도 자신의 자아와 혈기가 남아서 자기 힘으로 어떻게 해보려고 열심히 노력하는 것입니다.

예수를 이용하여 육적인 만족을 얻으려고 합니다. 그러다가 자신의 뜻대로 되지 않는 인생을 깨닫고 자신의 능력으로 세상을 이기기는 역부족하다는 것을 알게 됩니다. 그래서 능력이 있다는 사람을 추종하고 찾는 단계입니다. 능력이 있다는 사람을 분별도 하지 않고 의지합니다. 성도는 빨리 이 단계를 넘어서야 합니다. 일부 성도들은 이 단계에 머물러서 예수를 믿으면서도 오만가지 문제로 고생을 합니다.

성도는 교회에 나와서 축복만 받으려고 하지 말고 말씀과 성령으로 영의 눈을 열어 하나님이 원하시는 수준에 도달하려고 노력해야 합니다. 성령님은 성도를 하나님이 원하시는 영적인 수준이 되게 하려고, 영적인 일에 관심을 갖도록 인도합니다. 저의 경우 성령께서 영적인 궁금증을 주셨습니다. 영적세계를 알아야 한다는 성령의 감동이 저를 주장했습니다. 영적세계에 대하여 연구하고 몰입을 하다가 보니 영적인 세계에 대한 이론이 정립되고 영적세계가 열렸습니다. 영분별을 어떻게 할까! 영분별을 할 수 있도록 하기 위하여 기도했습니다. 영분별 세미나도 참석했습니다. 이렇게 영분별을 하려고 몰입하고 집중하다가 보니 영을 분별할 수 있게 되었습니다.

영안은 어떻게 하면 열릴 수가 있을까 고민하면서 기도하다가 보니 영안의 이론이 깨달아지고 영안이 서서히 열어졌습니다. 깨달은 것으로 책을 집필하여 두 권을 출간했습니다. 어느 날 기도하니까, 내 마음 속에서 영들의 전이가 어떻게 이루어질까! 잘못된 영의 전이가 이루어지면 무슨 현상이 나타날까! 하는 감동이 저를 주장했습니다. 영들의 전이에 대하여 관심을 갖다가 보니까, 영적전이에 대한 이론이 정립되고 영들의 전이에 대하여 깨달아지기 시작했습니다.

우리는 성령께서 관심을 갖도록 인도하시는 분야에 전문가가 되려고 의지적인 노력을 해야 합니다. 그 분야에 대한 책도 읽고 체험도 하면서 성령의 인도에 적극성을 보여야 합니다. 성령은 자신의 인도에 적극성을 보이면 전문가가 되도록 감동하시고 훈련을 하십니다. 성령의 인도로 차츰 하나님이 원하시는 수준에 도달하게 되는 것입니다. 성령의 인도하시는 분야에 적극적인 관심을 갇다가 보면 생명의 말씀과 성령으로 영적 민감성이 개발되기 시작을 합니다.

영적 민감성(spiritual sensibility)은 영안을 열고 영적 성장을 이루는데 매우 중요한 요소입니다. 영적으로 민감하다는 것은 영적인 일에 관심이 남다르게 많다는 것을 의미합니다. 관심이 많아야 발전이 있는 법입니다. 세상의 일에도 관심과 흥미를 가지고 있어야 성공할 수 있는 것입니다. 관심과 흥미가 있으면 그 일에 깊이 관여하게 되고 그에 따라서 여러 형태의 도움을 받을 수 있게 됩니다. 무슨 일이든 전문가가 되기 위해서는 먼저 관심과 흥미로부터 시작하는 것처럼 영적 성장 역시 관심과 흥미로부터 시작하는 것입니다.

관심이 있게 되면 그 일에 모든 것을 걸게 됩니다. 관심과 흥미가 있게 되면 오로지 그 일만 생각하게 됩니다. 세상에서도 관심과 흥미가 그 일에 깊이 빠지게 만들고, 그렇게 해서 해당 분야 전문가가 되는 것입니다. 이처럼 영적인 일에도 마찬가지로 관심과 흥미가 있어야 영적 발전이 이루어지는 것입니다. 그런데 이렇게 민감해지면 우리 마음속에 스스로를 통제하려고 하는 생각이 일어나게 됩니다. 이런 생각이 드는 것은 절제하고 균형을 유지하기 위한 것이라고 봅니다. 너무 지나친 것 역시 바람직하지 못하기 때문입니다. 관심과 흥미를 가지는 것은 좋지만 너무 지나치면 해로울 수 있기 때문입니다. 우리는 이런 교육을 항상 받고 자랐습니다. 모든 일을 절제하고 적당히 해야지 너무 깊이 빠지는 것은 위험하다는 식의 교육을 받고 있기 때문에 한 가지 일에 너무 깊숙이 빠져 드는 것은 바람직하지 못하다고 생각하는 것입니다.

이런 교육을 받고 자랐기 때문에 일반적인 사람들은 어느 정도의 경계선을 긋고 그 선을 넘어가지 않으려고 합니다. 그런데 이런 일반적인 생각은 평범한 사람들에게 해당하는 말입니다. 일반인들은 자신이 하는 일이 따로 있습니다. 그래서 어떤 일에 빠지게 되면 자신이 하는 일을 소홀히 하게 됩니다. 그래서 적당한 수준에서 절제를 하는 것입니다. 그러나 전문가가 되고자 하는 사람은 이런 편견에서 벗어나야 합니다. 하나님에게 쓰임을 받으려면 영적인 일에 깊숙하게 빠져 들어가야 합니다.

영적으로 깊어져서 하나님과 친밀하게 지내려면 평범한 수준을 넘어서야 합니다. 세상에서도 자신이 하는 일에 완전히 빠져들지 않으면 절대로 전문가가 될 수 없습니다. 영적인 일에 깊은 자가 되려면 오로지 영적인 일에 관심을 가지고 자나 깨나 그 일에만 골몰해야 합니다. 자나 깨나 오로지 영적인 일에 정신을 집중하고 그 변화에 민감해야 합니다. 사람들이 무어라 해도 신경 쓸 필요가 없습니다. 사람들의 눈치를 보고 그들의 말에 신경을 쓰는 것은 아직 육신적인 성도이기 때문입니다. 영적인 성도가 되어 하나님의 선물을 받으려면 오로지 성령의 인도에만 관심을 갖아야 합니다. 적당히 하라, 너무 깊이 들어가지 말라는 것은 마귀의 소리입니다. 모세가 바로에게 이스라엘 백성을 이끌고 삼일 길쯤 광야로 가서 제사 드리겠다고 하였으나, 바로가 너무 멀리 가지 말라고 합니다(출8:27-28).

영의 눈을 뜨기 위해서는 반드시 성령으로 세례를 받아야 합니다. 그런데 성령으로 세례를 받게 되면 이해하지 못할 두려움이 자신을 주장하게 되는 경우가 많습니다. 우리가 신앙생활을 하면서 가장 극복하기 어려운 부분이 영적 두려움일 것입니다. 우리는 알지 못하는 세계에 대해서 막연한 두려움을 지니고 있습니다. 특히 영적 세계는 일반적으로 잘 알려져 있지 않기 때문에 모든 것이 생소하고 낯설기만 합니다. 특별하게 성령체험은 더욱 생소하고 두렵고 불안하게 합니다. 그러므로 자연적으로 막연한 두려움을 가지고 있는 것입니다. 많은 사람들이 이런 막연한 두려움 때문에 성령으로 세례를 받아 영적 변화를 얻기를 달갑지 않게 생각합니다. 영적인 것을 깨닫고 싶어서 집회에 가려다가 잘못되면 어쩌나 하고 가지 않습니다. 막연하게 두려워하며 가지 않기 때문에 영적 변화를 체험하지 못하는 것입니다. 변화란 성장을 의미하며 성장이란 새로운 세계에 들어가는 것을 말합니다. 영적인 사람으로 변화하기 위해서는 먼저 두려움을 이기는 법을 배워야 합니다. 두려움을 이기는 길은 담대하게 부딪치는 것입니다. 담대하게 뛰어 들어가지 않으면 죽을 때까지 영적으로 변하지 않습니다.

영적인 일은 많은 오해를 불러올 수 있습니다. 영적인 일은 생소하기 때문입니다. 왜냐하면 다수가 영적이지 못하기 때문입니다. 우리는 영적이란 말을 자주 종교적이라는 말과 혼동합니다. 세속적인 일이 아닌 종교적인 일을 하는 것을 영적인 일이라고 표현하지만, 사실 엄격하게 말하면 그 말은 틀립니다. 종교적인 일과 영적인 일은 근본적으로 다릅니다. 전혀 영적이지 않은 사람들도 종교적인 일을 할 수 있습니다. 거듭나지 않고 영적 감동과 흥미를 전혀 느끼지 못하는 사람이라 할지라도 종교적인 일은 얼마든지 할 수 있습니다. 열심만 있으면 종교적인 일은 얼마든지 할 수가 있습니다. 그러나 영적인 일은 성령을 받지 않고는 할 수 없는 일이며, 성령의 움직임을 파악하지 못하고는 전혀 할 수 없는 일입니다. 영이신 하나님에게 쓰임을 받아야 하기 때문입니다.

영적 세계에는 하나님만 계시는 것이 아니라 무수한 악령이 존재합니다. 그러므로 이런 악령에 대해서 두려움을 가지고 있습니다. 악령에 대한 지식이 부족한 사람들은 막연한 두려움을 가지고 있습니다. 이들은 세속적인 지식으로 인해서 마귀에 대해 거부감과 두려움을 지니게 됩니다. 그래서 영적인 눈이 열리지 않게 됩니다. 예수를 믿으나 성령의 역사를 이해하지 못하는 육신적인 신앙인이 되는 것입니다.

두려움은 무지에서 비롯됩니다. 성장과 변화에 대한 올바른 지식이 없기 때문에 자신에게 이상한 변화가 나타나면 두려워합니다. 혹시 잘못되는 것이 아닌가 하고 의심합니다. 다른 사람이 자신들과 다른 행동을 하게 되면 색안경을 쓰고 봅니다. 영적 지식이 부족하기 때문에 자신에게나 주변에서 나타나는 변화를 제대로 이해하지 못하고 두려워합니다. 한국 교회 성도들이 영적인 일에 지식이 부족하기 때문에 막연하게 두려워하는 것입니다. 영적인 일과 영적 세계는 보이지 않기 때문에 목회자와 성도들의 관심밖에 있기 때문입니다. 예수님이 어두운 바다를 걸어서 제자들이 타고 있는 배로 다가왔을 때 제자들은 두려워하면서 떨었습니다.

영적인 변화는 예고하고 찾아오는 것이 아닙니다. 성령님은 처음 성도를 장악하실 때 비인격적으로 역사하십니다. 성도가 어느 정도 장악이 되면 인격적으로 역사하십니다. 그래서 우리가 생각하지 못한 이상한 변화는 언제라도 우리 가운데 나타날 수 있습니다. 그러므로 우리가 경험하지 못한 것에 대한 지식들을 풍성하게 갖추는 것이 두려움을 이기는 비결입니다. 많은 영적 지식들은 자신의 삶 속에서 다가오는 영적 변화를 자신 있게 맞이할 수 있게 해 줍니다.

우리는 많은 사람이 가는 길이 안전하다고 여깁니다. 다수결의 원칙은 진리처럼 여깁니다. 다수의 선택은 항상 안전하다는 그릇된 상식을 가지고 삽니다. 이것은 우리의 두려움이 만들어낸 잘못된 결론입니다. 성경은 소수의 진리를 자주 언급합니다. 그리고 그 소수의 진리 편에 설 용기를 얻기를 권합니다. 영적인 일은 소수의 편에 서는 일입니다. 그러므로 모험이 따릅니다. 베드로가 물 위에 발걸음을 옮겨놓는 일은 전적으로 모험입니다. 상식을 초월하는 일을 오로지 모험으로 행동했습니다. 영적인 일에는 이런 모험이 절대로 필요하기 때문에 두려움이 없어야 합니다.

하나님의 능력을 덧입는 일은 두려움을 극복했을 때 가능해집니다. 모든 사람들이 불가능하다는 일을 믿음으로 도전하여 성취시키는 일이 능력을 행하는 일입니다. 성공에 대한 아무런 보장이 없습니다. 그렇기 때문에 용기가 필요한 것입니다. 결과를 예측할 수 없는 일을 하는 것은 어리석은 행동임에는 분명합니다. 그러나 이런 일을 할 수 있는 것은 믿음이 있기 때문입니다. 믿음은 두려움을 극복하는 힘이지만 그 믿음을 얻기까지 넘어야 할 산이 많습니다. 두려움을 극복하여 믿음의 길로 나가는 데에는 우리의 노력으로는 사실 불가능합니다. 두려움을 이기기 위해서는 오로지 하나님의 은혜가 필요합니다. 하나님의 은혜는 그냥 얻어지는 것이 아니라 극심한 시험을 통해서 얻어지는 것입니다. 성령의 인도를 받으면서 훈련하며 극복해야 가능합니다.

두려움을 통과하지 않고서는 절대로 영적 성장이 이루어질 수 없습니다. 영적 변화는 사람들에게서 오해도 받을 수 있고, 자신 스스로도 두려워하게 됩니다. 두려움을 이기지 않고서는 성장할 수 없기 때문에 하나님은 우리를 강제로 막다른 길로 이끌어 가지 않으면 안 되게 하시는 것입니다. 그러므로 우리 스스로 영적 변화에 대해서 담대할 필요가 있습니다. 이미 경험한 지도자들의 경험을 자신의 것으로 해서 담대함을 만들어내야 합니다. 선배들의 영적 지식은 담대함을 얻게 하는데 많은 도움이 됩니다. 성도는 체험과 진리를 깨달은 목회자를 잘 만나야 영적인 눈이 빨리 열리게 됩니다.

하나님은 성도와 목회자의 담대함을 기르기 위하여 꿈이나 환상이나 실제 체험을 통하여 영적인 존재들이 실제로 존재하고 있다는 것을 깨달아 알게 하십니다. 이를 위하여 하나님은 성령으로 세례를 받음과 거의 동시에 성령으로 인도하시면서 영적인 눈을 열어 가십니다. 필자의 체험으로는 성령께서 귀신의 공격에 대하여 알게 하십니다. 귀신의 공격을 알게 함과 동시에 천사들이 돕고 있다는 것도 알게 합니다. 제가 하나님의 부름을 받고 신학을 할 때 이런 꿈을 꾸었습니다. 제가 어느 비포장 길을 가는데 길에 빨간 지렁이가 길에 쫙 깔려있어서 발을 내 딛을 수가 없었습니다. 발 거름을 옮기지 못하고 머뭇거리자, 천사들이 몰려와서 지렁이를 모두 집어 먹어버렸습니다. 그때 제가 깨달은 것은 제가 하나님의 뜻을 이루기 위하여 성령님을 따라가는 길에 어떤 장애물이 나타나도 모두 천사가 도와주니 갈수 있다는 것을 보여주신 것이라고 믿었습니다. 그 꿈을 꾸고 하나님의 뜻을 이루기 위하여 가는 길에 어려움이 찾아오더라도 하나님이 천사를 동원하여 보호하여 주신다는 담대함을 가질 수 있었습니다.

어느날 꿈에 진흙창 길을 자전거를 타고 가는데 자전거가 나가지를 않는 것입니다. 자전거 페달을 아무리 강하게 발로 돌려도 자전거가 나가지를 않는 것입니다. 힘이 너무 들어서 길 옆을 보니까, 콘크리트로 만든 배수로가 보였습니다. 배수로를 보니까, 시커먼 뱀이 머리를 내밀면서 혀를 날름거리를 것입니다. 그래서 막대기로 끄집어냈습니다. 길로 잡아내 가지고 발로 아무리 밟아도 죽지 않고 점점 커지는 것입니다. 그래서 습관적으로 찬사들이 나를 도와라, 하니까! 키가 늘씬하게 큰 천사 넷이 군대 지프를 몰고 와서 지나가니까, 그렇게 크던 미물이 납작하게 되는 것입니다. 미물이 납작하게 됨과 동시에 진흙창 길이 단단하고 평탄한 길로 변하는 것입니다. 자전거를 타고 가는데 너무나 쉽게 잘 나가는 것입니다. 제가 그 꿈을 꾸고 깨달은 것은 내가 하나님을 따라가는 길이 어렵고 힘이 들는 것은 악한 마귀 귀신이 방해하기 때문이라는 것을 알게 되었습니다. 당신도 하나님의 뜻을 따라가는 길이 어렵고 힘이 드는 것은 마귀 귀신이 방해하기 때문입니다. 성령으로 세례 받아 권능을 개발하고 천사를 동원하여 방해하는 마귀 귀신을 몰아내기를 바랍니다.

제가 하루는 새벽에 기도하다가 비몽사몽이 되었는데 얼굴이 일그러진 험악하게 생긴 놈이 저에게 이렇게 말하는 것입니다. 야! 강 목사, 자네가 그렇게 병을 잘 고친다면서 하더니 내 병도 고쳐보아라, 하면서 달려드는 것입니다. 내가 습관적으로 내가 예수님의 이름으로 명하노니 더러운 귀신은 물러갈지어다. 하고 대적하니 순간 없어지는 것입니다. 이는 성령께서 저의 담대함을 기르기 위해서 훈련하는 것이라고 생각을 했습니다.

어느날 꿈에 뱀과 지하실에서 싸우는 것입니다. 한창 싸우다가 뱀을 지하실 밖으로 내던졌습니다. 그러자 뱀이 밖으로 내동댕이쳐지고, 저는 지하실에서 나왔습니다. 그 일이 있은 후부터 귀신을 축귀하는 것이 쉬워졌습니다.

어느날은 꿈속에서 사람들과 같이 잠을 잤습니다. 꿈을 깨고 일어나려는데 보니까, 뼈만 앙상하게 남은 죽은 사람의 뼈가 내 옆에 누워 있는 것입니다. 꿈속에서도 제가 놀랐습니다. 성령님은 우리의 담대함을 기르기 위하여 꿈속에서 훈련을 하십니다.

성령의 권능이 부족한 채 영적인 사역을 하면 귀신에게 당한다는 것도 깨달아 알게 하십니다. 제가 '남묘호랭개교'를 믿던 집사를 오후에 불러서 3시간 축귀를 했습니다. 성령의 임재가 되니까, 목구멍이 아주 크게 확장이 되면서 황소울음을 17번을 하면서 귀신이 떠나갔습니다. 축귀를 하고 피곤하여 저녁 9시부터 강단 앞에 침대위에서 잠을 자려고 했습니다. 막 잠이 들려고 하는데 시커먼 놈 둘이 저에게 와서 목을 눌렀습니다. 가위눌림을 당한 것입니다. 어떻게 강하게 누르던지 숨을 쉴 수가 없었습니다. 왹왹하고 소리를 지르니까, 뒤에서 자던 사모가 무슨 일이냐고 소리를 지르는 것입니다. 그러자 떠나가는 것입니다. 그 일을 당한 후 저는 이렇게 생각을 했습니다. 성령의 강한 무장 없이 축귀를 하면 더 강한 귀신들에게 당할 수가 있구나, 깨달아 알았습니다. 그 후 더 기도를 많이 하고 사역을 하니 그런 일을 당하지 않았습니다. 성령께서는 성령의 강한 무장 없이 축귀를 하면 귀신에게 당할 수 있다는 것도 깨달아 알게 하여 대비하게 하십니다.

제가 깨달은 것은 꿈속에서 예수 이름으로 귀신을 쫓아내고, 천사를 동원하여 마귀와 귀신을 물리치면서 영적인 전쟁을 하니까, 환경이 서서히 풀리는 것입니다. 꿈속에서도 예수이름을 사용하고, 천사를 동원하여 영적 싸움에 승리하면 실제 환경이 열리기 시작을 합니다. 반대로 꿈속에서 귀신의 공격을 물리치지 못한다면 환경에 어려움이 해결되지 않습니다. 성령하나님이 영적인 눈을 열고, 영적인 사고를 하면서 하나님의 일꾼으로 사명을 감당하게 하기 위하여 미물들을 통하여 훈련하시는 것입니다.

예수님의 일꾼으로 쓰임을 받을 분들은 무엇보다도 영적인 세계가 열려야 합니다. 영적인 세력들을 볼 수가 있어야 합니다. 모두 영적인 존재들로 인하여 문제가 발생하기 때문입니다. 영적인 세계를 무시하면 정확한 진단이 나오지 않습니다. 예수님의 일을 하시려고 마음을 먹었으면 영적인 군사가 되려고 노력을 해야 합니다.

9장 영안을 열려면 관심이 중요하다.

(에베소서 1:17-19)"우리 주 예수 그리스도의 하나님 영광의 아버지께서 지혜와 계시의 정신을 너희에게 주사 하나님을 알게 하시고 너희 마음눈을 밝히사, 그의 부르심의 소망이 무엇이며, 성도 안에서 그 기업의 영광의 풍성이 무엇이며, 그의 힘의 강력으로 역사하심을 따라 믿는 우리에게 베푸신 능력의 지극히 크심이 어떤 것을 너희로 알게 하시기를 구하노라"

예수를 믿고 성령으로 거듭난 성도는 영의 눈을 열어 하나님의 역사를 보고 듣고 따라가야 합니다. 많은 성도들이 영안이라고 하면 귀신을 포함한 영물을 보는 것으로 알고 이해하고 있는 경우가 많습니다. 그러나 영의 눈은 단지 영물들만 보는 것이 아닙니다. 세상의 모든 천지 만물을 하나님의 눈으로 바라보는 것이 영안입니다. 모든 세상의 일과 문제들을 하나님의 차원으로 보고 배후를 알아내는 것이 영안입니다

옛말에 "내 몸이 100냥이면, 눈은 99냥"이라고 했습니다. 그만큼 눈이 중요하다는 말입니다. 사람은 육적이면서 영적인 존재이기 때문에 많은 성도들이 영안에 관심이 많습니다. 관심이 많은 것에 비하여 영안에 대한 명확한 성경적인 진리가 정립되어 있지 않았습니다. 목회자 역시 영안에 대한 명확한 교리가

정립되지 않아서 성도들을 관리하고 훈련하는데 애로가 많습니다. 이러한 이유로 인하여 많은 교회에서 자신만 알아주는 영안이 열렸다고 하는 성도들로 인해서 문제를 야기하고 있습니다.

영안은 하나님의 눈으로 천지만물을 입체적으로 보는 것이라고 말할 수 있습니다. 하나님은 고린도전서 2장 13절에서 이렇게 말씀합니다. "사람의 지혜가 가르친 말로 아니하고 오직 성령께서 가르치신 것으로 하니 영적인 일은 영적인 것으로 분별하느니라." 영안은 성령으로 열려야 한다는 말씀입니다.

그런데 지금 일부 교회에서는 말씀과 성령으로 열리지 않고, 악령의 역사로 열린 영안을 가지고 무분별하게 성도들과 교회를 판단하여 분리시키는 사람들이 있습니다. 더 큰 문제는 이렇게 문제를 일으켜도 명확한 성경적 근거와 영권을 가지고 제재할 수가 없다는 것입니다.

필자가 지난 세월동안 영안에 대하여 상담을 한 결과는 이렇습니다. 교회에서 문제를 일으키는 사람들이 성령을 체험하고 순간 열렸거나, 어느 충격적인 사건을 경험한 다음에 눈이 열려 귀신을 보게 되었다는 것입니다. 심지어 사람의 호주머니에 무엇이 있는지 아는 성도들도 있습니다. 어느 여 목사는 집회 시에 십일조를 떼어 먹은 성도들을 찾아내어 모두 계산하여 헌금하도록 한다는 것입니다. 이 소문을 들은 일부 큰 교회에서 이분을 데려다가 부흥회를 열었습니다. 여 목사가 집회간 십일조를 떼어먹은 성도들을 찾아내어 그동안 드리지 않은 십일조를 계산하여 토해내게 했다는 것입니다.

이런 영안은 성령으로 열린 것이라고 단정할 수 없습니다. 성령은 인격이시기 때문에 성도의 허물을 드러내어 망신시키지 않습니다. 다만 본인이 깨닫고 알아서 회개하기를 기다리는 것입니다. 이런 유형의 사람들에게 속지 마시기를 바랍니다. 그러나 모르면 속습니다. 이 책을 끝까지 읽으시고 바르게 알고 바르게 영안을 열어 하나님의 의의 도구들이 되시기를 바랍니다.

사람은 육적이면서 영적인 존재입니다. 모든 사람 안에 신령적인 요소가 있습니다. 이 신령적인 요소가 강력한 성령의 역사를 체험하면 순간 열리게 됩니다. 순간 열려서 영적인 존재들이 보일 수가 있습니다. 필자가 체험한 바로는 이렇게 보이다가도 지속적으로 말씀과 성령으로 치유하게 되면 보이지 않는 것이 보통입니다. 자신이 성령으로 장악이 되면 더 이상 보이지 않습니다. 이런 유형의 성도들을 상담한 결과 90%이상이 선조들이 어떤 영적인 일(무당, 점쟁이, 남묘호랭개교, 굿이나 제사를 많이 지낸 경우)을 한 사람들이었습니다.

다른 경우는 선조들이 어떤 영적인 일(무당, 점쟁이, 남묘호랭개교, 굿이나 제사를 많이 지낸 경우)을 한 후손이 충격적인 일(심하게 놀람, 폭행, 밤에 놀람)을 당한 후에 자신의 내면에 역사하던 악한 영의 역사가 밖으로 드러나는 경우가 있었습니다. 이때부터 악한 영이 보여주는 영물들을 보게 됩니다.

또 다른 경우는 선조가 우상을 많이 숭배하여 영적으로 혼탁하고, 상처가 많은 사람들이 세상을 살아가면서 스트레스와 충격을 받다가 보면 체력이 소진됩니다. 사람의 체력이 사기(악한 기운)를 감당할 능력이 되지 않을 때 악한 기운이 사람을 장악하게 됩니다. 이때부터 주야로 영적인 세력들이 보입니다. 그래서 사람이 미치는 것입니다. 이렇게 되면 정상적인 생활을 못하게 되는 것입니다. 이를 종합하여 보면 시도 때도 없이 눈에 무엇이 보인다는 것은 모두 잘못된 것입니다. 반드시 성령은 필요한 경우에만 보여 주십니다. 귀신을 축사할 때 보입니다. 심령을 치유할 때 보입니다. 가정의 문제를 치유할 때 보여주시기도 합니다. 상담할 때 보여주시기도 합니다. 신유 안수 기도를 할 때 보이기도 합니다. 성경을 읽을 때 영적원리와 말씀의 비밀이 보입니다.

저에게 와서 상담한 사람들 중에 전철을 타고 갈 때도 영물들이 보인다는 성도들이 많습니다. 자신이 영물들을 본다고 자랑하는 것과 같이 말을 합니다. 그러나 제가 바르게 알려주고 치유를 받도록 권면합니다. 이런 분들이 몇 주 동안 말씀과 성령으로 치유를 받으면 보이지 않는 다고 합니다. 우리는 눈에 무엇이 보인다고 다 된 것이 아닙니다. 반드시 분별해야 합니다.

첫째, 사람이 보는 눈의 종류. 사람의 눈은 어떤 관점을 가지느냐에 따라서 두 개로 구분할 수도 있고, 세 개로 구분할 수 있습니다. 저는 사람의 눈이 세 개라는 관점을 가지고 있습니다.

첫 번째 눈은 말 그대로 육신적인 눈입니다. 눈에 보이는 대로 사물을 바라보고 인식할 수 있는 눈입니다. 자신의 노력 없이 사물을 볼 수 있는 눈입니다. 다른 분석력이 없이 보이는 그대로 볼 수 있는 눈입니다.

두 번째 눈은 마음의 눈입니다. 눈에 보이지는 않지만 마음으로 볼 수 있는 눈입니다. 슬픔을 당한 사람의 고통이나 아픔은 공감하는 마음의 눈으로 봐야만 보입니다. 겉으로 드러나는 모습만 보는 육신의 눈으로는 한 사람이 웃고 있으면 웃고 있는 것으로 밖에 보이지 않지만, 그 사람을 공감하는 마음의 눈으로 보면 그가 웃고 있는 것은 웃고 있는 것이 아니라, 사실은 울고 있다는 사실을 볼 수 있습니다.

세 번째 눈은 영의 눈입니다. 사람의 삶엔 육신의 눈과 마음의 눈으로도 볼 수 없는 영적인 부분이 있습니다. 초자연적인 영의 세계는 영의 눈이 열려야 보입니다. 예수를 믿는 사람은 성령으로 영의 눈이 열려야 하나님의 역사를 볼 수가 있습니다. 사람은 영적인 존재이기에 사람을 둘러싸고 일어나는 일들은 영적인 세계와 연관성이 있습니다. 사람을 둘러싸고 있는 영적인 일들은 영적인 눈으로만 볼 수 있습니다. 영의 눈은 한 차원 더 깊은 눈입니다. 사물을 입체적으로 보는 눈입니다. 성도는 육신적인 눈도 열려야 하고, 마음의 눈도 열려야 하지만, 영의 눈이 열려야 사물을 정확하게 분석을 하고 평가하여 결정할 수가 있습니다. 또 눈으로 하나님의 역사를 보고 계시를 듣고 따라갈 수가 있습니다. 영의 눈을 열어 하나님의 역사를 보고 따라가야 인생을 성공할 수가 있습니다. 이처럼 사람에겐 세 개의 눈이 있는데 어떤 눈으로 보느냐에 따라서 같은 것을 보면서도 보는 것이 다릅니다. 무엇인가를 제대로 보기 위해서는 육신의 눈과 마음의 눈, 그리고 영의 눈으로 함께 보아야 합니다. 자연을 볼 때 육의 눈으로만 보면 경치만 보입니다. 마음의 눈으로 보면 아름다움과 황홀한 감동이 옵니다. 영의 눈으로 보면 그 자연을 만드신 창조주 하나님이 보입니다.

사람을 볼 때도 마찬가지입니다. 육의 눈으로 보면 그가 잘생겼는지 예쁜지 키는 얼마나 되는지와 같은 외모가 보입니다. 마음의 눈으로 보면 그가 어떤 마음을 가진 사람인지 마음이 보입니다. 영의 눈으로 보면 그 사람 안에 있는 하나님의 형상이 보이고 마음에 품고 있는 중심이 보입니다. 성경을 볼 때에도 육의 눈으로만 보면 글자만 보입니다. 마음의 눈으로 보면 그 안에 담겨 있는 사람들의 고통과 아픔이 보입니다. 사람들의 희로애락이 보입니다. 영의 눈으로 보면 하나님께서 일하시는 것이 보이고 하나님의 마음이 보이고 하나님께서 구원사역이 보입니다. 성도가 세상을 살아가면서 당하는 문제를 해결하는 영적인 원리가 보입니다. 사람은 보이는 면만 가지고 판단할 수 없습니다. 제가 개별사역을 하면서 체험한 바로는 성령으로 장악이 되어야 그 사람의 진실된 모습이 보였습니다.

이와 같이 사람은 육의 눈, 마음의 눈, 영의 눈이 있고, 그것들을 종합해야 무엇이든지 제대로 볼 수 있습니다. 그렇기에 사람은 이 세 개의 눈이 다 열려 있어야 하는데요. 문제는 대부분의 사람들에게 육의 눈은 열려 있고, 마음의 눈도 조금 노력하면 열리는데, 영의 눈은 사람이 노력하고 애쓴다고 해서 열리는 것이 아니라는 것입니다. 반드시 성령으로 세례를 받고 영적인 사고를 하고 말씀을 삶에 적용하며 체험함으로 열리는 것입니다.

둘째, 하나님은 세 개의 눈으로 창조. 하나님께서 아담(사람)을 창조하실 때에는 사람들의 육의 눈과 마음의 눈, 그리고 영의 눈이 열려 있었습니다. 그러나 사람(아담)이 죄를 지음으로 말미암아 사람의 영이 죽었고, 그와 함께 영의 눈도 닫혀버렸습니다. 영적인 눈이 닫힌 이후로 사람들은 단지 육적인 눈에 보이는 것만 보거나, 정서적인 공감으로 사람의 마음을 보는 것은 할 수 있지만, 정작 사물의 본질이라고 할 수 있는 영적인 일들은 보지 못하게 되었습니다. 그런데 참으로 이상한 것은 사람들이 영적인 눈이 감겨 있으면서도 별 불편함이 없이 지낸다는 것입니다. 그냥 눈에 보이는 것만 보면서 아무 문제가 없는 것처럼 삽니다. 하지만 그것은 제대로 보는 것이 아닙니다. 껍데기만 보고 있을 뿐입니다. 본다고 하면서 정작 중요한 영적인 것을 보지 못하는 사람을 우리는 영적인 소경이라고 합니다.

육신의 눈이 먼 소경의 가장 중요한 소원이 있다면 눈을 뜨는 것이겠지요. 눈이 보이지 않아서 답답한 것이 한두 가지가 아니기에 앞을 보지 못하는 사람들은 돈보다 보는 것이 더 중요합니다. 이와 마찬가지로 영적으로 눈먼 사람의 소원은 영의 눈을 뜨는 것이어야 합니다. 그런데 문제는 많은 사람들이 영적으로 눈이 멀었으면서도 자신의 눈이 멀었다는 사실 자체를 모른다는 것입니다. 육신의 눈을 뜨고 있으니 자신은 눈을 뜨고 있다고 생각합니다. 아니 영적인 눈이 있다는 것 자체를 모르는 사람이 있습니다. 이렇게 영적인 눈이 있다는 것을 모르는 사람들, 영적인 눈이 감겨 있으면서도 자신이 눈을 뜨고 있다고 생각하는 사람들은 참으로 답답한 사람들입니다. 자신이 영적으로 눈이 멀었다는 것을 알면 그래도 눈을 뜨려는 소망이 있는데, 영적인 눈이 있다는 것도 모르고, 자신이 눈이 멀었으면서도 아니라고 생각하는 사람들은 먼저 영의 눈이 있다는 사실과 자신이 실상은 소경에 불과하다는 사실을 깨달아야 합니다.

어떻게 깨달을 수가 있습니까? 성령으로 세례를 받고 영적인 세계에 대한 말씀을 들으므로 영이 깨어나야 합니다. 성령으로 전하는 생명의 말씀을 들으면 영이 깨어나게 됩니다. 영이 깨어날 때 자신이 영적인 소경이라는 것을 알게 됩니다. 영안이 열리려면 무엇보다도 영적인 체험이 있고 성령으로 충만한 목회자의 말씀을 많이 듣는 것이 중요합니다. 한마디로 자신의 영안을 열어줄 멘토를 찾고 만나야 합니다. 하나님은 성령의 인도를 받는 사람을 통하여 성도의 영안을 열어 가십니다.

우리들은 어떻습니까? 우리는 영적인 눈이 있다는 사실을 믿습니다. 그렇다면 우리는 영적인 눈을 뜨고 있습니까? 아니면 감고 있습니까? 자신의 상태를 정확하게 아는 것이 중요합니다. 예수님 당시의 바리새인들은 자신들이 육의 눈을 뜨고 있어서 겉으로 드러나는 일들을 보면서 소경이 아니라고 생각했는데 예수님께서는 그들에게 너희가 스스로 본다고 생각하는데 정말 중요한 것은 보지 못하는 영적인 소경들이라고 말씀하셨습니다. 그러면서 예수님은 육의 눈으로 보는 것도 필요하지만 더 중요한 것은 영의 눈으로 보아야만 알 수 있다고 말씀하셨습니다. 그렇습니다. 정말 중요한 것은 영의 눈으로 보아야 합니다.

셋째, 영의 눈은 어떻게 열릴 수 있나? 영의 눈은 하나님께서 열어주셔야만 열립니다. 다른 방법은 없습니다. 그렇기에 성도들은 하나님께 영의 눈을 열어주시길 기도해야 합니다. 성령의 인도로 자신의 영의 눈을 뜨게 할 멘토를 만나게 해달라고 기도해야 합니다. 본문에서 바울 사도는 에베소교회 성도들의 눈을 열어주실 것을 기도하고 있습니다. 본문 18절에서 바울 사도는 '마음의 눈을 밝히사' 라고 기도하고 있는데 여기서 바울사도가 사용하는 '마음의 눈'이란 사람의 정서적인 면, 감성적인 측면의 문을 열어달라는 것이 아니라, 영적인 측면을 이야기하고 있는 것입니다. 본문에서 바울 사도가 말하는 마음의 눈이 영의 눈이라는 것은 그 눈을 열어 무엇을 보기 원하는지를 보면 알 수 있습니다. 바울 사도가 성도들이 눈을 떠서 보기 원하는 것은 무엇입니까? "그의 부르심의 소망이 무엇이며 성도 안에서 그 기업의 영광의 풍성함이 무엇이며 그의 위력으로 역사하심을 따라 믿는 우리에게 베푸신 능력의 지극히 크심이 어떠한 것을 너희로 알게 하시기를 구하노라"

바울 사도가 에베소 교회의 성도들이 마음의 눈을 떠서 보길 원하는 것은 다 영적인 것입니다. 하나님께서 예수님 안에서 그들을 부르신 소망을 보길 원합니다. 또한 성도 안에서 하나님께서 주시는 풍성한 상급을 보길 원합니다. 또한 하나님께서 그들에게 베푸신 능력을 보길 원합니다. 이런 것은 영적인 눈으로만 볼 수 있습니다. 바울 사도가 에베소에서 머물면서 복음을 전해서 교회가 세워졌고, 그가 떠난 다음에 교회가 지속될 당시의 상황은 로마의 박해가 있던 시기였습니다. 유대인들의 거센 반발이 있었습니다.

당시에 에베소를 비롯한 초대교회의 성도들이 신앙생활을 하는 것은 쉽지 않은 일이었습니다. 겉으로 보면 좋지 못한 일이 많았습니다. 핍박과 박해 때문에 숨어서 믿어야 했고, 믿음 때문에 어려움을 겪어야 했습니다. 육신의 눈만 가지고 보면 신앙생활하는 것이 어리석어 보입니다. 다른 사람들처럼 편하게 살지도 못합니다. 오락을 즐기지도 못합니다. 박해자들의 눈을 피해 몰래 예배를 드려야 합니다. 그런데 바울 사도는 그렇게 고난당하고 핍박당하는 상황에서 성도들이 영의 눈이 열려서 세상의 나라가 아니라 하나님 나라 백성을 삼으신 것을 보길 원합니다.

또한 잠시 있다가 사라질 이 세상 나라에서 누리는 편안함과 풍요보다 영원한 하나님 나라에서 하나님께서 베풀어주실 풍성한 하늘의 상급을 보길 원합니다. 이처럼 에베소 성도들이 보길 원했던 것은 다 영적인 것들입니다. 이렇게 영적인 것들은 영의 눈이 열려야만 보입니다. 그러므로 본문에서 바울 사도가 '마음의 눈을 밝히사'라고 기도했던 것은 다른 말로 하면 '영의 눈을 열어주소서'라는 기도라고 할 수 있습니다.

즉 이것은 영의 눈을 열어서 하나님 나라와 그 일들을 보게 하여주소서라고 기도한 것입니다. 바울사도가 에베소 성도들을 위해 기도했던 이 기도가 우리들에게도 이루어지길 원합니다. 그래서 우리 모두가 영의 눈이 열려서 하나님 나라를 바라보고 신령한 일들을 바라볼 수 있기를 원합니다.

열어주소서라는 찬양이 있는데요. 이 찬양의 가사는 우리의 눈이 열려서 주님을 바라볼 수 있도록 우리의 눈을 열어달라고 기도합니다. 또한 우리의 귀가 열려서 주님의 말씀을 들을 수 있도록 우리의 귀를 열어달라고 기도하는데요. 이 찬양의 고백이 우리의 고백이 되길 원합니다.

열어주소서. 열어주소서. 내 눈을 열어주소서. 열어주소서. 열어주소서. 영안으로 주님을 볼 수 있도록 열어주소서."내가 예수님의 이름으로 명하노니 주님을 보는 영안이 열릴지어다"

열어주소서. 열어주소서. 성령님의 역사를 볼 수 있도록 열어주소서. "내가 예수님의 이름으로 명하노니 성령님의 역사를 볼 수 있는 눈이 열릴지어다"

열어주소서. 열어주소서. 영의 세계를 보는 눈을 열어주소서. "내가 예수님의 이름으로 명하노니 영의 세계를 보는 눈이 열릴지어다"

열어주소서. 열어주소서. 주님의 말씀만을 들을 수 있도록 열어주소서. "내가 예수님의 이름으로 명하노니 주님의 말씀만 들을 수 있는 귀가 열릴지어다"

열어주소서. 열어주소서. 성령의 역사를 느낄 수 있도록 열어주소서. "내가 예수님의 이름으로 명하노니 성령의 역사를 느낄 수 있는 심령이 열릴지어다"

열어주소서. 열어주소서. 성령의 나타남을 알 수 있도록 열어주소서. "내가 예수님의 이름으로 명하노니 성령의 나타남을 알 수 있는 심령이 열릴지어다" 이렇게 간구도 하시고 선포도 하시기를 바랍니다.

우리는 영의 눈이 열려야 합니다. 그래야 주님을 바라볼 수 있고 영의 일들을 볼 수 있습니다. 그렇다면 어떻게 해야 영의 눈이 열릴까요? 그것은 하나님께서 성령님을 통해서 눈을 열어주셔야 합니다. 성령님께서 우리와 함께 하셔야만 우리는 하나님을 알고 영의 눈을 뜰 수 있습니다. 그래서 바울 사도는 영의 눈을 뜨게 하기 위해서 먼저 성령님을 주시길 기도합니다. 17-18절상반절입니다. "우리 주 예수 그리스도의 하나님, 영광의 아버지께서 지혜와 계시의 영을 너희에게 주사 하나님을 알게 하시고 너희 마음의 눈을 밝히사"

지혜와 계시의 영은 성령님이십니다. 하나님께서 성령님을 주신 사람만 하나님을 압니다. 하나님은 영이시기에 영의 눈을 뜨지 않고는 하나님을 알 수도 없고, 하나님에 대한 지식을 가질 수도 없습니다. 영적인 것은 영적으로만 분별할 수 있는데 그러려면 먼저 성령님께서 우리에게 오셔야 합니다. 성령님께서 오셔서 지혜를 주시고 하나님의 계시를 깨닫게 해주셔야만 하나님을 알 수 있습니다. 그리고 하나님의 풍성하심도 알 수 있습니다. 그러므로 성도에겐 성령님께서 함께 하셔야 합니다. 그렇다면 성령님은 언제 우리에게 오실까요? 또 어떻게 해야 성령님께서 우리와 함께 하실까요?

예수님께서는 십자가를 앞에 두고 제자들에게 내가 떠나가면 너희를 위하여 너희를 돕는 보혜사 성령님을 보내시겠다고 합니다. 그리고 예수님께서 십자가에서 죽으시고 부활하신 다음 승천하시기 전에 제자들과 성도들에게 예루살렘을 떠나지 말고 내게서 들은 바 아버지께서 약속하신 것을 기다리라고 하십니다. 그러면 너희가 몇 날이 못 되어서 성령으로 세례를 받으리라고 하십니다.

그래서 사도들과 성도들이 예루살렘의 마가 요한의 다락방에 120명이 모여서 기도하면서 하나님께서 약속하신 것을 기다리고 있었습니다. 성도들이 하나님의 약속을 믿고 기다리고 있을 때 오순절 날이 되어서 하나님께서 약속하신 성령을 그들에게 부어주셨습니다. 그래서 제자들이 성령을 받고 새롭게 되었습니다. 연약한 제자들이 담대하게 되었고, 영의 눈을 떠서 이전까지 보지 못했던 것들을 보게 되었습니다. 초대교회 시절 처음 성령의 임재는 120명의 성도들이 마가의 다락방에 모여 기도할 때 오순절에 임하게 되었습니다.

그렇다면 오늘날 성령님은 언제 어디에 임하실까요? 하나님께서는 성도가 하나님의 약속을 믿고 성령의 임재하심을 사모하며 기도할 때 그 자리에 임재하십니다. 성령의 임재하심을 사모하며 기도하는 곳에 하나님께서 성령을 부어주시는데 그 시간이 얼마나 걸릴 지는 하나님의 주권에 속해 있습니다. 초대교회의 사도들과 성도들도 예수님께서 부활하신 이후에 10일 이상을 기도하며 기다리고 있을 때 성령께서 임하셨습니다.

그렇다면 우리도 10일 정도 사모하고 기다리면 될까요? 여기에서 10일이라는 시간을 절대시하면 안 됩니다. 하나님께서 약속하신 성령을 간절히 사모하면서 기도하고 기다리는 성도들에게 어떤 경우는 10일이 되지 않아도 성령님께서 임재하실 수 있습니다. 또 어떤 경우엔 10일이 훨씬 넘어서 임재하실 수도 있습니다. 성령의 임재는 예수님의 주권이기 때문입니다. 그렇지만 한 가지 확실한 것은 하나님의 약속의 말씀을 믿고 성령님의 임재를 사모하고 기다리는 자에게 하나님께서는 성령님을 보내주십니다.

넷째, 영의 눈을 밝게 여는 비결. 영의 눈을 뜨기 위하여 우리의 영의 눈을 열어주시는 성령님께서 우리에게 오시길 간절히 기도합시다. 뜨겁게 사모하는 마음으로 기도합시다. 성령님께서 오셔야만 우리는 비로소 하나님을 알고 영의 눈을 뜰 수 있습니다. 이것을 아는 사람들은 목마른 사슴이 시냇물을 사모하듯이 성령님을 찾고 사모해야 합니다. 그렇다면 목마른 사람이 시냇물을 찾듯 성령님을 사모하라는 것은 어느 정도하라는 말일까요?

사슴의 식도는 셀로판지와 같다고 합니다. 일정시간 이상 물을 마시지 않으면 그 식도가 서로 딱 붙게 되는데 일단 식도가 붙어버리면 떨어지지 않고 억지로 떼어내려고 하면 찢어져 버리고 만다고 합니다. 그렇기에 일단 사슴은 식도가 붙으면 더 이상 물을 마실 수도 없고 음식을 먹을 수도 없습니다. 식도가 붙어버린 사슴은 자연히 먹고 마시지 못하니 얼마 버티지 못하고 죽게 됩니다. 그러므로 목마른 사슴이 시냇물을 찾는다는 것은 생명을 걸고 찾는 것입니다. 다른 모든 것에 우선해서 물을 찾습니다. 물을 찾지 못하면 죽기에 물이 있는 곳이라면 늑대나 사자 같은 사나운 적들이 있어도 생명을 걸고 찾아갑니다.

한 마디로 목마른 사슴이 물을 찾는 것은 죽기 살기로 찾는 것인데요. 우리가 성령님을 찾을 때 이런 갈급함이 있어야 합니다. 이런 사모함이 있어야 합니다. 성령님께서 우리에게 오시지 않으면 죽습니다. 성령님께서 은혜주시지 않으면 우리는 살

수 없기에 우리는 최선을 다해 성령님을 구해야 합니다. 그렇게 간절히 성령님을 구하고 부르짖어 구하는 성도에게 하나님께서는 성령님을 선물로 주십니다.

하나님은 우리에게 좋은 것을 주시는 아버지이십니다. 세상의 악한 부모도 자기 자녀에게는 좋은 것을 줍니다. 예수님은 그것을 빗대어서 아들이 떡을 달라하는데 돌을 주거나 아들이 생선을 달라는데 뱀을 줄 부모가 어디 있느냐. 악한 자라도 자기 자녀에게 좋은 것을 줄줄 아는데 하물며 하늘에게 계신 너희 하나님 아버지께서 구하는 자에게 성령을 주시지 않겠느냐고 하십니다. 그렇습니다. 하나님은 간절히 성령님을 사모하고 구하는 자에게 성령님을 보내주십니다. 우리가 간절히 사모할 때 하나님께서 성령님을 우리에게 보내주십니다. 그리고 성령님이 우리에게 오시면 우리는 하나님을 알게 됩니다. 또한 성령님께서 오시면 우리의 영의 눈을 열어주십니다. 영의 눈이 열리면 그동안 보이지 않았던 영의 일들이 보이기 시작합니다.

영의 눈이 열리기 전엔 우리는 육의 눈을 가지고 많은 것을 보았지만 그것은 껍데기만 본 것입니다. 영의 눈이 열리기 전에는 우리에게 일어나는 모든 일들의 의미를 알지 못합니다. 우리 앞에 다가오는 고난이나 어려움의 의미를 알지 못합니다. 누군가 고난을 당할 때 영의 눈이 열리지 않으면 왜 그런 일이 생겼는지를 설명하지 못합니다. 그런데 영의 눈이 열리면 그런 일들이 하나님께서 우리를 훈련시키고 연단시키시는 과정이었다는 사실을 깨닫게 됩니다.

요셉이 영의 눈이 열리기 전에는 형들에게 미움을 받아서 애굽으로 팔려가고, 억울하게 누명을 뒤집어쓰고 종살이할 때 자신이 왜 애굽으로 오게 되었는지를 이해하지 못했을 것입니다. 왜 그리 억울하게 옥살이를 했는지도 몰랐을 것입니다. 하지만 영의 눈을 뜨고 나자 그는 자신을 애굽으로 보낸 것은 형들이 아니라 하나님께서 기근의 때에 그 백성들을 구하시고자 보냈음을 알고 고백하게 됩니다. 영의 눈을 뜨고 나자 지금까지 이해되지 않았던 사건들의 의미를 알게 되었습니다. 그리고 새로운 눈으로 보게 되자 모든 것이 하나님께서 하신 것이었다고 믿음의 고백을 하게 됩니다.

이런 것은 영의 눈이 열려야만 볼 수 있고 알 수 있습니다. 바울사도도 같은 고백을 합니다. 그의 인생사를 보면 큰 굴곡이 있습니다. 처음에는 예수 믿는 사람을 핍박하는데 앞장을 섰던 사람이었습니다. 세상의 성공에 목말라하던 사람이었습니다. 그런데 다메섹으로 가는 길에서 빛으로 나타나신 예수님을 만나고 나서 그의 인생은 바뀌었습니다. 예수님을 만나서 영의 눈을 뜨게 되자 자신이 이전까지 중요하게 생각해왔던 모든 것은 다 쓰레기에 불과하고 자신이 이전까지 부인하던 예수님께서 가장 고상하고 소중하다는 것을 깨달았습니다. 영의 눈이 열리는 순간 보는 것이 달라졌습니다. 영의 눈이 뜨기 전에 보던 것과 영의 눈을 뜨고서 보는 것이 달라졌습니다.

이처럼 영의 눈이 열리면 그동안 보이지 않던 것들이 보이게 됩니다. 영의 눈이 열리면 모든 것을 하나님의 관점에서 보게 됩니다. 이전까지 원망과 불평으로만 보이던 것들에 감사하게 됩니다. 영의 눈을 뜨고 보면 그것이 축복의 씨앗임이 보이기 때문입니다. 또한 영의 눈을 뜨면 고난 중에도 기뻐합니다. 고난 뒤에 있는 하나님이 주실 상급이 보이기 때문입니다.

사람에겐 육의 눈과 마음의 눈과 영의 눈이 있습니다. 사건이나 사물의 가장 중요한 본질을 보는 눈은 영의 눈입니다. 영의 눈이 열려야 하나님의 관점으로 볼 수 있습니다. 하나님의 시각에서 보고 해석할 수 있습니다. 영의 눈은 성령님께서 오셔서 열어주셔야 합니다. 그러기 위해서 우리는 간절한 마음으로 성령님을 사모하며 기다려야 합니다. 목마른 사슴이 생명을 걸고 물을 찾듯 우리도 성령님을 찾아야 합니다. 이제 그 갈망으로 성령님을 찾읍시다.

그리고 성령님께서 우리의 눈을 열어달라고 기도합시다. 예수님의 이름으로 선포하며 애타게 기도하며 뜨겁게 기도합시다. 그래서 성령님이 우리의 눈을 열어주셔서 하나님의 눈으로 영의 일을 바라볼 수 있기를 바랍니다. 영의 눈이 열림으로 이전까지 육의 눈으로만 볼 때와는 다른 삶을 삽시다. 그래서 열린 영의 눈으로 영원한 하나님 나라를 바라보며 하늘의 소망을 가지고 삽시다. 하나님께서 베푸실 상급을 기대하고 소망하며 사는 우리 모두가 될 수 있기를 소망합니다.

10장 영안을 열려고 하는 목적을 바르게 하라.

(계3:17-18)"네가 말하기를 나는 부자라 부요하여 부족한 것이 없다 하나 네 곤고한 것과 가련한 것과 가난한 것과 눈 먼 것과 벌거벗은 것을 알지 못하는 도다. 내가 너를 권하노니 내게서 불로 연단한 금을 사서 부요하게 하고 흰 옷을 사서 입어 벌거벗은 수치를 보이지 않게 하고 안약을 사서 눈에 발라 보게 하라"

영안이 열리면 우리는 하늘에 있는 영적 존재들과 그 구조를 경험하게 됩니다. 우리가 영적인 눈이 열리게 되면 가장 먼저 깨닫게 되는 것이 하나님과 자신과의 관계성입니다. 이것이 가장 중요하고 이런 관계성에 관한 의식은 영적 삶이 지속되는 동안 꾸준하게 이어져야 하며, 그렇지 못한 경우에는 문제가 생기게 되는 것입니다. 하나님과의 관계성을 모르거나 망각하게 되면 우리는 방자히 행하게 되거나 외식적인 태도를 취하게 되며, 이런 형태는 종교적인 결과를 만들어내게 됩니다. 우리의 영적 눈이 떠져서 하나님과의 관계를 분명하게 볼 수 있어야 합니다. 이런 점에 관해서 성경은 "안약을 사서 눈에 발라 보라"(계3:18)고 주문했습니다. 자신이 벌거벗었는지 모르는 소경이 된 그리스도인이 있기 때문에 이런 말씀을 주시는 것입니다. 수치를 수치로 알지 못하는 것은 눈이 감겨있기 때문입니다. 실제로 바리세인들 대부분은 소경의 상태였습니다(요9:41).

우리가 영적 눈이 떠져서 영적 실체를 보는 것을 환상이라고 하는데, 이 환상에는 크게 두 가지 차원이 있는 것입니다. 실제로 영상을 보는 것 같은 '영상적 환상'(visible fantasy)이 있으며, 영상은 보이지 않지만 사물이 보이는 것과 같은 강한 느낌을 받는 '이미지 환상'(imagery fantasy)이 있습니다.

영상적인 환상은 주로 선견자의 직임을 가진 사람들이 자주 보는 것입니다. 선견자의 직임을 가진 사람이라고 해도 실제적인 영상을 보는 경우는 많지 않으며, 대부분의 환상을 이미지로 경험하게 됩니다. 고정된 영상이나 움직이는 영상을 마음에 그릴 수 있는 능력이 갖추어져 있고 하나님으로부터 오는 정보를 귀로 또는 마음으로 듣는 것보다는 이미지로 그리는 것이 더 자유로운 사람이 선견자(the Seer)입니다.

첫째, 하나님의 말씀에 비밀을 깨닫기 위하여. 하나님은 그의 종들에게 정보를 주실 때 직설적인 화법 보다는 비유적인 화법을 사용하십니다. 직설적인 것 같이 보이는 말씀일지라도 사실은 비유입니다. 비유는 크게 은유와 풍유로 나누어서 생각할 수 있는데, 주님이 주시는 정보는 대부분이 이런 비유로 전해지기 때문에 은유와 풍유를 해석하는 능력이 있어야 합니다. 은유와 풍유를 해석하려 하면 성령으로 영안이 열려야 합니다.

은유는 사물의 본뜻을 숨기고 표현하려는 대상을 암시적으로 나타내는 수사법입니다. 예를 들면, '내 애인은 한 송이 장미' 등과 같은 표현입니다. 풍유법은 무엇을 무엇에 비유한다는 것을 드러내지 않고, 비유하는 말만을 들어 그 뜻을 알게 하는 방법으로 예를 들면 '빈 수레가 더 요란하다'와 같은 속담과 격언이 이에 속합니다. 하나님은 전하고자 하는 내용을 이미지 또는 느낌이라는 수단을 통해서 비유로 우리에게 전하게 되는 것입니다. 그런 가장 강력한 수단이 꿈과 환상인 것입니다. 꿈은 우리의 의식이 배제된 상태에서 받는 것이며, 환상은 의식이 깨어 있는 상태 또는 비몽사몽과 같은 황홀경에서 받게 됩니다. 이미지를 볼 수는 없지만 마치 보는 것과 같은 느낌을 받아서 주님으로부터 온 정보를 구체적으로 묘사할 수 있게 됩니다. 본 것은 아님에도 불구하고 본 것이나 다를 바가 없이 의식 속에 선명합니다. 이런 이미지 환상은 '가상 환상'이라고 할 수 있을 것입니다. 주로 이런 환상을 경험하는 사람들은 이미지를 그려내는 기술이 부족하거나 감성이 예민하지 못한 사람들에게서 주로 경험되어지는 것입니다.

오늘날 대부분의 사람들은 이성적이고 합리적인 사고를 할 수 있도록 교육을 오랫동안 받았습니다. 그러므로 우리들의 의식세계는 이미 이성적으로 사고하도록 프로그램이 되어 있기 때문에 비록 감성적인 사람이라고 할지라도 그가 갖추고 있는 사고구조는 이성적 판단체계입니다. 감성이 풍부할지라도 교육을 통해서 그 기능이 억제되었고 이성적이고 논리적인 사고를 하도록 학습되어있기 때문에 이미지를 형상으로 그려내지 못하고 느낌으로 받게 되는 것입니다.

하나님으로부터 오는 정보를 우리는 이미지로 받아들일 수 있기 위해서 이미지를 그리는 방법을 학습할 필요가 있는 것입니다. 감성이 풍부한 사람은 몇 차례 훈련을 받기만 하면 자연스럽게 환상이 그려지며 의식만 해도 환상이 보이게 됩니다. 구체적으로 어떤 장면을 그려내는 기술이 부족하다고 할지라도 우리는 본 것과 같은 강력한 이미지를 품을 수 있습니다.

눈을 통해서 보는 환상이나 마음을 통해서 느끼는 이미지나 같습니다. 마음속으로 이미지를 그리는 심상훈련(心象訓練)을 하게 되면 떠오르는 생각들이 구체적으로 들어오게 됩니다. 마음속에 생각이나 성경구절이 떠오르는 것을 심상으로 구성하는 것입니다. 정신을 집중하게 되면 우리 마음속에 일련의 생각들이 마치 파노라마처럼 몰려 들어오며, 그 생각이 선명하지는 않지만, 구체적으로 어떤 이미지를 형성하게 되는 것입니다.

비유를 풀어내어 대화로 또는 상황의 설명으로 이해할 수 있게 됩니다. 이것이 영적 눈이 떠지는 것입니다. 비유를 성령의 임재 하에 하나님의 입장에서 풀어서 이해하는 것입니다. 우리가 가장 원시적으로 이런 감흥을 경험하는 것이 바로 죄책감입니다. 기도할 때나 묵상할 때 우선 떠오르는 것이 하나님과의 관계에서 드러나는 죄의식입니다. 죄가 떠오름으로써 그 당시의 상황이 영상적인 이미지로 되살아납니다. 때로는 아주 어린 시절의 경험으로 거슬러 올라가 그 당시의 영상이 생생하게 재생되어 실제처럼 느껴집니다.

죄와 상관된 장면이 뚜렷하게 기억에서 되살아나면서 장면이 눈에 선명하게 그려지는 것입니다. 이런 상태가 영적 눈이 떠진 상태인 것입니다. 과거와 연관된 이미지는 이미 경험한 것이기 때문에 선명하게 되살아납니다. 그러나 미래와 연관된 이미지는 경험된 것이 아니므로 선명하게 그려지지 않을 수 있는 것입니다. 이미 과거와 연관된 일련의 문제를 다루는 과정을 경험하였다면 이제는 미래와 연관된 이미지들을 그려낼 수 있게 됩니다.

과거는 자신의 죄와 연관이 있으며, 미래는 자신의 비전과 연관이 있습니다. 그러므로 비전은 미래 지향적이기 때문에 이미지를 구성하는 능력이 부족할 경우 자칫 놓칠 수 있습니다. 많은 사람들이 죄의 회개는 철저하게 하려고 하면서도 비전에 관해서는 그만큼 심각하게 노력하지 않는 것 같습니다. 비전은 자신이 해야 할 직임과 연관되어 있고 장차 천국에서 받을 상급과 관계되어 있습니다.

죄의 문제는 원칙적으로 우리들이 비전을 바르게 이해할 수 있는 환경 즉 하나님과의 올바른 관계를 구성하기 위해서 반드시 거쳐야 하는 '기반적인 의미'(foundational meaning)가 강하다고 본다면, 비전은 하나님 나라를 이 땅에서 이루어내는 '성취적인 의미'(accomplishmental meaning)가 강합니다.

비전은 미래 지향적이기 때문에 자신이 경험하지 못한 부분일 것입니다. 그러므로 이런 부분에 대한 하나님으로부터 오는 정보가 비유를 통해서 전달될 때 우리들의 의식 세계에 반영되는 수단이 이미지인 것입니다. 꿈과 환상을 주요 수단으로 해서 우리들에게 정보가 전달되는 것이 사실이라는 점을 바르게 이해할 필요가 있는 것입니다. 하나님이 우리들에게 정보를 전달하고 말씀하시는 주된 수단이 바로 이미지입니다.

이것은 영적인 눈이 떠져야만 알 수 있는 것입니다. 하나님으로부터 직접 오는 계시는 개인에게 중요합니다. 오늘날 우리는 성령과의 직접적인 관계 속에서 모든 정보를 받을 수 있는 상황에 놓여있습니다. 성령이 각 성도들을 직접 인도하는 그런 시대에 살고 있기 때문에 영적인 눈이 떠지지 않은 사람은 성령의 인도 하에 말씀과 성령으로 심령을 치유하며 영안을 열려고 노력하여 영안을 열어야 합니다. 영안이 열려야 하나님을 알고 하나님을 알아야 하나님에게 나아가는 통로인 예수를 믿고, 성령을 받고 성령의 인도를 받을 수가 있기 때문입니다. 성령의 인도를 받아야 자신이 죄인이라는 것을 명확하게 알 수 있습니다. 자신이 죄인이라는 것을 알아야 말씀과 성령으로 자신을 치유하려고 합니다. 말씀과 성령으로 자신이 치유되면 될수록 영안은 밝히 열리는 것입니다. 영안이 밝히 열림으로 인생의 주인은 자기가 아니라 예수님이라는 것을 알고 예수를 주인으로 삼고 살수가 있는 것입니다.

그래서 말씀과 성령으로 영안이 열린 성도의 영적 눈이 띄는 가장 근본적인 증거는 죄의 회개와 비전의 인식일 것입니다. 죄를 회개하고 하나님과의 관계를 올바르게 정리하면 다음은 우리가 해야 할 직임에 대한 인식을 얻는 것입니다. 이는 터를 닦고 집을 짓는 두 가지 차원을 의미하는 것입니다. 터만 닦아놓고 방치한다면 꼴 보기 사나울 것입니다. 황량하여 잡초만 무성하게 된다면 책망만 돌아올 것입니다.

우리가 영적 눈이 띄어야 하는 이유가 여기에 있습니다. 이 중요한 영적 안목을 갖추는 일이 마음으로 하나님을 읽어내는 수단을 배우고 개발하는 것입니다. 이 과정은 결코 단순하거나 쉬운 일은 아닙니다. 그러나 그 요령을 터득한 사람에게는 결코 어려운 과정이 아닙니다. 모든 그리스도인이 당연히 알아야 할 환상의 세계에 대해서 우리는 이제까지 적절한 교육을 받지 못했습니다. 꿈과 환상은 신약시대 즉 교회에 성령이 역사하는 시대를 사는 우리들에게 하나님으로부터 정보를 받는 가장 주된 수단 가운데 하나임을 제대로 이해해야 합니다.

둘째, 하나님의 역사를 보기 위하여. 하나님은 영이십니다. 신앙생활이 영적생활이기에 영적소경은 주님을 볼 수도 없고, 신앙생활을 그 자체도 제대로 할 수가 없습니다. 예수님 당시 수많은 서기관들과 구약에 능통한 바리새인들이 예수님을 옆에 두고도 예수를 영접하지 않고 배척했던 것을 봅니다. 이것은 그들이 하나님의 말씀을 알지만 육신에 속한 영적인 소경인 것을 보여줍니다. 빛이 어두움에 비취었어도 그 어두움들이 깨닫지 못했던 것입니다.

요한복음 3장에 나오는 니고데모도 비록 그가 구약의 율법에 능통한 사람이었지만 그는 거듭남이 무엇이며, 하나님나라를 본다는 것이 무엇인지 잘 몰랐습니다. 심지어 주님을 3년 동안이나 따라다녔던 제자들도 영안이 제대로 열리지 못함으로 인하여 예수님 앞에서 예수님을 보고 하나님을 보여 달라고 했던 것입니다.

우리가 영적인 눈을 가져야 하는 이유는 삶 속에서 하나님의 역사하심을 보고, 우리를 향하신 하나님의 뜻을 깨닫고, 올바로 신앙생활을 해야 되기 때문입니다. 더구나 소경이 소경을 인도할 수 없는 것처럼, 영적인 눈을 가지지 않으면 세상 사람들을 주께로 인도할 수는 없는 것입니다.

성경을 보면, 신앙생활을 확실하게 했던 사람들의 특징을 보면, 모두 영안이 확실하게 열렸다는 것입니다. 물론 일시적으로 간헐적으로, 조금만 열린 사람들도 있지만 확실히 영안이 열려 하나님의 영광을 보았던 사람들이 있었다는 것입니다.

예를 든다면 베드로가 예수님이 '너희는 나를 누구라 하느냐'라는 질문에 베드로가 다른 사람처럼 '예수님을 엘리야요, 예레미야나 선지자 중에 한 분입니다'라고 말하지 않고, '주는 그리스도요 살아계신 하나님의 아들입니다'라고 고백했었던 것은 그가 영적인 눈이 열렸기 때문이었습니다. 그러나 그런 베드로가 예수님이 십자가에서 죽고 부활하리라는 말에 대해서는 '결코 주에게 그런 일이 미치지 아니하리이다'라고 말함으로 주님으로부터 '사탄아 내 뒤로 물러가라 너는 나를 넘어지게 하는 자로다. 네가 하나님의 일은 생각지 아니하고 도리어 사람의 일을 생각하는 도다'라는 말을 들었던 것을 보면, 이때에는 영안이 열리지 않고 닫혔던 것을 봅니다.

그러므로 영안이 열리는 것은 전적으로 하나님의 은혜인 것입니다. 그래서 요한복음 1장 12-13절을 보면,"영접하는 자 곧 그 이름을 믿는 자들에게는 하나님의 자녀가 되는 권세를 주셨으니 이는 혈통으로나 육정으로나 사람의 뜻으로 나지 아니하고 오직 하나님께로서 난 자들이라"고 했던 것입니다. 하나님의 자녀가 되는 것은 나의 의지가 아니라 전적으로 하나님의 은혜인 것입니다. 하나님이 우리의 눈을 열어주어야지만 주를 영접할 수 있는 것입니다. 그렇다고, 우리의 눈이 한 번 열려 주님을 영접하고 주님의 영광을 보았다고 해서 계속 열려져 있는 것이 아님을 알아야 합니다. 계속 열리기 원한다면, 베드로처럼 사람의 일을 생각지 않고 하나님의 일을 생각한다면, 우리는 계속해서 영안이 열려 주의 기이한 법들을 보고 깨닫게 될 것입니다.

셋째, 담대하게 영적전쟁하기 위하여. 바울 역시 3층천, 하늘나라에 갔다가 왔습니다. 그가 갔다가 오자, 바울의 삶은 완전히 달라졌습니다. 복음과 함께 고난을 받는 것을 전혀 두려워하지 않았습니다. 그 어떤 난관도 기쁨으로 헤쳐 나갔습니다. 그 어떤 일에도 그는 만족할 줄 알았습니다. 좋을 때에나, 슬플 때에나, 부할 때에나 가난할 때에나 바울은 자족하는 법을 알았습니다. 바울은 심지어 감옥에 복음 때문에 갇혔어도 그의 심령은 갇히지 않았고, 오히려 감옥 밖의 사람을 위로하고 기뻐하라고 했습니다.

그가 3차 전도여행을 하고, 포로의 신분으로 로마여행까지 했었던 것은 그가 영안이 열려 하나님의 영광을 보았기 때문이었습니다. 그리고 예루살렘에 가면 포박을 당한다고 예언자가 말해주었지만 바울은 로마에 가서 복음 전할 사명을 감당해야 하는 깨달음이 있었기에 그는 포박을 당한다는 사실을 알면서도 당당히 예루살렘으로 갔던 것입니다. 그 결과 로마군대의 호위 속에 로마황제 앞까지 와서 복음을 전하게 되지 않았습니까? 언제나 영안이 열린 사람들의 특징을 보면, 담대하다는 것입니다. 바둑과 장기에서 수를 미리 보듯이, 하나님의 역사하심을 미리 보게 됩니다. 하나님의 능력을 믿기에 불가능해 보이는 것도 뛰어드는 것입니다. 남들이 볼 때 아무 것도 없는데 마치 모든 것을 가지고 있는 것처럼 행동한다는 것입니다.

연약해 보이는데, 강하다는 것입니다. 영안이 열린 사람들은 남들이 감히 생각지 못했던 것들을 보고 행동합니다. 우리가 세상을 살아가는 것이 영적인 투쟁입니다. 시시각각으로 일어나는 마귀와 영적전쟁을 위하여 영안이 열려야 합니다. 그래야 하나님으로부터 마귀가 감히 생각하지 못했던 것들을 보고 사용할 수가 있습니다.

한 번은 아람군대가 이스라엘을 쳐들어왔습니다. 열왕기하 6장 8절이 하의 말씀입니다. 진을 치고 공격을 하려고 합니다. 그러면 엘리사가 적들의 상황을 이스라엘 왕에게 다 고하는 것입니다. 그래서 아람군대는 먼저 엘리사를 잡고자 엘리사가 살고 있는 성을 에워쌌습니다. 그러자 엘리사의 사환이 두려워 떨고 있습니다. 그러자 엘리사는 그 사환에게 다음과 같이 말합니다. "두려워하지 말라 우리와 함께한 자가 저 아람군대보다 더 많으니라(열하6:16)"

그리고 하나님께 엘리사가 기도합니다. "여호와여 원컨대 사환의 눈을 열어서 보게 하옵소서" 그러자 하나님이 그 사환의 눈을 열어 보게 하셨는데, "저가 보니 불 말과 불 병거가 산에 가득하여 엘리사를 둘렀더라" 엘리사가 적군 앞에서도 그렇게 당당하고 아람군대를 물리쳤던 것은 바로 영안이 열려 천군천사를 미리 보았기 때문인 것입니다. 참으로 얼마나 떨리는 말씀입니까? 엘리사가 하나님께 사환의 눈을 열어달라고 기도하자 하나님이 열게 해서 보게 하는 역사를 하십니다. 주여! 우리도 보길 원하나이다. 우리 주위를 둘러싸고 있는 천군천사를 보게 하소서….나와 함께 하시는 하나님을 보게 하시어서 복음과 함께 살아가는 자들이 다 되게 하소서….그렇습니다. 이 기도는 지금도 유효하고, 지금도 하나님이 우리가 이런 기도를 하기 원하심을 알아야 할 것입니다. 엘리사만이 아닙니다. 구약의 선지자들의 특징들을 보면, 한 결 같이 주의 영광을 보거나, 주님으로부터 주의 음성을 들었고 들었던 말씀을 이스라엘에게 전했던 것입니다. 그들이 전한 말씀들은 추측해서, 자신들이 생각해 내서 그렇게 선포한 것들이 아닙니다. 하나님으로부터 말씀을 받아서 말한 것입니다.

성경에는 영안이 열린 사람들의 이야기들이 가득 차 있습니다. 세례요한이 예수님에게 세례를 베풀 때에 세례요한은 하늘로부터 내려오는 비둘기와 같은 성령을 보았습니다. 세례요한의 주변에 그렇게 많은 사람들이 있었지만 그들은 보지 못했습니다. 그러나 세례요한은 보았던 것입니다. 하나님이 세례요한의 눈을 열어주고, 하늘의 음성을 듣게 하셨던 것입니다.

요한계시록에도 보면, 이번엔 사도요한이 영안이 열려 하늘보좌를 보고, 하나님이 이 세상을 어떻게 통치하시고, 종말에 이 세상과 교회는 어떻게 되는지에 대해 보게 됩니다.

그러니 사도요한의 하루하루의 삶이 어떠하겠습니까? 얼마나 큰 담력과 확신과 성령의 능력 가운데 살아가겠습니까? 사람들은 보지 않고는 믿으려 하지 않습니다. 어찌 보지 않고 믿느냐는 것이죠. 그러나 주님은 보지 않고 믿는, 그 믿음이 복되다고 하셨습니다. 그러나 때로는 믿음의 선배처럼 직접 주님이 우리의 영안을 열어 보게도 한다는 사실을 알고 열린 마음을 가지고 주님 앞에 나오는 것이 중요합니다.

우리가 앞에서 '우리 보좌 앞에 모였네 함께 주를 찬양하며…' 이것은 사도요한이 보았던 장면을 찬양으로 표현한 것입니다. 베드로가 마지막 순교할 때, 십자가에 거꾸로 달려 죽을 수 있었던 그런 담대함은 하나님의 영광을 보았기 때문인 것입니다. 더구나 베드로는 변화산에서 영광의 주를 모세와 엘리야와 함께 보지 않았습니까? 또 부활의 주를 직접보지 않았습니까? 비록 처음에는 영안이 간헐적으로 열리고 완벽하게 열리지 않아 실수도 하고 주님을 세 번씩이나 부인도 했지만, 시간이 지날수록 영안이 온전히 열렸던 것을 봅니다.

예를 들어 미문에 앉아 있는 앉은뱅이를 보고 남들은 돈 몇 푼을 주면서 지나갔지만 베드로는 하나님이 그 앉은뱅이를 일어나 걷고 뛰게 하려는 뜻을 알고 믿음으로 '은과 금은 내게 없거니와 내게 있는 것으로 네게 주노니 곧 나사렛 예수 그리스도의 이름으로 걸으라'고 선포했고, 그 선포대로 '일어나 걷고 뛰고 성전에서 하나님을 찬미하지 않습니까?' 그리고 이런 것을 계기로 놀라운 구원의 역사들이 일어나지 않았습니까? 베드로는 하나님의 역사하시는 그 때를 알고 믿음으로 반응할 정도로 영안이 열렸던 것입니다.

어떻게 마리아라는 여인이 300데나리온에 해당되는 향유 옥합을 주님의 머리에 담대하게 부을 수 있습니까? 당시 300데나리온으로 약 3만 명이 동시에 식사할 수 있는 금액이었습니다. 식사 한 끼에 3,4천원만 잡아도 약 1억 원에 해당되는 그런 돈입니다. 그런데 한 번에 부어버립니다. 얼마나 아깝습니까? 그러나 합니다. 왜 입니까? 믿음의 눈, 영안이 열렸기 때문입니다.

지금 우리들이 십일조를 하고, 주를 위해 여러 헌금들을 하고 있습니다, 영안이 열리지 않고 어찌 물질을 주님께 드릴 수 있겠습니까? 자원하는 마음으로 기꺼이 주님의 것이라고 뗄 수 있는 그런 믿음은 아무나 하는 것이 아닙니다. 물질만능시대에 물질을 그렇게 떼어서 주님의 것이라고 드릴 수 있는 것은 대단한 믿음이 아닐 수 없습니다.

제가 지금 '영안이 열렸다'라는 말을 하고 있는데요, 영안이 열렸다는 것은 좁게, 혹은 넓게 이해해야 합니다. 좁은 의미에서 영안이 열렸다는 것은 엘리사의 사환같이 천군천사를 보는 것이나, 바울과 같이 무당에게 역사하는 귀신을 보는 것, 세례요한이 하늘로부터 비둘기처럼 임재하는 성령을 보는 것을 말할 수 있습니다. 그러나 넓은 의미에서 영안이 열렸다는 것은 눈으로 직접 영의 세계를 보는 것만이 아니라 '하나님의 말씀이 깨달아짐, 예수님이 믿어짐, 세상 삶 속에서 살아서 역사하시는 하나님의 능력과 권세를 눈으로 보고 몸으로 체험함' 등도 '영안이 열렸다'라고 말할 수 있습니다. 우리는 좁은 영안도 열려야 하지만, 넓은 의미의 영안을 열어가려고 해야 합니다.

이런 의미에서 예수님이 하나님의 아들이라고 믿어지는 것 그 자체가 영안이 열린 것이요, 성육신 하신 독생자의 영광을 본 것이라고 말씀드릴 수 있습니다. 요한복음과 같은 주의 말씀을 보면서 이 말씀이 과연 진리의 말씀이고, 은혜와 진리가 충만한 말씀이구나 라고 깨닫는 것도 영안이 열린 것이요, 그래서 요한복음 1장 17절과 같은 말씀을 깨닫게 되는 것입니다. "율법은 모세로 말미암아 주신 것이요 은혜와 진리는 예수 그리스도로 말미암아 온 것이라" 이런 말을 할 수 있다는 그 자체가 말씀에 눈이 열린 것이라는 것입니다. 이런 고백은 말씀을 논리적으로 분석하고, 연구를 해서 말하는 수준이 아닙니다. 어느 한 순간에 성령의 감동으로 번개와 같이 뇌리를 스치고 마음의 눈이 밝아져 고백하는 것입니다. 성령의 감화 감동의 체험의 고백인 것입니다. 말씀이 살아 역사 하는 그런 고백인 것입니다. 이것을 가리켜 영안이 열려 깨달았다고 하는 것입니다.

질병에서 치유함 받고, 기도의 응답을 받는 것과 하나님의 살아계심을 체험한 것들 역시 영안이 열렸다고 말할 수 있는 것입니다. 그래서 그 결과 하나님에 대해 분명한 신앙을 갖고, 주의 말씀대로 순종하며 살겠다고 헌신하게 되는 것입니다.

이런 의미에서 예수님을 믿고 거듭나고 구원의 확신이 있는 사람들이라면 모두 다 영안이 열려야 한다고 말씀드릴 수 있습니다. 그러나 문제는 어느 정도 얼마만큼 열렸느냐는 것입니다. 어떤 사람들은 조금 열려 적개 깨달을 수가 있습니다. 반면에 어떤 사람들은 활짝 열려 주의 말씀을 잘 깨달을 뿐만 아니라 실제 영적인 세계를 볼 수도 있습니다. 신앙생활은 세상의 안목과 육안을 가지고 하는 것이 아니라 하나님의 안목과 영안을 가지고 하는 것이기에 영안이 활짝 열려야 하는 것입니다. 영안이 열리면 육안으로 볼 수 없었던 것들을 우리가 볼 수 있습니다.

예를 든다면 영광 가운데 계신 주님을 볼 수 있고, 때로는 천사를 때로는 악령들을 역사를 눈으로 볼 수도 있는 것입니다. 신비주의는 나쁜 것이지만 신앙의 세계는 신비의 세계인 것입니다. 이런 의미에서 우리의 영안이 활짝 열려서 주의 말씀도 잘 깨닫고, 영적세계도 볼 수 있도록 성령으로 기도해야 할 것입니다. 그래서 기본적이고 상식적인 수준에서만의 신앙을 갖는 것이 아니라, 세상의 지혜를 뛰어넘고 넘을 수 있는 영안이 열려야 할 것입니다. 영안이 열려야 신앙생활을 제대로 할 수 있다고 한다면, 그럼, 우리의 영안이 활짝 열리기 위해서는 어떻게 해야 합니까?

넷째, 영안이 활짝 열리기 위한 훈련. 하나님만이 영안을 열어주십니다. 훈련단계는 이렇습니다.

첫째로 엘리사가 기도했듯이 성령으로 기도해야 합니다. 기도를 하되, 하나님만이 우리의 눈을 열어주신다는 것을 알고 하나님께 기도해야 합니다. 인간의 노력으로 되는 것이 아닙니다. 하나님이 열어주셔야 합니다. 바울도 에베소서에서 '마음의 눈을 밝히사 하나님의 부르심의 소망이 무엇이며 성도 안에서 그 기업의 영광의 풍성이 무엇이며 그 힘의 강력으로 역사하심을 따라 믿는 우리에게 베푸신 능력의 지극히 크심이 어떤 것을 너희로 알게 하시기를 구하노라' 누구에게요? 하나님께! 모세도 하나님의 영광을 보여 달라고 기도하지 않습니까?

둘째로 우리의 영안이 열리기 위해, 주의 말씀을 묵상해야 합니다. 말씀을 늘 묵상하되, 성령님을 의지해야 합니다. 성령님 나의 눈을 밝혀 주의 기이한 법을 볼 수 있도록 도와 달라고 하면서 주의 말씀을 대해야 합니다. 단지 소설을 읽거나, 또 분석이나 연구하는 차원에서만 끝나지 않도록 해야 합니다. 한 말씀 한 말씀을 대할 때마다 '영이요 생명인 말씀'으로서 대해야 할 것입니다. 성령의 임재 하에 지속적으로 말씀을 묵상해야 합니다. 그러면 엠마오로 가는 두 제자들처럼 눈이 밝아질 것입니다.

셋째로 지금 보다 더욱 힘써 신앙생활을 하는 것입니다. 어제보다는 오늘이 더욱 더 신앙의 진보를 가져오는 삶을 살아야 한다는 것입니다. "믿음에 덕을, 덕에 지식을, 지식에 절제를, 절제에 인내를, 인내에 경건을, 경건에 형제 우애를, 형제 우애에 사랑을 공급하라. 이런 것이 없는 자는 소경이라. 그러므로 형제들아 더욱 힘서 너희 부르심과 택하심을 굳게 하라(벧후 1:3-11)" 신앙의 성숙과 진보를 위해 노력하고자 하면 할수록 눈이 밝아진다는 것입니다. 그래서 영성훈련을 하는 것입니다. 성령으로 충만하기 위하여 성령으로 기도해야 합니다.

가만히 신앙의 성숙도 가져오려고 노력도 하지 않고 있어도 눈이 밝아진다는 것은 있을 수 없는 일임을 기억하고 더욱 힘써 노력해야 할 것입니다. 이렇게 하나님께 부르짖고, 말씀을 가까이 하고, 더욱 힘써 주님을 닮아가려고 하면, 우리는 더욱 더 영안이 밝아질 것입니다. 마음의 눈이 밝아질 것입니다. 그러면, 더욱 더 영광의 주를 인식하게 되고 주님께서 받으시는 찬양과 경배를 올려드릴 수 있게 될 것입니다.

더욱 더 경외하게 될 것입니다. 죄와 싸우되 피 흘리기까지 싸우게 될 것입니다. 부름에 소망에 따라 우리의 인생을 준비하고 드리게 될 것입니다. 주를 보았던 믿음의 선진들처럼 복음과 함께 기꺼이 고난을 받을 것입니다. 잘 했다 칭찬 듣는 주의 자녀들이 다 될 것입니다. 우리 모두 영안이 열려 말씀이 육신이 되어 우리 가운데 거하시는 그 독생자의 영광을 보시되 계속해서 주의 영광을 보며, 영광을 드러내는 삶을 사시길 기도드립니다.

다섯째, 영안이 열리고 안정을 찾았어요. 저는 인천 송도에서 믿음 생활하는 김○○집사입니다. 저는 영적인 혼탁함으로 거의 정상적인 생활을 하지 못했습니다. 밤이면 악몽으로 깊은 잠을 자지 못했습니다. 너무 힘든 세월을 보냈습니다. 그렇게 고생을 하면서 지내다가 "영안을 밝게 여는 비결" 책을 읽고 충만한 교회를 알게 되어 집회에 참석하게 되었습니다. 집회 참석 첫날부터 강력한 성령의 불세례를 받았습니다. 사지가 뒤틀리면서 온몸에 불이 임했습니다. 정말로 뜨거운 물이였습니다. 불세례를 체험하고 나니 서서히 치유가 되기 시작을 했습니다.

어떤 날을 하염없이 울음이 나왔습니다. 하루 종일 울었습니다. 어떤 날은 기침이 사정없이 나왔습니다. 어떤 날은 악을 그렇게도 많이 써졌습니다. 이렇게 체험을 하면 할수록 몸이 가벼워졌습니다. 평소에 꿈을 많이 꾸고, 또 그 꿈으로 인해 상처도 받고 그랬었습니다.

그런데 집회에 참석하여 치유를 받고 나니 요즘은 꿈을 꾸지 않습니다. 갈수록 영이 맑아지고 가벼워지며 치유의 보증이 나타나고 있습니다. 영적으로 안정을 찾고 있습니다. 방황을 멈추게 되었습니다. 참고로 저는 교회에 가서 일 년을 있지를 못했습니다. 상처받고 마음에 들지 않아 이교회 저 교회로 돌아다녔습니다. 어느 교회에 가면 나의 문제를 치유 받을 수 있을까? 하고 기대를 하고 다른 교회에 갑니다. 가서 몇 개월 다니다가 보면 목사님의 조그마한 말을 이해하지 못하고 상처받고 나왔습니다. 지금 생각하니 나에게 문제가 있었는데 괜히 다른 사람들에게 화살을 돌렸습니다. 내가 상처가 치유되지 못해서 마음이 평안하지 못하니 조그마한 소리에도 상처를 받은 것입니다. 지금 돌아보면 정말로 저는 문제 성도였습니다. 아마 내가 충만한 교회를 오지 않았더라면 예수를 믿으면서 지옥 가는 인생이 되었을 것입니다. 치유가 되고 영적인 것들을 깨닫고 보니 내가 왜 그래야만 했는지 이해가 됩니다. 정말로 제가 많이 변했습니다. 역시 성도는 성령의 세례를 받아야 치유가 되고 변한 다는 목사님의 말씀이 맞는다는 것을 체험하고 있습니다.

집회에 참석하고 위장병이 고쳐졌습니다. 평소에 바나나와 칼슘 제를 먹으면 소화를 못시켜서 데굴데굴 굴렀는데 집회이후에 시험 삼아 먹어봤더니 하나도 아프지 않고 이후로 지금까지 바나나와 칼슘 제를 잘 먹고 있습니다. 할렐루야! 또 꿈에서 뼈에 주사를 맞는 꿈도 꾸고 그래서 관절염도 치유가 되었습니다. 하나님에게 감사와 찬양과 영광을 돌립니다.

충만한 교회에서는 매주 토요일 10:00-12:30까지 각각 2시간 30분씩 개별 특별집중 기적치유 시간을 갖고 있습니다. 한번에 4-6명밖에 할 수 없으므로 1주일 전에 지정된 선교헌금을 입금하시고 예약을 합니다.

*대상은 이렇습니다. 여기서도 저기서도 치유와 능력을 받지 못한 분/ 불치병, 귀신역사를 빨리 치유 받을 분/ 목과 허리디스크, 허리어깨통증, 근육통, 온몸이 아프고 무거움에서 치유해방 받고 싶은 분/ 자녀나 본인의 우울증, 공황장애, 조울증, 불면증을 빨리 치유 받을 분/ 가슴이 답답하고 기도하기가 힘이 드는 분/ 방언기도를 깊고 강하게 하고 통역하고 싶은 분/ 축복과 영의 통로를 뚫고 싶은 분/ 성령의 불세례를 체험하고 싶은 분/ 최단기간에 현실문제 해결과 성령치유 능력 받고 싶은 분입니다. 오시면 자신이 눈과 몸으로 느끼고 주변사람들이 알아볼 정도로 획기적인 효과가 나타납니다. 반드시 일주일 전에 전화 확인하시고 선교헌금을 입금 후 예약해야 합니다(전화 02-3474-0675).

11장 영안은 성령의 이끄심으로 열어지는 것

(고전2:10)"오직 하나님이 성령으로 이것을 우리에게 보이셨으니 성령은 모든 것 곧 하나님의 깊은 것까지도 통달하시느니라"

하나님은 예수를 믿는 우리가 영안을 열어 하나님과 교통하기를 원하십니다. 성도는 영안이 열려야 합니다. 영안이 열어지면 내 안에 있는 또 다른 나를 보게 됩니다. 영안 열어지면 하나님의 말씀이 살아서 역사하시는 것을 체험하게 됩니다. 영안이 열어지면 하나님의 말씀이 내 안에서 능력이 되어 나타납니다. 영안이 열어지면 자기 자신의 영적상태를 알게 됩니다.

영안으로 인하여 허물을 보는 눈이 열리면 막혔던 원인 죄가 보이게 되고 정죄하지 않으며 회개하며 마음을 열게 되고 하나님의 말씀과 상관이 있는 신앙을 회복하게 됩니다. 하나님과 관계를 회복하게 됩니다. 성경은 남의 눈의 티는 발견하고 나의 눈의 들보는 보지 못한다고 하였습니다. 나의 허물을 보는 눈이 열리면 자신을 진단하고 점검하여 말씀과 성령으로 치유해야 깨끗한 가운데 말씀이 역사하는 것을 알게 됩니다. 말씀이 생명으로 나에게 나타나기를 시작합니다. 영안은 신앙생활에 필수입니다.

오늘 우리가 이 세상을 살아가면서 가장 귀한 것은 어떤 것인가? 인간의 정신세계를 지배하는 어떤 영계가 있는데 그곳은 하나님의 다스림 속에 있는 하나님의 영계가 있습니다. 다른 하나는 인간의 정신세계를 혼란하게 만들고 괴롭히는 마귀의 영역이 있습니다. 우리의 마음가짐이 하나님 마음과 연결되었을 때는 하늘의 신령한 것이 흘러 들어오고, 우리 마음가짐을 사탄이 좋아하는 쪽으로 맞춰 놓으면 사탄의 음성을 우리가 자꾸 듣게 되고 사탄에게 공격을 받을 수가 있게 됩니다.

영안이 열렸다고 하는 것은 하나님의 눈으로 모든 것을 보는 것인데 영안이 열린 사람이란 애굽에서 노예생활을 하고 있으면서도 젖과 꿀이 흐르는 가나안 땅을 바라보는 눈, 그것이 바로 영안입니다. 내 비록 곤고한 가운데 있어도 영광스러운 내일을 바라보고 산다는 것이 바로 영안일 수 있습니다. 그래서 영안과 신앙의 눈은 같은 것입니다. 영안이 열린 사람, 그는 무한하신 하나님의 능력과 지혜와 무한하신 하나님의 평강과 부요를 알게 됩니다. 그래서 하나님을 바로 아는 사람은 어떤 환경과 처지 가운데서도 실망하거나 낙심하지 않습니다. 그러면 하나님은 어떤 사람에게 영안을 열어서 다른 사람이 보지 못하는 세계를 보게 하고, 다른 사람이 듣지 못하는 음성을 들을 수 있게 하겠습니까? 하나님 앞에 나와서 예배를 드리는 자, 그리고 무릎을 꿇어 하나님의 도움을 구하고 기도하는 사람에게 하나님이 영안이 열리도록 하시는 줄 믿습니다. 하나님은 성도들의 영안을 열어 교통하시기를 원하십니다. 그동안 제가 체험한 사례와 성령치유 사역을 하면서 상담을 하면서 종합한 영안이 열리는 과정을 설명하면 이렇습니다.

여기서 우리가 바르게 알아야 할 것은 성령 세례를 체험한 다음부터 영안이 열려 갔다는 것입니다. 저의 경우 예수를 믿고 물세례를 받았습니다. 집사 직분을 받아 대표기도도 했습니다. 교회 건축위원장을 맡아서 성전 건축도 했습니다. 주일학교 교사도 했습니다. 군인 교회에서 신우회 부장을 하면서 눈이 1미터씩 쌓여도 한 주도 빠짐없이 병사들에게 한주에 빵을 300-400개씩 사다가 양손에 들고 가서 나누어 주었습니다. 주일날 일직을 하면 병사들을 동원하여 교회 청소를 말끔하게 했습니다. 새벽기도를 빠짐없이 다녔습니다. 성경을 일 년이면 4독 이상을 했습니다. 그때 나는 내가 제일로 믿음이 있는 줄로 알았습니다. 열심히 하면 믿음이 있는 줄로 알았기 때문입니다. 그러다가 뜻대로 승진이 되지 않아 군 생활을 접게 되었습니다. 인생의 막다른 골목에 들어선 것입니다. 인생의 막다른 골목에 들어서자, 물불을 가리지 않고 하나님에게 기도를 했습니다. 하나님의 응답을 받으려고 어느 성령집회에 참석하여 기도하다가 성령을 체험하고 1박 2일을 울었습니다. 눈물콧물을 말로 표현 못하게 흘렸습니다. 그때부터 영적인 눈이 열리기 시작을 한 것입니다. 성령을 체험하기 전에는 그렇게 열심히 해도 아무런 현상도 체험하지 못하다가 성령을 체험하니 여러 가지 신비한 현상을 체험하기 시작을 했다는 것입니다. 그러므로 저의 개인적인 견해로는 영안이 열리는 것은 성령의 세례를 체험한 후부터 열린다는 것입니다. 또, 제가 성령치유 사역을 하면서 여러 유형의 사람들을 상담해본 결과도 성령의 세례를 체험한 이후부터 여러 영적인 현상을 체험했다는 것입니다. 고로 성령을 체험한 후부터 성령이 영안을 열어가더라는 것입니다. 내가 성령으로 세례를 받고 영안이 열어져 간 체험과 여러 유형의 사람들을 상담한 결과를 종합하면 영안은 이렇게 열렸습니다.

첫째, 1단계 영적무지에서 처음 열리는 영안. 사람은 영적인 존재이면서 육적인 존재입니다. 평상시에는 영이 육에 눌려서 기능을 제대로 발휘하지 못합니다. 한마디로 갑갑한 인생입니다. 갑갑하니 문제가 생기면 자기보다 신령한 무당이나 절에 있는 스님을 찾아가서 답답함을 해결하려고 합니다. 그러나 답답한 문제가 해결이 되지 않습니다. 자신에게 와 있는 문제를 해결하려고 이 방법 저 방법 다 해보니 되는 것이 없습니다. 그러다가 복음을 전도 받고 교회에 나와 예수 믿고 성령으로 세례를 받으면서 처음으로 느끼는 영적인 체험을 하는 것입니다. 이것을 다른 말로 표현한다면 성령의 은혜를 받았다고 표현할 수 있는 것입니다. 인간이 본능적으로 세상을 살아가다가 말씀을 통하여 성령이 운행하시어 빛이 비치고 영적인 눈이 열리며 깨닫기 시작하는 것입니다. 하나님이라는 분이 계시다는 것을 알게 되면서 처음으로 영의 눈이 열리는 것입니다. 무지라는 흑암의 상태에서 빛이 비치기 때문에 가장 강력하게 느껴집니다. 회개의 눈물을 흘리는 첫 사랑의 단계를 말합니다. 무엇인지 잘 모르고 지금까지 체험하지 못한 환희를 체험하는 것입니다. 이것을 육적인 영안이라고 할 수가 있습니다. “태초에 하나님이 천지를 창조하시니라 땅이 혼돈하고 공허하며 흑암이 깊음 위에 있고 하나님의 영은 수면 위에 운행하시니라(창1:1-2)”

많은 분들이 예수를 믿고 교회에 와서 처음 성령으로 세례를 받으면서 회개의 눈물을 흘립니다. 처음 하나님을 만나는 단계입니다. 저도 처음으로 하나님을 만나 회개의 눈물을 1박2일 동안 흘렸습니다. 정말 주체 못 할 정도로 회개의 눈물을 흘렸습니다. 순간 영이 깨어남으로 지금까지 체험하지 못한 신비한 것들이 보이게 됩니다. 이즈음에 내가 꿈속에서 보니 내 배가 자꾸 불러오는 것입니다. 아 내가 임신을 했구나~ 아기를 어디로 낳지하고 걱정을 하는데 갑자가 내 배가 갈라지면서 검은 치타가 죽어서 나오는 것입니다. 그것이 무엇이겠습니까? 혈기입니다. 성령을 체험하니 혈기가 죽어서 나오는 것입니다. 아직 그래도 세상에서의 행동하던 육성이 펄펄 살아있는 시기입니다. 아무것도 모르면서 아는 척을 잘 하는 시기이기도 합니다. 툭하면 자신이 방언기도하면서 귀신 방언인가 의심을 하기도 합니다. 다른 성도 방언기도를 듣고 귀신방언이라고 오해하기도 합니다. 그러나 땅의 사람이 하늘의 사람으로 바꾸어지는 첫 경험이므로 여러 영적인 신비한 체험들이 마음속에 강하게 자리하게 됩니다. 이때에 주의 해야 할 것은 나쁜 영의 전이가 된다는 것입니다. 영들의 전이에 대한 자세한 지식은 제가 집필하여 출간한 "하나님의 복을 전이 받는 법"책을 읽어보시면 상세하게 알 수 있을 것입니다. 이 책에는 하나님의 복을 전이 받는 법과 성령의 권능을 받는 법이 상세하게 수록되어 있습니다. 그리고 영들이 어떻게 전이 되는지와 일대일 사역자에게 자주 나타나는 영적손상과 대처 방법에 대하여 제시하고 있습니다.

둘째, 2단계 신비한 물체가 보이는 영안. 예수 믿고 교회에 들어와 성령으로 불세례를 체험하고 사람 속에 있던 신령적인 요소가 깨어납니다. 영적인 것에 관심을 가지기 시작합니다. 툭하면 자기에게 나타난 영적인 현상을 가지고 상담을 하려고 합니다. 신비한 음성을 들으려고 합니다. 기도 할 때 무엇인가 보이고, 또 보려고 하고, 영물들이 보인다고 자랑도 하기 시작합니다. 영혼이 혼탁하여 혼란스러운 꿈을 많이 꾸기도 하는 시기입니다. 꿈에 뱀이 나타나기도 하고 무당이 보이기도 합니다. 어느 분은 자신이 기도할 때 환상으로 보니 입에서 뱀이 나왔는데 이것이 무엇이냐고 물어보는 사람도 있습니다. 이는 자신의 심령상태를 보여준 것입니다. 자신이 아직도 마귀의 영향하에 있다는 것을 환상으로 보여준 것입니다. 저도 이 시기에 말로 표현하기 힘든 영적인 현상을 체험했습니다.

기도할 때 얼굴이 일그러진 사람이 나타나 하! 하! 하! 하면서 달려들기도 했습니다. 중이 목탁을 탁탁 치면서 기도를 방해하기도 했습니다. 여자가 머리를 풀어 젖히고 흐느끼면서 울기도 했습니다. 많은 분들이 이 시기에 이런 경험을 합니다. 툭하면 본 것을 간증도 잘하는 시기입니다. 기도하면서 무엇인가 신비한 것을 보려고 하는 시기입니다. 책도 그런 유형의 책을 사서 읽습니다. 자신의 나름대로 판단하여 기도할 때 영물들이 보이고, 환상도 보이니 자신이 제일 믿음이 좋은 사람이라고 스스로 판단하여 교만하게 행동하는 시기입니다. 이는 옛 사람이 죽지 않고 그대로 있기 때문에 자연스럽게 나타나는 현상입니다. 교회에 나와 나름대로는 불같은 성령도 체험했고 열심히 믿음생활한다고 해도 아직 육신에 속하여 환경을 의식하며 살아가는 시기입니다. 예수를 믿어도 자신의 자아와 혈기가 남아서 자기 힘으로 어떻게 해보려고 열심히 노력하는 시기입니다.

예수를 이용하여 육적인 만족을 얻으려고 합니다. 그러다가 자신의 뜻대로 되지 않는 인생을 깨닫고 자신의 능력으로 세상을 이기기는 역부족하다는 것을 알게 됩니다. 그래서 능력이 있다는 사람을 추종하고 찾는 단계입니다. 능력이 있다는 사람을 분별도 하지 않고 의지합니다. 성도는 빨리 이 단계를 빠져나와야 합니다. 일부 성도들은 이 단계에 머물러서 예수를 믿으면서도 오만가지 문제로 고생을 합니다.

셋째, 3단계 신비한 은혜를 사모하는 영안. 영적인 신비한 것들을 사모하고 추구하는 단계입니다. 능력이 있어야 영적인 생활을 잘 할 수 있다는 것을 알게 됩니다. 그래서 능력도 받으러 다니기도 하고 성령의 불의 역사가 있다는 이곳저곳을 찾아 방황하는 시기입니다. 능력이 있다는 사람에게 속기도 합니다. 무엇인가 신비한 것을 보려고 하고, 신비스러운 것을 체험하려고 하는 시기입니다. 때로는 답답하여 예언도 받으러 다니는 그런 시기입니다. 이것저것 영적인 것에 궁금증을 가지고 알려고 하는 시기입니다.

그러다가 성령의 불세례를 체험하고 은사를 사모하게 되는 시기입니다. 은사가 있는 성도를 부러워합니다. 이 시기가 되면 기도할 때 영물들이 보이는 빈도도 현저하게 적어집니다. 꿈도 적게 꿉니다. 제가 지금까지 성령치유 사역을 하면서 상담하다가 보면 많은 분들이 이 시기를 거칩니다. 저도 성령의 불의 역사와 신비한 현상이 일어나는 여러 곳을 방황하며 다녔습니다. 예언도 받으러 다녔습니다. 어떻게 하면 좋을지 상담도 받으러 다녔습니다. 그래서 상처도 받고 깨닫기도 하지만, 도무지 답답한 마음의 평안을 찾지 못하는 시기가 있었습니다. 보편적으로 성령세례를 받고, 성령의 불세례가 자신에게서 나타날 때 통과하는 시기입니다.

이렇게 땅에 속하여 인간을 의지하고 인간의 정으로 세상을 살아가다가 인간은 자신의 문제를 해결할 수 없다는 것을 깨달아 알게 됩니다. 자신이 하나님에게 기도하여 문제를 해결하려는 의지가 발동하는 시기입니다. 자신에게 처한 문제를 해결하려다가 성경이 하나님의 말씀이라는 것을 알게 되니 성경에 관한 지식을 갖게 됩니다. 심령에 말씀을 심기고, 심령을 말씀과 성령으로 가꾸기 시작하는 삶을 통하여 신앙생활과 영성이 자라기 시작합니다. 서서히 신앙의 안정을 찾아가는 시기입니다.

사람을 사귀어도 말씀 안에서 사귀게 됩니다. 하나님의 능력이 아니면 세상을 이길 수가 없다는 것을 깨닫고 영적인 능력을 추구하는 단계입니다. 서서히 영적인 눈이 열려 무슨 신령한 것을 보려고 하는 그러한 시기를 넘어서게 됩니다. 그래서 말씀의 중요성을 깨닫고 말씀을 사모하게 됩니다. 성령으로 충만 하려고 노력합니다. 그리고 영으로 기도하려고 힘쓰는 시기입니다. 목회자는 심신의 재능으로 목회를 하려다가 잘 안되니 영적인 목회를 추구하는 영적성장의 단계입니다.

넷째, 4단계 자신의 진면모가 보이는 영안. 주야를 관장하는 말씀이 역사하기 시작하면 분별력이 생겨서 영적 갈급함이 생기게 됩니다. 신령한 능력이 나타나기 시작합니다. 영적인 세계가 밝히 보이기 시작합니다. 영안으로 자신을 바라보니 자신의 부족한 면들이 보이기 시작합니다. 그래서 자신의 심령치유와 영성에 관심과 노력을 기우리게 됩니다. 자신이 혈기를 내면 마귀가 역사한다는 것을 아는 시기이기도 합니다. 자신에게서 마귀의 역사도 일어날 수 있고, 성령의 역사도 나타날 수 있다는 것을 알고 깨닫게 됩니다. 그래서 경각심을 갖는 시기이기도 합니다. 성경말씀의 비밀을 조금씩 깨닫게 됩니다.

그리고 세상의 모든 문제의 뒤에는 마귀가 도사리고 있다는 것을 아는 시기입니다. 그래서 자신의 문제의 원인을 말씀과 성령으로 찾아서 해결하려고 노력하는 시기이기도 합니다. 그래서 서서히 하나님의 복을 받는 것이 눈으로 보이기 시작하는 시기입니다. 세상을 살아가면서 하나님이 인도하고 계신다는 것을 깨닫는 시기입니다. 삶에서 예수님이 주신 권세를 주장하며 적용하려고 하는 시기입니다. 그리고 다른 사람을 볼 때 겉모습만을 보고 판단하는 것이 아니라, 사람 속에 있는 하나님의 역사와 형상을 볼 줄 아는 시기입니다. 그래서 하나님이 함께하는 사람을 골라낼 수 있는 시기이기도 합니다.

저 역시 나의 내면의 더러움을 보고 심령치유에 관심을 갖다가 성령님의 인도로 치유사역을 했습니다. 치유 사역을 하다가 보니까, 인간의 모든 문제 배후에는 어둠의 세계가 있다는 것을 체험적으로 알게 되었습니다. 이 어둠의 세계를 깨뜨리기 위해서 능력을 더 사모하게 하셨습니다. 내 육성이 깨지지 않고는 결코 영적싸움에 승리할 수 없다는 것을 알고 스스로 자원하여 치유를 받게 하십니다. 그리고 영안을 점차로 깊게 열어 가십니다.

영적으로 겸손해 지려고 노력합니다. 영적인 교만은 패망이라는 것을 깨닫고 스스로 겸손하려고 노력합니다. 그래서 성경말씀 속에서 영적세계를 분별하며 보고 알게 하십니다. 말씀 속의 비밀도 보여주십니다. 말씀 속에서 각종 영적인 원리들을 발견하게 하십니다. 하나님에 대하여 알아야 할 것이 너무나 많다는 것을 체험합니다. 영안을 열어 말씀 속에서 영적인 세계를 보고 말씀 속에 숨은 비밀도 많이 깨달으시기를 바랍니다. 그리고 말씀 속에서 인생을 성공적으로 살아가는 영적인 원리들을 보고 알고 깨닫고 삶에 적용하여 하나님의 군사가 되시기를 바랍니다.

다섯째, 5단계 말씀과 체험의 중요성을 아는 영안. 이 시기가 되면 심령에 심어진 이론적인 말씀이 실제 경험과 체험을 통하여 생명력을 갖게 됩니다. 생명력 있는 말씀을 심령에 새기니 영안이 열리는 것입니다. 순종을 통하여 예수님과 하나 되는 능력을 갖게 됩니다. 자신의 일부가 된 말씀을 통하여 세상과 신앙을 보는 영적인 세계에 대한 눈이 열립니다.

말씀과 성령으로 분별력이 생겨서 영과 육을 분별합니다. 내 자신의 아직 죽지 않은 육성을 지각하게 됩니다. 이 육성을 깨트리기 위해 기도할 마음이 생기기 시작합니다. 자신을 볼 수 있는 눈이 열리기 시작하는 시기입니다. 그래서 모든 문제의 원인이 자신의 마음 안에 있다는 것을 깨닫기 시작하는 단계입니다. 그래서 내적치유를 받으려고 하고 영성훈련을 사모하는 시기이기도 합니다.

그러다가 성령의 권능을 받기도 하고 영적으로 변하는 시기가 바로 이 단계입니다. 이때가 되면 성도는 서서히 영적인 안정을 찾는 단계입니다. 영적 지도자의 말에 순종하려고 나름대로 노력하는 시기입니다. 무슨 신령한 것을 추구하기보다는 말씀과 성령 충만을 사모합니다. 말씀과 성령으로 자신이 변하려고 노력하는 시기입니다. 모든 것이 말씀 안에서 이루어진다는 것을 깨닫는 시기입니다. 하나님의 말씀은 자신을 보호하는 울타리가 된다는 것도 알게 되는 시기입니다. 그래서 성령의 임재하에 말씀을 봅니다. 그러다가 말씀 속에서 각종 영적인 원리들을 조금씩 터득하게 되어 영적으로 깊어져 가는 시기입니다.

저도 변화되지 않은 육적인 자아를 말씀과 기도를 통하여 바라보고 회개하며 고쳐갑니다. 그리고 나에게 말씀의 지식이 부족하다는 것을 깨닫게 되었습니다. 그래서 열심히 말씀을 사모하고 말씀을 읽고 묵상하며 세미나 교재들을 만들기 시작했습니다. 영적인 일은 성령의 이끌림을 받는 기도가 아니면 안 된다는 것을 깨달았습니다. 깊은 영의 기도를 통하여 인격의 변화를 체험하게 하셨습니다.

그래서 몇 년 전 저는 귀신에게 고통을 당하기도 했습니다. 그래서 그 악한 영을 몰아내려고 이 방법 저 방법 다 하다가 영적인 것을 깨달아 알게 되었습니다. 말씀과 성령의 역사가 아니면 도저히 해결할 수가 없다는 것을 깨달았습니다. 그래서 심령을 치유하고 깊은 기도를 하여 내면을 치유 받았습니다. 그러니 성격도 조금 변하고 육성이 약해지니 영안이 조금 더 열려졌습니다. 이제 말씀을 보면 말씀 속에서 영적인 비밀과 원리들이 조금씩 깨달아지고 보이기 시작했습니다. 그리고 성령의 능력이 미약하게 나타나기 시작했습니다. 그리고 인격이 서서히 변하여 혈기가 죽고 심령관리를 하려고 노력하게 되었습니다.

예수를 믿었으면 인격이 변해야 합니다. 사람은 영을 담는 그릇이라고 표현 할 수 있습니다. 성령도 담을 수가 있고 악령도 담을 수가 있습니다. 그래서 그 사람의 심령에 성령이 충만하면 예수의 인격이 나오게 되어 있습니다. 사람은 마음에 가득한 것을 입으로 말하는 것입니다(마12:34-35). 그러므로 예수 믿고 영안이 열렸으면 자신의 속에서 무엇이 나오는가 볼 수 있는 것이 중요합니다. 그래서 선한 것을 내려고 노력하는 시기이기도 합니다. 그리고 세상과 사람 속에서 하나님의 역사와 형상을 보는 눈이 서서히 열리는 시기입니다.

여섯째, 6단계 영적자립으로 정착된 영안. 인간의 힘과 재능으로 살아가려다가 고난과 사탄의 시험 등을 통과하고 난 후에 영적세계가 열리게 되니, 우리의 신앙생활과 세상만사가 사탄과 어두움과의 영적 투쟁임을 지각하게 됩니다. 이러한 투쟁을 통하여 얻게 된 생명이 기도와 말씀에 전념하려는 마음을 가지게 되는 단계입니다. 그래서 우리 인간은 영적세계에 덮여서 살아가고 있다는 것을 깨닫게 됩니다. 성도라도 아차 실수하고 잘못하면 악한 영에게 당할 수도 있다는 것을 알게 됩니다. 그러니 자신이 알아서 성령으로 깨어서 기도하는 시기이기도 합니다. 영적 세계에는 성령과 악령과 천사와 성령으로 거듭난 사람의 영이 거하는 곳입니다.

사람은 영적인 존재이기 때문에 중립은 있을 수가 없습니다. 아무리 무신론을 주장하는 사람이라도 마귀의 지배에서 벗어날수가 없는 것입니다. 그렇기 때문에 예수를 믿는 우리는 항상 말씀과 성령으로 충만해야 하는 것입니다. 그래야 귀중한 자신의 영을 지킬 수가 있는 것입니다. 이때에는 영적인 전쟁을 하므로 문제도 풀리고 물질도 풀리기 시작합니다. 그러니 하나님이 자신의 인생을 인도하면서 복을 주시고 계시다는 것을 체험적으로 아는 시기입니다. 그래서 모든 것을 자신이 하지 않았고 하나님이 하셨다는 것을 인정하고 하나님에게 영광을 돌리는 시기입니다.

저 역시 성도는 생활의 전부가 영적인 전쟁임을 깨달아 알게 되었습니다. 영적 전쟁에서 이기기 위하여 열심히 기도합니다. 성령님의 역사로 말씀을 사모하여 묵상하고 있습니다. 성경에서 영적인 원리들을 발견하고 적용하고 있습니다. 또한 성령의 깊은 임재 없이 성경을 머리로 공부하는 것은 머리와 육적 자아만 키우는 결과를 초래한다는 것을 깨닫게 하셨습니다. 육적 자아는 절대로 영적인 전쟁에서 승리할 수 없다는 것을 알게 하셨습니다. 이제 성령의 임재 하에 성경을 공부하고 묵상하며 읽고 있습니다. 마음의 심비에 말씀을 새기려고 노력하고 있습니다.

영적 전쟁은 말씀과 성령의 역사가 없이는 불가능합니다. 말씀 안에서 역사하는 성령의 충만이 전신갑주가 되는 것입니다. 차츰 영안을 더 열어주시고 말씀 속에서 하나님의 역사와 영적인 비밀들을 확인하게 하십니다. 성령께서는 말씀을 나의 마음판에 새기고 악한 영과 싸우도록 전신에 갑주를 입혀 주시고 계십니다. 그래서 저희 교회 목회는 성령님이 친히 하시고 계시다는 것을 체험적으로 알고 있습니다. 그래서 저는 부목사로 성령님을 따라가려고 노력합니다. 모든 영광을 하나님에게 돌립니다. 예수를 믿고 성령을 체험하고 말씀과 성령으로 거듭난 성도는 하나님의 군사들입니다. 하나님의 군사들은 세상을 살아가면서 성령께서 주시는 레마를 받아 적용하고 선포해야 합니다.

그리고 행동하므로 영적인 전쟁에서 승리하는 성도가 하나님의 군사로서의 사명을 감당하는 것입니다. 영적인 전쟁에서 승리하는 성도가 영안이 열린 성도라는 것을 명심하시기를 바랍니다. 영적인 전쟁에 승리하는 환경에 여러 가지 보증의 역사가 나타납니다. 문제가 없어집니다. 물질이 풀리기 시작합니다. 영적인 만족감을 갖게 됩니다. 다윗이 유대 나라 왕이 되어 영적인 전쟁을 하여 잃은 것을 되찾아 오니 그 나라가 부강했다고 했습니다. “그가 나이 많아 늙도록 부하고 존귀를 누리다가 죽으매 그의 아들 솔로몬이 대신하여 왕이 되니라(대상29:28)”

다윗이 나이가 많아 늙도록 부하고 존귀하다가 죽었다고 합니다. 사람은 가는 날이 좋아야 합니다. 우리도 천국 가는 날이 다윗과 같이 좋은 날이 되기를 바랍니다. 다윗은 하나님이 택하여 하나님이 훈련하고 기름을 부어 세운 하나님의 종입니다. 하나님이 기뻐하시는 자입니다. 다윗은 하나님의 음성을 듣고 순종하여 온 이스라엘 나라를 통일 시킨 왕입니다. 우리도 다윗이 환상을 열어 하나님의 권능으로 쳐들어가서 빼앗아 온 것같이 마귀와 영적인 전쟁을 해야 합니다. 그리하여 우리가 지금까지 마귀에게 빼앗겼던 여러 가지를 되찾아 와야 합니다. 그러면 물질적인 문제는 서서히 풀어지기 시작할 것입니다.

저 역시도 교회를 개척하여 벌침이나 놓고 입으로 목회를 할 때는 물질 문제로 지지리도 고통을 많이 겪었습니다. 성령의 음성을 듣고 내적치유 받고, 성령의 불을 체험하고, 성령으로 치유 목회를 하니 물질이 서서히 풀렸습니다. 그래서 저의 임상적인 견해로는 교회나 성도들의 사업이나 말씀과 성령으로 충만하여 마귀와 영적인 전쟁을 해야 물질이 풀린다는 것입니다. 다윗 왕이 하나님에게 순종하니 다윗시대에 나라가 풍성하게 지낸 것입니다. 이렇게 영안이 열리고 하나님의 마음에 합한 자는 하나님의 복이 따르는 것입니다. 하나님과 영의 통로가 열려 하나님이 함께하여 주시니 형통의 복이 따르는 것입니다.

일곱째, 7단계 온전하게 열리는 영안. 말씀과 성령의 역사 마귀와의 영적투쟁을 통하여 성화되고 영안이 열리니 예수의 마음을 품는 심령상태입니다. 예수님이 십자가에 달려 죽으시면서도 죄인들의 죄를 용서하여 달라고 말씀하신 것과 같은 영안입니다. "이에 예수께서 이르시되 아버지 저들을 사하여 주옵소서 자기들이 하는 것을 알지 못함이니이다 하시더라(눅 23:34)" 예수님은 지금 십자가에서 영안으로 하나님과 교통하고 계십니다. 이것이 최고 경지의 영안입니다. 이는 스데반이 성령이 충만하여 하늘을 우러러 보니 하나님의 영광과 예수님이 그 우편에 서신 것을 보는 최고의 영안입니다. 스데반이 돌에 맞아 죽어가는 고통을 받는 중에도 하나님과 교통하며, 그들의 죄를 용서해 달라고 비는 것과 같은 최고의 경지의 영안입니다. 스데반은 죽지 않고 잔다고 했습니다. 이 경지에 이르면 죽음의 고통을 느끼지 못합니다.

"스데반이 성령 충만하여 하늘을 우러러 주목하여 하나님의 영광과 및 예수께서 하나님 우편에 서신 것을 보고 말하되 보라 하늘이 열리고 인자가 하나님 우편에 서신 것을 보노라 한대 그들이 큰 소리를 지르며 귀를 막고 일제히 그에게 달려들어 성 밖으로 내치고 돌로 칠새 증인들이 옷을 벗어 사울이라 하는 청년의 발 앞에 두니라 그들이 돌로 스데반을 치니 스데반이 부르짖어 이르되 주 예수여 내 영혼을 받으시옵소서 하고 무릎을 꿇고 크게 불러 이르되 주여 이 죄를 그들에게 돌리지 마옵소서 이 말을 하고 자니라(행7:55-60)"

나의 일은 쉬고, 내 뜻도 버리고, 하나님의 나라에서 하나님의 뜻과 생각과 감정과 마음에서 보는 눈으로 자신의 인생을 바라보는 영안을 말합니다. 또한 자신을 초월한 상태에서 인생을 보고, 하나님의 손길을 보니, 성경을 보면 좀 더 분명하게 보일 것입니다. 내주 하시는 주님과 더불어 먹고살며, 생각을 나누고, 능력을 나누고, 사랑을 나누며, 말씀을 나누며, 하나님과 하나 되는 관계요, 우리 육신의 세포 하나하나가 말씀화 된 상태입니다. 예수님의 마음으로 완전하게 변한 상태입니다. 이로 말미암아 우리의 삶은 "모든 사람과 더불어 화평함과 거룩함을 따르라 이것이 없이는 아무도 주를 보지 못하리라"(히12:14). 라는 말씀으로 보이게 되는 영안을 의미합니다.

충만한 교회에서는 지방에 계시는 분들을 위하여 성령치유 집회 CD와 교재를 33종류를 비치하고 있습니다. 과목별 CD는 12시간을 녹음하여 12개입니다. 가격은 한 세트 당 3만원입니다. 교재는 과목당 만원입니다. 필요하시면 주문하여 영성을 깊게 하실 수가 있습니다. 교재를 보며 CD를 들으면 현장에서 집회를 참석한 것과 같은 효과가 있습니다.

CD를 들으면서 치유를 체험했다고 간증하는 분들이 많습니다. 전화는 02-3474-0675. 신청은 번호를 알려주시면 됩니다. 메일주소는 kangms113@hanmail.net 를 이용하여 신청이 가능합니다(필요CD/교재번호. 주소. 전화전호. 우편번호). 상세한 것은 홈페이지 www. ka0675.com 활용하세요.

12장 영안의 열림은 수시로 분별해야 한다.

(요일4:1)"사랑하는 자들아 영을 다 믿지 말고 오직 영들이 하나님께 속하였나 시험하라 많은 거짓 선지자가 세상에 나왔음이니라."

하나님은 열린 영안을 말씀과 성령으로 분별하기를 원하십니다. 열린 영안의 바른 분별을 위해서 기도해야 합니다. 주변에 영안이 열렸다는 성도도 분별할 줄 알아야 합니다. 그리스도인들이 영안을 분별하고 사용할 때에 한 가지 잊어서는 안 될 것이 있습니다. 성경은 마지막 시대에 사단이 진리에 굳게 닻을 내리지 못한 사람들을 혼동시키기 위해서 성령의 역사를 위조할 것이라고 경고하고 있습니다. 마지막 시대에 나타나는 사단의 활동은 "모든 능력과 표적과 거짓 기적"으로 역사할 것이라고 성경은 말하고 있습니다(살후2:9). 사단의 활동이 매우 기만적인 이유는 "자기를 그리스도의 사도로 자칭하고" 있으며, "사단도 자기를 광명의 천사로 가장"하기 때문입니다(고후11:13-14). 그 기만이 너무나 놀라운 것이기 때문에 성경은 "택하신 자들"까지도 미혹당할 것이라고 경고하고 있습니다(마24:24). 우리는 영안이 열렸다고 좋아만 할 것이 아닙니다. 열린 영안을 말씀과 성령으로 분별해야합니다. 얼마든지 마귀가 미혹할 수 있는 분야이기 때문입니다. 열린 영안을 영분별 은사로 분별하기를 게으르지 말아야 합니다.

첫째, 영안이 열린 자의 영을 분별하라. 하나님은 성도가 바르게 영안이 열리기를 바랍니다. 영안은 마귀도 열어 줄 수가 있으므로 우리는 분별을 해야 합니다. 하나님은 자녀들이 영들을 분별하여 마귀에게 미혹당하지 않기를 원하십니다. 영안은 하나님으로부터 오는 것이지만, 마귀도 영적인 존재이므로 우리에게 마귀적인 생각을 줄 수가 있습니다. 마귀가 초인적인 눈을 열어줄 수 있습니다. 마귀의 미혹케 하는 영안은 비도덕적, 세상적, 비현실적입니다. 남의 허물을 드러내는 눈입니다. 영적인 절차와 과정을 무시하는 것은 미혹케 하는 마귀의 눈이 되기 쉽습니다. 하나님은 이렇게 말씀을 하십니다. "범사에 헤아려 좋은 것을 취하고"(살전 5:21). 분별하라고 합니다.

영적인 것은 잘 분별해야 합니다. 이를 위해서 성령님께 간구하며, 영을 분별하는 훈련을 받아야 합니다. 영적인 것은 반드시 삶과 연관이 있습니다. 영적인 것만 볼 것이 아니라, 삶을 보아야 합니다. 영안이 열린 사람들의 삶에 어두운 면이 있는가를 보세요. 죄 성이 없는가, 겸손하려고 하는가, 하나님께 영광을 돌리려고 하는가, 사람을 묶으려고 하는가 아니면 자유하게 하려고 하는가, 자기를 독보적인 존재로 세우려고 하는가 아니면 자꾸 공유하려고 하는 가 등등, 삶에서의 열매를 보아야 합니다. 도덕과 윤리를 보아야 합니다. 마귀도 기적을 흉내 낼 수 있고 영안을 열어 흉내를 낼 수 있으나, 삶의 열매는 흉내 낼 수 없습니다.

그러므로 늘 현상보다는 삶의 열매를 보려고 해야 합니다. 영안이 열려 신령한 것들을 보아도, 말씀을 많이 알아도, 심령을 감찰하는 능력이 뛰어나도, 성령의 역사가 나타나도, 삶이 깨끗하지 않으면 경계의 대상입니다. 물질이나 정욕에 빠지거나, 사람을 대할 때 차별하거나, 무시하거나, 권위를 내세우거나 교만하게 행동하거나, 하나님보다 자신을 내세우면 경계의 대상이 되어야 합니다. 무엇인가 잘못되어 가고 있는 것입니다. 중간에 마귀가 끼어들고 있는 것입니다. 열린 영안을 사용하는 것에 앞서서 자신을 먼저 다스려야할 필요가 있는 사람입니다. 현시대는 너무나도 거짓된 것이 난무합니다. 삶의 열매를 보려고 하세요. 기도하면서 성령님에게 영분별의 은사를 간구하세요. 진정한 열매를 맺는가를 보려고 노력해야 합니다.

주님을 사랑하고, 주님을 향하고 있는가를 보세요. 바른 마음, 바른 자세를 먼저 가져야합니다. 성령은 더러움과 같이 하지 않으십니다. 더러운 사람과는 동역을 하지 않으십니다. 성령님 없는 주님의 일을 하지 않도록 해야 합니다. '나는 어떤 감정을 가지고 주님의 일을 하고 있는가, 어떤 욕심을 가지고 주님의 일을 하고 있는가' 늘 자신을 점검하세요. 영안이 열리는 것이 중요한 것이 아니라, 깨끗한 영안과 맑음이 더 중요합니다. 맑지 못한 영안은 오히려 자신에게 해악을 끼치게 됩니다.

성령의 은사 중에서도 계시의 은사 즉, 지혜의 말씀의 은사, 지식의 말씀의 은사, 영분별의 은사가 너무나 중요한 은사입니다. 모든 다른 은사의 기초가 계시의 은사입니다. 모든 것을 분별해야 하기 때문입니다. 기초가 잘 되어있어야 지속적인 성장이 가능합니다. 기본을 닦아야 합니다. 기본을 강하게 해야 합니다. 이 기초 은사를 통하여 삶에서의 성품의 변화, 성결이 열매로 나타나게 됩니다.

둘째, 열린 영안의 출처를 분별하라. 영안이 열리는 것은 여러 가지가 통로로 열립니다. 기도를 많이 해도 열릴 수가 있습니다. 인간의 수련을 통하여 열릴 수도 있습니다. 가족 중에 무당과 같은 좋지 못한 영의 내력이 흐르는 사람들이 순간 성령을 체험하고 영물을 보는 영안이 열리기도 합니다. 말씀을 묵상하고 기도하여 체험적으로 영안이 열리기도 합니다. 그러므로 영안의 출처를 분별할 필요가 있습니다. 사람의 수련으로 열린 것이냐, 아니면 귀신의 영향으로 열린 것이냐, 성령으로 열린 것이냐를 분별해야 된다는 것입니다. 반드시 분별을 해야 합니다. 영과 혼을 분별하는 것은 숨어있던 자아가 빛 가운데 드러나서 우리의 눈이 열린 후, 즉 내 자신이 영혼의 병든 부분을 고침 받은 후, 회개하는 청결한 심령이라야 영을 분별하게 되고 영적인 세계를 이해하게 됩니다. 자아의 추한 모습을 많이 보면 볼수록 영적인 안목은 더 분명해 지고, 자아의 추한 모습이 벗겨지면 벗겨질수록 더욱 분명해 집니다.

"하나님의 말씀은 살았고 운동력이 있어 죄우에 날선 어떤 검보다도 예리하여 혼과 영과 및 관절과 골수를 찔러 쪼개기까지 하며 또 마음의 생각과 뜻을 감찰하나니(히4:12)" 하나님의 말씀으로 심령이 쪼개지는 눈물의 회개는 자신의 심령을 감찰하게 합니다. 성령의 역사에 의한 눈물의 회개는 관절과 골수를 가르고 내 혼과 영을 갈라 쪼개는 말씀의 의미를 실감 하는 것입니다. 내 영혼이 말씀으로 채워져 있을 때 영의 자유 함이 있습니다. 반대로 내 혼의 기능이 육으로 채워져 있을 때 영은 답답함을 느끼고 눌림을 느끼게 됩니다. 영이 죽어 있거나 마비된 자는 이러한 감각을 느끼지 못하고 평소에 이 영이 혼에 매여 있을 때는 무감각하게 되어 있습니다. 내 속에 병든 부분이 고침을 받은 경험이 있게 되면 답답할 때 말씀과 성령으로 치유를 받으려고 하는 것입니다. 치유를 받아 무엇에 눌려서 답답하던 경험에서 벗어 날 때 내 영은 자유 함이 있게 되고, 그 영의 정체를 느끼고 실감하게 됩니다. 내가 악한 영에게 눌려서 고통을 당했구나 하고 체험적으로 안다는 것입니다. 이렇게 체험하면서 영적인 세계를 보는 영안이 열려지는 것입니다. 반드시 영안은 말씀을 삶에 적용하면서 체험함으로 열리는 것입니다. 고로 영안은 성령께서 열어주시는 것입니다.

체험적인 영안에 열려서 우리들의 모든 생각이 하나님의 입장에서 보는 영적인 사고방식으로 바뀌어야 합니다. 또한, 영의 생각으로 채워져야 합니다. 육신적인 사고방식이나 인간적인 차원에서 벗어나지 못하거나 육신의 일이나 생각으로 가득 차게 되면 내 영은 또다시 죽어집니다. 나도 모르는 사이에 영안이 흐려지고 심령이 메말라가게 됩니다. 항상 영의 일과 영의 생각으로 충만하기 위하여 힘쓰고 노력해야 합니다. 체험적인 영안이 열리면 자동으로 기도하게 되는 것입니다. 영안이 열리면 우리의 영성을 가꾸고 지키기 위하여 잠시도 기도를 게을리 할 수가 없는 것입니다.

말씀의 묵상과 영혼의 구원을 위하여 일하는 마음이 계속 지속되도록 성령께서 역사하시는 것입니다. 성령께서 항상 영의 생각을 하게 하신다는 것입니다(롬8:6).

그 영이 강퍅하고 교만한 것은 겉 사람이 강퍅하기 때문입니다. 영은 무색이나 겉 사람의 때가 묻어 영은 혼탁하거나 눌림을 받게 됩니다. 그러므로 영을 정화하기 위해서는 기도하여 영과 혼을 분리하고 성령으로 혼을 정화해야 합니다. 혼의 정화는 말씀과 깊은 기도를 통하여 정화가 됩니다. 영이 깨끗하지 못하면 불순물이 섞여 나오게 됩니다. 혼으로부터 나오는 것과 영으로부터 나오는 것이 얼마 만큼이냐? 는 것은 그 사람이 겉 사람의 파쇄 정도에 따라 나오기 때문에 영은 겉 사람의 파쇄의 정도에 따라 흘러나옵니다. 깨어지면 깨어질수록 민감해 집니다. 민감성이 결여 된 것은 하나님의 말씀을 실제적인 경험이 없어 영성이 훈련이 덜 된 것입니다. 영이 혼탁한 것은 바로 영분별의 둔한 것을 의미하고, 영분별 능력은 바로 이러한 영의 민감성을 의미하는 것입니다. 성령의 기름부음과 능력도 성령의 나타남도 이와 같은 맥락에서 차이가 있게 되는 것입니다. 그래서 기독교는 체험의 종교입니다. 하나님의 말만 하시는 하나님이 아닙니다. 말씀하시고 눈으로 보고 몸으로 체험하게 역사하시는 것입니다. 우리는 체험적인 영안이 열려야 합니다. 그래야 선과 악을 분별할 수가 있습니다. "단단한 식물은 장성한 자의 것이니 저희는 지각을 사용하므로 연단을 받아 선악을 분변하는 자들이니라(히5:14)" 영안을 열어 영안이 열린 자들의 영을 분별하시어 자신의 귀중한 영을 지키기를 바랍니다.

셋째, 영안이 열린 자들의 영을 분별하는 표준. 성경에 성도들과 관련된 거룩한 영은 성령이시며, 성도들을 돕는 천사들도 영이나 그 역사는 제한되어 있으므로 성도들 속에 들어가지 못합니다. 그러므로 사람 속에서 역사하는 것은 성령이 아니시면 악령입니다(히1:14, 요1서4:2). 사람 속에 어느 영이 있느냐에 따라 언행심사가 다르게 됩니다. 영분별은 그들의 행위의 열매로 알 수 있습니다. 언제인가 노략질을 물질적이든지 영적이든지 교회를 분리시키고, 엉겅퀴나 가시나 못된 열매를 맺게 될 때 그것은 육성에 역사하는 마귀가 열어준 거짓 영안입니다(마7:20,15-23).

영분별은 은사를 받았다는 성도들이 은혜로 하나님이 주신 것들을 깨닫기 위하여 성경을 열심히 배우고 묵상해야 합니다. 그러나 영안이 열렸다고 하는 사람이 성경말씀을 배울 필요가 없다고 하거나 다 안다고 교만하면 악령의 역사하는 사람일 수 있고, 세상의 영에 미혹된 사람일 수가 있습니다. 또 처음에는 그렇지 않았는데 사람이 점점 나쁘게 달라져 가면, 그것은 영이 다른 사람이므로 경계해야 합니다. "우리가 세상의 영을 받지 아니하고 오직 하나님께로 온 영을 받았으니 이는 우리로 하여금 하나님께서 우리에게 은혜로 주신 것들을 알게 하려 하심이라(고전2:12)"

영안이 열렸다는 사람이 이미 전파된 정상적인 복음이 아닌 다른 것을 전하거나, 또한 거룩한 영, 성령이 아닌 다른 영을 받게 하는 경우는 다른 영, 곧 악령입니다. 즉 성경대로가 아닌, 전설의 고향 같은 사후 인간의 불신자들이 귀신이라고 하는 것을 전하면 그 영은 다른 영인 것입니다. "만일 누가 가서 우리의 전파하지 아니한 다른 예수를 전파하거나 혹 너희의 받지 아니한 다른 영을 받게 하거나 혹 너희의 받지 아니한 다른 복음을 받게 할 때에는 너희가 잘 용납하는 구나(고후11:4)" 영안이 열렸다는 사람의 인격이 퇴보되거나 더러운 것, 즉 도덕적, 영적으로 깨끗지 못한 언행 심사가 나타나면 다른 영으로서 귀신의 영입니다. 성령은 거룩한 영이 십니다.

넷째, 영안에 열린 자들의 영적상태 분별. 우리는 이 분별력을 얻기 위하여 영 분별력의 은사를 받으면 매우 좋겠지만 우리가 가지고 있는 지식을 가지고도 얼마든지 하나님의 영과 악령의 영을 분별할 수 있습니다. 우리가 보편적으로 알 수 있는 영적분별 능력에 관하여 말씀드리고자 합니다.

1) 우리는 열매를 보고 참된 영과 거짓 영을 분별할 수 있습니다. "거짓 선지자를 삼가라 양의 옷을 입고 너희에게 나아오나 속에는 노략질하는 이리라 그의 열매로 그들을 알지니 가시나무에서 포도를 또는 엉겅퀴에서 무화과를 따겠느냐(마7:15-16)" 영안이 열려서 놀라운 능력을 행하고 기적이 일어났다고 하더라도 그 마음의 열매가 하나님의 말씀과 성령에 어긋나면 그것은 하나님께로 온 성령의 역사가 아닙니다. 마귀의 열매로 온 역사는 무엇이 있을까요? 마귀는 사악하므로 마귀의 영에 억압을 받으면 그 사람의 마음속에는 사랑과 희락과 평강이 사라집니다. 악령은 우리의 사소한 생활 속에 "이 차를 사라, 저 물건을 사라, 무엇을 먹지마라, 지금 어디로 가라"등 사소한 문제에 관여를 합니다. 또 성령의 옷을 입고 와서 교훈하려고 합니다. 악령은 모든 일에 관여하며 지절거리고 속살거리는 간사한 영입니다. 악령은 더럽고 교만한 마음을 일으킵니다. 악령은 사람들의 몸과 마음에 번뇌와 고통을 가지고 옵니다. 이것은 마귀의 눌림에 있는 사람입니다. "우리는 하나님께 속하였으니 하나님을 아는 자는 우리의 말을 듣고 하나님께 속하지 아니한 자는 우리의 말을 듣지 아니하나니 진리의 영과 미혹의 영을 이로

써 아느니라(요일서4:6)" 이처럼 우리는 마음의 상태를 통하여 악령의 역사를 분별할 수 있습니다. 마귀가 아무리 양의 모습을 가지고 왔을 지라도 마음의 열매를 통하여 영을 분별할 수 있는 것입니다.

2) 우리는 예수그리스도의 신관을 통하여 악한 영을 분별할 수 있습니다. 이단의 교리는 악한 영의 조종을 받는 것이 특징입니다. 예수님의 구속에 관한 가르침이 다릅니다. 어떤 사람이든지 성령의 특별한 은혜를 받았다하여 영안이 열려 신비한 세계를 보고, 예언도 하고 권능도 행한다 할지라도 예수그리스도의 바른 진리를 가르치지 않는 다면 그는 마귀에 속한 거짓된 사도인 것입니다. 예수님은 동정녀에 태어나시고 온 인류의 죄를 짊어 지셨으며 십자가에 못박혀 죽으시고 죽은 지 사흘 만에 부활하신 것을 믿어야 하며, 믿는 자에게 그대로 이루 실 것을 믿어야 하는 것입니다. "누구든지 예수를 하나님의 아들이라 시인하면 하나님이 저희 안에 거하시고 하나님도 그 안에 거하시느니라(요1서4:15)"

지금 예수님은 승천하시어 하나님의 보좌 우편에 앉아 계시며 장차 산자와 죽은 자를 심판하러 오실 것입니다. 이 외에 다른 진리를 전하는 자는 사단의 영이요 이단의 영인 것입니다. 요한일서4장 1절에 "영을 다 믿지말고 오직 영들이 하나님께 속하였나 시험해 보라"고 하셨습니다. 우리는 시험해 보아야합니다. 고백을 들어야 합니다. 확신을 가지고 나아가는 자만이 천국에 들어갈 것입니다.

3) 우리는 그 사람이 하는 말을 듣고 그의 영을 분별할 수 있습니다. 사람의 말은 그 사람의 인격과 생각이 외부에 전달하는 통로입니다. 화는 분노의 말을 합니다. 자비는 자비의 말을 합니다. 우리는 영안이 열리고 성령의 은혜를 받았다고 하는 사람의 말을 자세히 들어보면 그 사람의 영을 분별할 수 있습니다. 성령을 받은 사람은 예수그리스도를 높입니다. 자신을 높이는 사람은 교만의 영, 탐욕의 영이 역사하는 것입니다. 마귀는 언제나 자신을 높이려고 머리를 듭니다. 아무리 신비한 것을 잘 보고 잘 맞추는 영안이 열렸더라도 예수님을 높이지 않고 인간을 추켜세우고 자신을 높이는 영은 사단의 영입니다.

영안이 열린 목회자라 하더라도 그리스도를 높이지 않고 자기를 나타내려고 하는 자는 사단의 영에 잡힌 자라고 할 수 있습니다. 사단의 영은 사람의 말에 협박과 거짓예언으로 불안케 합니다. 불안과 두려움, 저주를 선포함, 공포 분위기를 조성합니다. 이는 결코 사랑과 평안의 영인 성령의 역사가 아닙니다. "사랑 안에 두려움이 없고 온전한 사랑이 두려움을 내어쫓나니 두려움에는 형벌이 있음이라. 두려워하는 자는 사랑 안에서 온전히 이루지 못하느니라(요일4:18)"

영안이 열려 신비한 것을 보고, 은혜자요, 은사자요, 자칭하면서 성도를 비방하고 교회를 비방하는 영은 거짓의 영이요, 사악한 영이요, 하나님의 나라를 훼파하는 영입니다. 어떤 거짓 영은 금품을 강요하고 무례한 말을 거침없이 하는 자는 절대로 성령의 역사가 아닙니다. 우리는 권능과 기적의 이전에 진정하는 말이 하나님과 예수님을 높이는 가를 살펴야합니다. 같은 기사와 이적과 표적이 있더라도 성령의 역사와 마귀의 역사는 분명한 차이가 있습니다. 빛과 어두움을 분명히 구별하여 바른 진리에서 벋어나지 않는 열매있는 신앙이 되기를 바랍니다.

영안이 열렸더라도 악한 영에 영향을 받으면 마음이 이랬다, 저랬다 합니다. 믿을 수가 없고 산만한 행동과 말을 합니다. 그러므로 이 사람의 말을 믿어서는 낭패를 당합니다. 정신이 온전하지 못하여 양신의 역사가 잃어나는 것이므로 믿지 말고 관심을 갇지 말고 기다라며 치유해야합니다. 본인도 이해하기가 힘듭니다. 내 마음 나도 몰라 입니다. 순간순간 기분에 따라 언행과 행동을 합니다. 정신문제가 있는 조울증 환자는 더욱 영물들을 잘 봅니다. 그러므로 영물을 본다고 다 된 것이 아닙니다.

반드시 분별이 필요합니다. 조울증 환자는 기분에 따라 여자는 남자를 잘 찾고, 남자는 여자를 찾습니다. 분위기를 잘 의식합니다. 그래서 성적인 문란한 행동을 잘합니다. 목사님이라고 예외가 될 수 없습니다. 교회 안에서 일어나는 사건도 있습니다. 순간 넘어갑니다. 조심합시다.

4) 몸짓과 행동을 통하여 영을 분별합니다. 말씀과 성령으로 영안이 열린 사람은 몸이 부드럽고 마음이 평안하여 온유한 분위기를 연출합니다. 자기 나름대로 영안이 열렸다고 하나 몸이

굳어 있는 사람은 그 마음이 굳어 있고, 그 영 또한 굳어 있는 것입니다. 교만한 사람은 목이 곧고 경직된 몸짓을 하는 것을 보게 됩니다. 이런 사람은 아무리 영안이 열렸더라도 악한 영의 영향을 받는 사람일 수 있으므로 바른 분별이 필요합니다. 처음에 교회에 나오는 사람의 대 부분이 그 경직된 자세는 바로 이러한 영의 정체를 스스로 노출하고 있는 것을 알 수가 있습니다.

박수를 치는 것을 꺼려하고 통성으로 부르짖는 것을 거부하는 것도, 이러한 맥락에서 경직된 마음과 교만한 마음의 상태를 들어내는 것에 불과합니다. 체면과 교만이라는 자아의 모습은 굳어지고 경직된 이러한 모습으로 나타나게 되어 있습니다. 성령으로 충만한 상태는 몸짓 행동이 부드럽습니다. 악한 영이 드러나는 행동은 보기에 흉측합니다. 그리고 불규칙합니다. 그리고 뻣뻣합니다. 치유할 때 성령으로 장악하여 흔들어 주어야합니다.

5) 인상과 분위기를 통하여 그 영을 분별합니다. 성령에 충만한 상태에서 영안이 열린 사람은 겸손과 온유와 사랑의 영이 그 분위기를 부드럽게 감싸고 있음을 느끼게 됩니다. 영안이 열렸다고 하더라도 사단에게 눌려 있는 영은 침울하고 답답하며 강퍅한 분위기를 자아내기도 하며, 심지어는 사악한 분위기를 나타내기도 하며, 더 나아가서는 악령이 공격하는 오싹하고 소름끼치는 일을 느끼기도 합니다. 음란의 영은 그 음란한 분위기를

연출하거나 음욕을 풍기기도 합니다. 이들은 분별은 자신의 몸의 느낌이나 감동이나 본인의 행동으로 나타납니다. 성령의 강한 역사로 기도하면 순간 없어지는 경우가 보통입니다.

영안이 열렸다고 자랑할 것이 아닙니다. 자신의 심령을 관리하는 것이 중요합니다. 영안이 열려 신비한 것을 본다고 다되었다고 생각하면 오산입니다. 말씀의 비밀을 깨닫는 영안이 열렸다고 좋아할 것도 없습니다. 열린 영안을 말씀과 성령으로 관리해야 합니다. 그리고 열린 영안을 가지고 하나님에게 영광을 돌려야 합니다. 열린 영안의 관리를 위하여 말씀을 묵상하는 삶을 살아야 합니다. 영으로 기도하는 삶을 사는 것입니다. 말씀을 알고 기도하여 체험함으로 영안을 더욱 밝히 열어가야 합니다. 우리는 육을 가지고 있습니다. 그래서 약합니다.

열린 영안을 가지고 세상을 향하거나 자기의 유익을 위하여 사용하면 가차 없이 마귀의 올무에 걸립니다. 항상 깨어서 기도해야 합니다. 하나님은 말씀하십니다. 항상 기뻐하라. 쉬지 말고 기도하라. 범사에 감사하라고 하십니다. 자신의 심령에 항상 성령의 은혜가 충만하도록 기도하시기를 바랍니다.

13장 영안이 깜깜할 때 고난을 당한다.

(민 22:21-33)"(31)그 때에 여호와께서 발람의 눈을 밝히시매 여호와의 사자가 손에 칼을 빼들고 길에 선 것을 그가 보고 머리를 숙이고 엎드리니 여호와의 사자가 그에게 이르되 너는 어찌하여 네 나귀를 이같이 세 번 때렸느냐 보라 내 앞에서 네 길이 사악하므로 내가 너를 막으려고 나왔더니 나귀가 나를 보고 이같이 세 번을 돌이켜 내 앞에서 피하였느니라 나귀가 만일 돌이켜 나를 피하지 아니하였더면 내가 벌써 너를 죽이고 나귀는 살렸으리라."

우리 인간에게는 몇 가지의 눈이 있습니다. 육안이 있습니다. 우리 보이는 눈이 육안입니다. 지안이 있습니다. 공부나 경험으로 통해 얻어지는 눈이 바로 지안입니다. 그런가 하면 헛것을 보는 눈이 있습니다. 이런 눈은 닫혀져야 할 눈입니다. 왜냐하면 헛것을 보니 마귀의 미혹을 당할 소지가 많기 때문입니다. 헛것을 보니 사기를 당할 수도 있는 눈입니다. 그리고 영안이 있습니다. 하나님께서 열어주시는 신령한 눈입니다. 우리는 무엇보다도 이 영안이 밝아야 합니다. 그래야 인생을 실패하지 않습니다. 본문의 발람이 영안이 어두워서 얼마나 잘못된 일을 행했습니까? 그러므로 이 장에서는 영안이 어두울 때 당하는 고난이라는 제목으로 말씀을 정리해보겠습니다. 그럼, 영안이 어두우면 어떻게 될까요?

첫째, 영안이 어두우면 무엇이 가치 있는지 알지 못한다. 민수기 22장 21절을 보면 "발람이 아침에 일어나서 자기 나귀에 안장을 지우고 모압 귀족들과 함께 행하니"그랬습니다. 본문은 발람이 돈에 눈이 어두워 이스라엘을 저주하기 위해 모압 왕 발락이 보낸 사신들을 따라 나서는 장면입니다. 이스라엘을 저주하면 하나님께 저주 받아 자기가 죽을 줄도 모르고 돈에 끌려갔습니다. 영안이 어두우면 이렇게 가치 판단을 할 수 없게 됩니다. 영원한 것에 관심 없고 썩어질 것이 더 귀하게 보입니다.

저는 두부를 좋아하지만 먹을 때마다 전에는 그렇지 않았는데 아깝다는 생각을 합니다. 콩 속의 그 좋은 영양소는 다 물로 흘려버리고 단백질만 응고시켜 먹기 때문입니다. 감자떡도 마찬가지입니다. 영양을 공부하다 보니까 음식에 대한 가치판단이 달라졌습니다. 분재도 우리는 나무가 썩어서 구멍도 나고 고목처럼 되면 가치 있는 줄 알고 고목만 찾아다니면서 감탄하지만 분재 전문가 말을 들어보니까 나무가 전반적으로 건강하면서 모양이 좋아야 가치가 있다고 합니다. 지안이 어두우면 가치 없는 고목만 찾아다닌다는 말입니다.

이처럼 사람들이 하나님보다 돈이나 세상 것을 더 가치 있게 쫓아다니는 것은 영안이 어두워서 그런 것입니다. 이런 이야기가 있습니다. 스페인 사람들은 아메리카에 금을 캐러 왔다가 그들은 하나님도 잃고 금도 잃었었습니다. 그러나 영국의 청교도들은 신앙의 자유를 위해 아메리카에 왔다가 하나님도 얻고 금도 얻었다고 합니다. 가치 판단의 차이입니다. 그래서 우리 영안이 열려야 하는 것입니다.

둘째, 영안이 어두우면 하나님이 나타나셔도 알지 못한다. 민수기22장 23절에 "나귀가 여호와의 사자가 칼을 빼어 손에 들고 길에 선 것을 보고 길에서 떠나 밭으로 들어간지라 발람이 나귀를 길로 돌이키려고 채찍질하니" 발람의 길을 여호와의 사자가 나타나 막을 때 짐승인 나귀는 보았지만 발람은 그것을 알지 못했습니다. 그래서 나귀가 피하다 발람의 발을 담에 비벼 상합니다. 그러니까 아무 것도 알지 못한 발람이 채찍으로 나귀를 때립니다. 그러다가 말 못하는 나귀에게 책망 듣는 발람이 되었습니다. 이 얼마나 부끄러운 일입니까? 여기 여호와의 사자는 바로 성육신하기 전의 예수님을 가리킵니다. 예수님이 나타나셨어도 발람은 모른 것입니다.

아담이 모든 동물의 이름을 짓고 만물의 영장인 것은 영안을 가졌기 때문입니다. 그런데 인간이 범죄 함으로 어두워졌습니다. 지난 번 인도네시아를 중심으로 동남아시아에 쓰나미가 몰려왔을 때 살아남은 사람은 극소수고 모두 해일에 밀려 죽었습니다. 그런데 신기하게도 쥐나 족제비나 이런 짐승들은 그것을 미리 알고 대피하여 한 마리도 죽지 않았다고 합니다. 왜 짐승들은 알았는데 사람들은 몰랐을까요? 사람이 영의 눈이 어두워 짐승의 육감보다 못했기 때문입니다. 영안이 열리면 미리 알게 됩니다. 우리에게 간혹 앞날이 알아지는 것 참 신기합니다.

잠언 16장 9절에 "사람이 마음으로 자기의 길을 계획할지라도 그 걸음을 인도하는 자는 여호와시니라"했습니다. 사람은 이렇게 하리라 계획하지만 하나님이 막으시거나 혹은 하라고 하시는 것 많이 경험해 보셨지요? 바로 그렇게 해 주신다는 말씀입니다. 이것은 결코 신비주의가 아닙니다. 하나님의 약속입니다. 이사야 30장 21절에도 우리가 좌우편으로 치우치면 우리의 뒤에서 이것이 정로라고 가르쳐 주신다고 말씀하고 있습니다.

하나님께서는 꿈이나 이상 뿐 아니라 환경을 통해서도 역사합니다. 그런데 영안이 어두우면 하나님께서 막으시는 것인데도 사람들은 그것을 알지 못하고 화만 냅니다. 혹은 반대로 하나님께서 도우시기 위해서 사람을 보내는데 사람들은 그것이 하나님의 손길인지 모릅니다. 어떤 사람이 홍수가 나서 지붕에 올라가서 하나님께 살려달라고 기도하는데 보트가 세 번이나 왔는데 사람의 도움을 받지 않고 하나님의 도움을 받겠다고 거절하다가 물에 휩쓸려 죽었답니다. 천국 간 그 사람이 하나님께 따졌습니다. 그러자 하나님께서 내가 너의 기도를 듣고 보트를 세 번에나 보냈는데 네가 거절하지 않았느냐? 하시더랍니다. 영안이 어두우면 이렇게 하나님의 하시는 일도 모릅니다. 우리 모두 영안이 활짝 열려 하나님이 믿어지고 알아지고 예수님이 나의 주님이시오, 구주이심이 믿어지는 성도가 되시기 바랍니다.

셋째, 영안이 어두우면 자신이 죽는 길도 알지 못하고 가게 된다. 민수기 22장 33절에 “나귀가 나를 보고 이같이 세 번을 돌이켜 내 앞에서 피하였느니라 나귀가 만일 돌이켜 나를 피하지 아니하였더면 내가 벌써 너를 죽이고 나귀는 살렸으리라” 했습니다. 돈에 눈이 어두워 이스라엘을 저주하려는 발람의 길을 여호와의 사자가 칼을 빼어들고 서서 막습니다. 그러나 발람은 알지 못했습니다. 나귀가 아니었더라면 그는 그 칼에 맞아 죽었을 것입니다.

짐승은 자기 죽는 길을 안다고 합니다. 그래서 소장사가 소를 사가거나 개장사가 개를 사가면 눈물을 흘립니다. 그러나 사람은 영안이 어두워 자기 죽을 길을 알지 못하고 힘을 다해 달려갑니다. 사람들은 몸에 해롭다 해도 귀담아 듣지를 않습니다. 특히 우리 젊은이들 인스턴트나 육식에 길들여 있고 혹은 일찍부터 술과 담배를 배워, 그들의 건강치 못할 앞날을 생각할 때마다 답답하기 한이 없습니다. 그 분 아니라 지금 많은 사람들이 지옥행 열차를 타고 전속력을 다해 가고 있는데 그것을 알지 못합니다. 영안을 열어 지옥행 열차를 탄 사람들을 천국행 열차로 갈아타게 합시다.

넷째, 영안이 열리지 못하면 욕심을 끝까지 버리지 못한다. 발람은 하나님이 막으시기 때문에 이스라엘을 직접 저주는 하지 못했습니다. 그러나 돈에 눈이 어두운 그는 이스라엘을 멸망시킬 방도를 모압 왕의 귀에다 전해주었습니다. 그것이 바로 미인계였습니다. 미인계를 이용하여 이스라엘 백성들을 미혹하여 바알 신을 섬기고 우상의 제물을 먹도록 하여 하나님께 득죄하도록 했던 것입니다. 여기에 대해서 요한계시록 2장 14절에 "발람이 발락을 가르쳐 이스라엘 앞에 올무를 놓아 우상의 제물을 먹게 하였고 또 행음하게 하였느니라" 기록하고 있습니다. 그 결과 발람은 이스라엘이 미디안을 정복했을 때 이스라엘의 칼날에 의하여 처단을 당했습니다. 욕심이 잉태한즉 죄를 낳고 죄가 장성한즉 사망을 낳는다는 것은 만고불변의 진리입니다.

이런 웃는 이야기가 있습니다. 결혼 30주년을 맞이한 60세 동갑내기 부부가 있었답니다. 결혼기념일에 천사가 나타나서 무슨 소원이든지 소원을 말하면 한 가지씩 들어주겠다고 했습니다. 아내가 먼저 말했습니다. "그동안 워낙 가난해서 여행을 못했으니 세계일주 한번 해보았으면 좋겠네요." 그러자 천사가 즉시 날개를 펴서 항공권과 여행경비를 건네주었습니다. 얼마나 신나는 일입니까? 이번에는 남편이 소원을 말할 차례가 되었습니다. 그런데 남편은 아내의 눈치를 슬슬 살피더니 멋쩍게 웃으면서 말했습니다. "나는 나보다 서른 살 젊은 여자와 살았으면 좋겠소." 그러자 천사가 "참 별 이상한 소원도 다 있네요." 하면서 남편을 향해 날개를 폈습니다. 그러자 즉시 응답이 나타났습니다. 응답이 어떻게 나타났을까요? 예쁜 30대 새댁이 나타난 것이 아니라 남편이 90대 노인으로 폭삭 늙어 버리고 말았다는 이야기입니다. 이것이 인간의 악한 욕심입니다.

그래서 마르틴 루터는 이렇게 기도했습니다. "하나님! 이 세상의 부를 얻으려는 타락한 욕구와 탐욕으로부터 저희를 지켜주소서. 이 세상의 권력과 영예를 구하려는 마음을 없애 주시고 세상 풍조에 물들지 않게 하소서. 변덕 심한 이 세상으로부터 저희를 보호하시어 속임수에 넘어가고 부에 매료되어 세상을 따르지 않게 하소서"

그러므로 우리는 시편 기자가 그토록 소망했던 그 기도를 드릴 수 있어야 하겠습니다. "내가 두 가지 일을 주께 구하였사오니 나의 죽기 전에 주시옵소서, 곧 허탄과 거짓말을 내게서 멀리 하옵시며, 나로 가난하게도 마옵시고, 부하게도 마옵시고, 오직 필요한 양식으로 내게 먹이시옵소서, 혹 내가 배불러서 하나님을 모른다 여호와가 누구냐 할까 하오며 혹 내가 가난하여 도적질하고 내 하나님의 이름을 욕되게 할까 두려워함이니이다(시편 30:7-9)"

이 얼마나 아름다운 기도입니까? 진정 영안이 열린 자의 기도가 아닐 수 없습니다. 우리 뜻대로 되면 좋을 것 같아도 우리 뜻대로 되면 참된 생명력은 다 상실하고 말 것입니다. 성경은 말씀합니다. "돈을 사랑함이 일만 악의 뿌리가 되나니 이것을 사모하는 자들이 미혹을 받아 믿음에서 떠나 많은 근심으로써 자기를 찔렀도다(딤전6:10)"

눈이 보배입니다. 육안도 지안도 밝으시기 바라지만 영안이 더욱 밝기를 바랍니다. 하나님의 말씀을 묵상하여 말씀을 많이 아시고, 아는 말씀대로 체험함으로 영안을 활짝 여시기 바랍니다. 더 귀한 것을 보고 더 아름다운 것을 보고 따라가기를 바랍니다. 열린 영안으로 가장 현명하고 가치 있는 삶을 살아가시기 소원합니다.

다섯째, 영안이 열릴 때 생기는 축복

1) 소망의 실체를 깨닫는 축복이 옵니다. 지금 세상이 가장 굶주려 있는 것이 있습니다. 그것은 '희망'입니다. 그런데 영안이 열리면 '부르심의 소망'이 무엇인지 깨닫습니다(엡1:18절). 부르심은 부담이 아니라 희망입니다. 사명은 소망의 증거이고, 미래에 주어질 축복과 희망의 전조입니다. 현재의 모습이 부족해도 넘치는 희망을 가지고 전진하십시오. 하나님은 우리를 현재의 모습대로 다루지 아니하시고 항상 그리스도 안에서 우리의 가능성을 보시고 다루십니다.

기드온이 미디안의 눈을 피해 숨어서 밀을 타작할 때 여호와의 사자가 나타나 말했습니다. "큰 용사여 여호와께서 너와 함께 계시도다(삿 6:12)." 어떻게 그런 사람이 큰 용사입니까? 그것은 그의 용맹 때문이 아니라 하나님이 미래의 삶을 기초로 그를 용사로 보셨기 때문입니다. 그처럼 하나님은 우리의 미래를

근거로 우리를 부르시고 사용하십니다.

2) 풍성의 실체를 깨닫는 축복이 옵니다. 흔히 '풍성한 축복'이란 말을 하면 대개 하나님이 주시는 축복과 기업을 생각합니다. 그러나 그것보다 더욱 큰 축복은 우리 자신이 하나님의 기업이 된 것입니다. 우리는 하나님의 소유된 자이고, 하나님의 사랑 받는 존재입니다. 성도에게는 어려움도 축복의 통로입니다. 시련을 원수로 삼지 말고 친구로 삼으십시오. 그러면 그 친구가 많은 것을 가르쳐줍니다.

환경이 좋다고 행복해지지 않습니다. 좋은 환경은 욕망과 욕심을 키우고, 때로는 우울증도 키웁니다. 실제로 감옥에서 자살하는 사람보다 별장에서 자살하는 사람이 더 많습니다. 행복은 좋은 환경에 달려 있지 않습니다. 가난에 대처할 줄 아는 것만큼 풍부에 대처할 줄 아는 것도 중요합니다.

어떤 분이 임종을 앞두고 유언했습니다. 자신의 관, 수의, 묘지 등을 최고로 준비하는데 총 재산 4억 원 중에 2억 원을 쓰고, 묘지 주변에 고급 난초를 심는데 나머지 2억 원을 쓰게 했습니다. 그런데 그의 장례식에 참여한 사람은 세 사람 뿐이었습니다. 잘 버는 것도 중요하지만 잘 쓰는 것도 중요합니다. 돈이 많아도 잘 쓸 줄을 모르면 가난한 사람이지만 돈이 없어도 잘 쓸 줄 알면 풍성한 부자입니다.

3) 능력의 실체를 깨닫는 축복을 받습니다. 사람들은 '능력'이라고 하면 인간적인 힘을 연상하지만 진정한 능력은 십자가에 있습니다. 그 십자가의 능력으로 주님은 부활하시고 하나님

의 우편에 앉으시고 만물 위에 있는 교회의 머리가 되셨습니다(20-22절). 놀라운 축복과 능력을 소유하려면 먼저 자신이 누구인지를 분명히 깨닫고 기쁘게 십자가를 지십시오. 그때 놀라운 변화가 나타납니다. 미국에 빅터(victor)란 학생이 있었습니다. 그의 이름의 뜻은 '승리자'였지만 학교생활에서 항상 패배자처럼 살았습니다. 결국 그는 학교를 중퇴해 직장생활을 하는데 32세까지 76번의 일과 직장에서 실패했습니다. 32세에 그는 77번째의 직장에 지원했습니다. 그때 직장에서 시행하는 IQ 테스트에서 161점을 맞고 그는 자신이 천재임을 깨달았습니다.

자신이 천재였다는 것을 알았다는 것입니다. 자신이 천재라는 것을 알고부터 삶은 획기적으로 달라졌습니다. 그가 레이저 수술의 대가이자 천재들의 모임인 국제 멘사협회의 총재를 지낸 빅터 세리엔코(Victor Serienko)입니다. 자신이 누구인지를 아는 것은 무엇보다 중요합니다. 자신의 정확한 진면모는 영안이 열려야 알 수가 있습니다. 영안을 열어 자신을 보세요.

나는 누구입니까? 성령의 임재 하에 영안으로 보세요. 그럼 나는 하나님의 자녀이고, 하나님 안에서 특별한 존재, 복덩어리라는 것이 보일 것입니다. 그 사실을 깊이 인식하고 받아들이면 삶에 획기적인 변화의 역사가 있고, 천재적인 능력도 나타날 것입니다. 영안을 열어 자신에게 잠재하여 있는 복을 볼 수 있기를 바랍니다.

3부 영안의 혼돈과 분별 법

14장 투시하는 능력의 혼돈과 분별 법.

(요 1:47-48)"예수께서 나다나엘이 자기에게 오는 것을 보시고 그를 가리켜 이르시되 보라 이는 참으로 이스라엘 사람이라 그 속에 간사한 것이 없도다. 나다나엘이 이르되 어떻게 나를 아시나이까 예수께서 대답하여 이르시되 빌립이 너를 부르기 전에 네가 무화과나무 아래에 있을 때에 보았노라"

하나님은 크리스천들이 영적인 것들을 바르게 알고 추구하기를 원하십니다. 무조건 관례로 전통적으로 내려오던 것이라고 따르지 말고 분별해 보라는 것입니다. 그래야 발전이 되고 바른 길을 따라갈 수가 있습니다. 필자는 우리 성도들에게 '왜'와 '어떻게'를 가지고 분별하고 받아들이라고 강조합니다. 예를 든다면 '왜' 영과 진리로 예배를 드리라고 하는 가? 그럼 영과 진리로 예배를 드리려면 '어떻게' 드려야 되는가? 바르게 알고 예배를 드리자는 것입니다. 크리스천들이 이렇게 바르게 알고 예배를 드리는 분이 아마 얼마 되지 않을 것입니다.

이와 마찬가지로 성경에 투시의 은사로 기록된 부분은 없습니다. 심령감찰 즉, 지식의 말씀의 은사를 말하는 것이므로 이것에 대하여 설명을 드리겠습니다. 성령의 나타남의 은사 9가지 중에 지식의 말씀의 은사가 있습니다. 일반적으로 많은 사람들이 이 은사를 성경의 지식이 많은 사람을 일컫는 것으로 알고 있습니다. 그러나 그렇지 않습니다. 적어도 삼위일체 되신 성령님께서 부어주시는 은사입니다. 그러므로 세상의 지식과 같은 그런 것으로 오해하여서는 안 됩니다.

하나님은 우리의 심령을 감찰(투시)하고 계십니다. 먼저 심령감찰(투시)의 용어에 대하여 설명하면 이렇습니다.'투시'라는 이 용어는 '사람의 생각을 꿰뚫어보는 것'을 의미할 때 사용합니다. 국어사전은 '막힌 물체를 환히 꿰뚫어 봄. 또는 대상의 내포된 의미까지 봄.'이라고 설명하고 있습니다. 이 단어는 주로 심리학 또는 의학에서 사용하는 용어인데, 심리학에서는 '정상적인 감각으로는 알 수 없는 것을 인지하는 일. 먼 곳에서 일어난 일, 봉투 속에 들어 있는 내용물 따위를 알아맞히는 일 따위'를 설명할 때 사용하는 단어입니다. 그리고 의학에서는 '엑스선을 써서 형광판 위에 투영된 인체의 내부를 검사 · 진단하는 방법'을 의미할 때 사용합니다. 이 단어를 성경에서는 '감찰하다'라고 표현하고 있습니다.

(잠 16:2, 21:2)"여호와는 심령을 감찰하사"

(대상 29:17)"여호와께서는 마음을 감찰하시고"

(욥 34:21)"사람의 모든 것을 감찰하시나니"

(살전 2:4, 롬 8:27)"마음을 감찰하시는 이"

등등이 있습니다. 그러므로 저는 이 단어를 성경적인 '심령감찰'로 대치해서 사용하고 있습니다. 그러나'심령감찰'이란 용어를 일부 성도들이 잘 이해를 못하기 때문에 '심령감찰(투시)'라고 중복하여 사용하는 것입니다. 이점 이해가 있으시기를 바랍니다. 그리고 이러한 능력을 일컬어 '지식의 말씀은사'라고 분명하게 말하고 싶습니다. 성령의 은사로 설명하면 지식의 말씀의 은사가 맞습니다. 이것을 알고 책을 읽으시고 용어를 이해하시기를 바랍니다.

이 '투시'라는 용어는 초기 영적 사역을 행하던 시절의 대부분의 비전문적인 사역자들이 성경 지식이 부족해서 아무런 생각없이 사회에서 통용되고 있는 용어들을 채용했습니다. 사회에서 통용되고 있는 영적 용어들 대부분은 불교 및 샤머니즘에서 출발한 것들입니다. 이 땅에 기독교가 있기 전에 불교가 먼저 있었기에 이 부분에 불교 용어가 일상화되어 있습니다. 그러므로 우리는 일반화되어버린 불교 용어를 아무런 생각도 없이 그대로 차용하는 일은 위험이 있습니다. 그래서 저는 용어를 조정하여 '심령감찰(투시)'라고 사용을 합니다.

하나님은 우리 안에서 사람의 사정을 속속들이 알고 계십니다. 예수를 믿고 성령으로 불세례를 받고 거듭난 우리도 우리 안에 계신 성령의 능력으로 사람의 심령을 감찰(투시)할 수 있습니다. 하나님은 우리와 비교하지 못하는 무한한 권능을 가지고 계십니다. 하나님은 나의 심령의 상태와 가정과 교회의 문제를 밝히 알고 계십니다. 심령의 감찰(투시)은 오직 하나님만이 아시는 영육의 깊은 문제를 성령의 초자연적인 역사로 알아내는 것입니다.

하나님은 우리가 하나님이 주신 은사를 가지고 문제들의 원인을 알고 풀어가며, 하나님의 은혜를 체험하며 살아가기를 원하십니다. 하나님은 땅, 인간 및 우주에 대해 무한한 지식을 가지고 계신데 그것 중에 특별한 장소에서 특정한 목적을 위해, 특정한 사람에게 특정한 시간에 필요한 사항을 성령으로 깨닫게 하십니다. 그래서 우리는 성령으로 기도하며 하나님이 주시는 심령 감찰(투시)의 능력을 받아야 합니다.

심령감찰(투시)란 무엇인가? 어떠한 사람이나 상황에 관한 문제들과 문제의 원인들을 성령의 초자연적인 방법으로 알게 되는 것을 말합니다. 이것은 자신이 알고 있는 문제의 원인이 될 수도 있습니다. 그러나 아직 본인이 알지 못하고 있는 잠재된 문제를 성령의 초자연적인 역사로 알려주실 수도 있습니다. 이것은 인간의 노력에 의해 습득되는 자연적인 지식이 아니라, 하나님께서 당신의 뜻에 따라 인간에게 부여해 주시는 지식의 단편인 동시에, 성령께서 일정한 상황이나 사람에 관하여 우리에게 일깨워주시고자 하시는 계시를 드러내는 것입니다.

하나님은 심령의 감찰로 어떤 문제와 문제의 근본 원인을 알게 하십니다. 하나님에게 나도 모르게 가지고 있는 문제와 그리고 문제가 있을 때 원인을 알려달라고 하면 응답해 주시는 성령의 초자연적인 능력입니다.

첫째, 하나님은 심령감찰(투시)의 능력을 주신다. 하나님은 우리에게 심령감찰(투시)지식의 말씀을 주셔서 문제를 풀어가게 하십니다. 병이나 마귀역사가 문제를 일으키는 것과 문제의 원인을 초자연적인 능력으로 알게 하고 치유하게 합니다. 주님께서 원하시는 장소를 가르쳐 주십니다. 교회, 선교, 사업장소, 부동산 매입 시기 등등의 장소를 알려주십니다. 상담의 근본 문제를 알게 하시어 문제가 해결되게 하십니다. 인간의 마음의 비밀을 나타내어 회개케 하십니다. 다른 사람의 삶의 내용을 통찰하므로 중보 기도를 하게 하십니다. 잃은 사람이나 재산을 가르쳐 주어서 회복하게 하십니다. 마음의 상처의 근본 뿌리를 찾게 하여 근본을 치유하게 하십니다. 또 나나 다른 사람 속에 또는 가정에 숨어있는 질병이나 문제를 알아내는 것입니다. 이 질병이나 문제는 지금은 아무런 문제가 없지만 때가 되면 문제를 일으키려고 숨어서 역사하는 악한 것들입니다.

예를 든다면 사람 속에 숨어 있다가 스트레스를 받으면 나타나려고 기다리는 것입니다. 이는 성령의 역사에 의하여 스스로 드러내기도 하고, 기도 중에 성령께서 알려 주시기도 합니다. 반드시 성령의 역사가 있어야 나타납니다. 왜냐하면 영적인 어떤 세력이 결부되어 있으므로 성령의 능력이 있어야 하는 것입니다. 그러므로 예수를 믿는 것도 중요한데 성령의 역사 즉, 성령세례를 체험하는 것이 중요합니다. 그래서 많은 사람이 이것을 사전에 발견하지 못하여 문제가 발생한 다음에 고생을 합니다.

우리는 문제를 풀 수 있는 지혜의 말씀의 은사만 있어서는 안 됩니다. 심령을 감찰(투시)하는 지식의 말씀의 은사도 있어야 합니다. 지혜의 말씀의 은사는 깊은 마음에서 올라오는 것이고, 심령을 감찰(투시)하는 지식의 말씀의 은사는 생각으로 떠오르는 것입니다. 심령을 감찰(투시)하는 지식의 말씀은 정보이고 지혜의 말씀은 해결방법으로 마음에서 올라오는 것입니다. 지혜의 말씀은 심령을 감찰(투시)하는 지식의 말씀이 있어야 합니다. 심령을 감찰(투시)하는 지식의 말씀의 은사는 인간의 지식, 이해의 범위로 알 수 없는 것을 성령께서 정보를 주심으로 초자연적으로 알 수 있게 되는 것입니다.

심령을 감찰(투시)하는 지식의 말씀은 마음으로 깨달아지거나, 환상을 보거나, 꿈으로 보거나, 육감, 직감으로 알게 되거나, 성경구절, 단어가 떠오르는 것일 수가 있습니다. 이러한 지식의 말씀을 하나님이 주시는 지혜로 부드럽게 전달해주는 것이 지혜의 말씀의 은사입니다. '성령님, 이분의 답답함(직감으로 느낀)을 치료하게 알려 주세요.' 남을 위해 기도해줄 때 눈을 뜨고 상대를 보세요. 그 사람을 보는 동시에 성령님을 보세요. 성령님에게 귀를 기울이세요. 마음속에 어떤 느낌이 오는가? 그 느낌을 기도로 잘 표현하세요. 지식의 말씀 은사를 지혜의 말씀 은사로 표현하세요. 부드러운 성령의 역사는 마음을 뚫고 들어갑니다. 이것을 위해서 성령님이 주신 심령을 감찰(투시)하는 지식의 말씀 깨달음을 지혜로운 말로 전달해야 합니다. 성령의 은사는 성령의 나타나심입니다. 나에게 나타나고(지혜와 지식으로) 상대방에게 나타나심을 (치유와 능력으로) 간구하세요.

둘째, 성경에 심령을 감찰(투시)이 사용된 경우. 사무엘상 9-10장에 아버지의 잃어버린 당나귀를 찾기 위해 사울은 사무엘에게 가서 당나귀가 어디에 있는지 지식의 말씀을 얻고자 했습니다. 사울이 사무엘에게 오기 전에 사무엘은 하나님에게서 사울을 이스라엘의 왕으로 기름 부으신다는 지식의 말씀을 듣습니다(삼상9:16). 사울이 사무엘에게 갔을 때 그는 지식의 말씀의 은사로 많은 통찰과 정보를 주었고 그를 이스라엘의 왕으로 기름 부었습니다(삼상10:18). 사울은 기름부음을 받은 직후 숨게 되었는데(삼상10:21-22), 사무엘은 지식의 말씀의 은사를 통해 그가 숨은 곳을 알게 됩니다.

열왕기상 14:2-3에 보면 여로보암의 아내가 변장하고 눈을 보지 못하는 아히야 선지자에게 나갈 때, 그녀가 오기 전 선지자는 심령감찰(투시), 즉, 지식의 말씀의 은사로 그녀가 누구인지 알게 됩니다(열상14:5). 지식의 말씀은 인간의 겉 얼굴, 가장과 허식을 관통하는 능력이 있으므로 상담시에나 전도 할 때에 꼭 필요합니다. "나아만이 이에 내려가서 하나님의 사람의 말씀대로 요단강에 일곱번 몸을 잠그니 그 살이 여전하여 어린아이의 살 같아서 깨끗하게 되었더라. 나아만이 모든 종자와 함께 하나님의 사람에게로 도로 와서 그 앞에 서서 가로되 내가 이제 이스라엘 외에는 온 천하에 신이 없는 줄을 아나이다 청컨대 당신의 종에게서 예물을 받으소서(열하5:14-15)"

이것을 선지자가 거절했고 선지자의 종 게하시는 몰래 나아만을 따라가 그것을 받게 됩니다(열하5:19-23). 게하시가 집에다 이 재물을 숨긴 후 선지자에게 나갈 때(열하5:24), 선지자는 그에게 "어디에 갔었는가?"(열하5:25)라고 묻습니다.

게하시는 거짓말로 "아무 곳에도 가지 않았습니다."라고 대답했으나, 선지자는 지식의 말씀으로 그의 죄를 폭로하고 문둥병의 저주가 그와 자손들에게 미치도록 하며 그는 심판을 받았습니다. 지식의 말씀을 통해 다른 사람을 축복하는 주님의 도구가 되었다고 해도 그 이유로 물질적인 보상을 꼭 받을 권리는 없는 것입니다. 이러한 보상은 하나님께서 받도록 하실 때만 받아야 합니다. 그렇지 않고 죄인으로부터 보상을 받게 되면 그는 하나님의 은사를 샀다는 생각을 하게 됩니다.

요한복음 4장 18-19, 29절에 보면 예수님께서 우물가에서 사마리아 여인을 만나 지식의 말씀으로 그녀의 결혼생활에 대해 말씀하십니다(요4:17). 이러한 지식의 말씀을 통해 수가성의 모든 사람들이 물가로 나왔고 구원을 받았습니다. 이러한 초자연적인 능력이 역사 하는 예를 보아서 성경은 성도들이 9가지 은사를 다 사용할 수 있기를 원합니다.

열왕기하 6장 8-12절에 보면 아람 왕이 이스라엘과 싸우며 그의 군사를 다른 지방에 보낼 때마다, 선지자 엘리사는 이스라엘에게 경고해서 그들을 막도록 경고했습니다. 화가 난 아람 왕은 부하를 불러 이스라엘의 첩보원을 잡도록 했습니다. 그 때 그들은 "아니로소이다, 오직 이스라엘의 선지자 엘리사가 왕이 침실에서 하시는 말씀이라도 이스라엘 왕에게 고하나이다."(왕하6:12). 이러한 지식의 말씀을 통해 이스라엘은 대적을 물리칠 수 있었습니다. 구약의 선지자들에게 이렇게 강한 계시가 역사 했다면 신약의 성도들에게 더욱 큰 계시가 있어야 할 것입니다. 이는 성령이 내주하며 하나님의 계시를 영감으로 알려주기 때문입니다. "내가 진실로 너희에게 말하노니 여자가 낳은 자 중에 세례요한보다 큰 이가 일어남이 없도다 그러나 천국에서는 극히 작은 자라도 저보다 크니라(마11:11)"

사도행전 5장 1-11절에 보면 베드로는 아나니아와 삽비라가 일 처리를 어떻게 했다는 지식의 말씀을 받았습니다. 그들이 교회에 와서 다른 헌신된 성도들처럼 교회의 권위를 속이려할 때 그들은 성령과 교회 지도자들을 속인 것이었습니다.

베드로가 "어찌하여 이 일을 마음에 두었느냐? 사람에게 거짓말 한 것이 아니요 하나님께로다." 라고 말하자 아나니야는 엎

드러져 혼이 떠났고, 그 아내도 동일한 과정을 거칩니다. 지식의 말씀은 이렇듯 강력하게 역사하여 교회의 거짓과 부패를 제하고, 사람들로 하여금 하나님을 경외하게 하여, 교회가 거룩하게 시작되는 견고한 기초를 다지게 한 것입니다.

요한복음 1장 47-48절에 보면 예수께서 나다나엘에 대한 지식의 말씀을 통해 나다나엘의 심령이 어떠한 상태인지를 나타내 주셨습니다. 주님께서 지식의 말씀을 통해 "보라, 이는 참 이스라엘 사람이라 그 속에 간사한 것이 없도다. 빌립이 너를 부르기 전에 내가 너를 무화과나무 밑에서 보았다." 이 지식의 말씀을 통해 나다나엘은 예수가 하나님의 아들이라고 믿었습니다(요1:49절). 예수님께서 하루 종일 그곳에서 자신이 메시야라는 사실을 나다나엘과 함께 신학 토론을 했다고 해도 그를 설득하지 못하셨을 것입니다.

참고로 고모, 삼촌, 형제, 자매나 사촌, 친구 및 불신자들과 하루 종일 논쟁해도 안 되는 일이 적당한 때, 심령을 감찰(투시)하는 지식의 말씀을 통해 그들의 심령에 주님을 막고 피하는 모든 장애물을 넘어 역사할 수 있습니다.

셋째, 심령을 감찰(투시)가 임한 것을 아는 방법. 자신에게 심령을 감찰(투시)하는 지식의 말씀의 은사가 나타난 것을 어떻게 아는가? 이 은사를 받은 사람은 환상이나 꿈속에서 어떤 광경을 보거나 심안으로 어떤 사람의 얼굴 위에 나타나 있는 글씨를 읽을 수 있습니다. 또는 마음의 귀로 어떠한 단어나 구절, 성경 구절을 '듣게' 됩니다. 이러한 영감은 여러 가지 방법으로 오게 됩니다. 약간만 비치므로 놓치기 쉽습니다. 자기 자신의 몸에 이상한 감각이나 통증을 느낌으로써 어떤 다른 사람이 고통받고 있다는 사실을 알게 됩니다. 사람을 볼 때 이상한 형체가 순간 보이기도 합니다. 머리에 손을 얹어 기도할 때 어느 장기가 좋지 못하다 감동이 오기도 합니다. 말씀을 읽을 때 말씀 속의 내용이 영상화되기도 합니다. 전해지는 말씀이 영적인지 혼적인지 율법인지 분별이 갑니다. 예배나 집회에 참석하여 사람들을 바라볼 때 심령상태가 느껴지기도 합니다. 답답하게, 검게, 아니면 성령 충만하게, 육적 충만하게 느껴집니다. 머리에 손을 얹고 안수할 때 영적인 느낌이 감지됩니다. 섬뜩함, 빽빽, 답답함 등등의 느낌이 감지됩니다. 가정이나 어느 장소에 들어가서 영적 감동이 느껴집니다. 성령으로 충만한지 악한 영에게 눌려있는 가정인지를 알 수가 있습니다. 저는 이 지식의 말씀의 은사를 가지고 심방할 때 적용하여 심방을 합니다.

꿈이나 환상으로 잘 보이기도 합니다. 황홀한 중(비몽사몽간)에 잘 보입니다. 안수를 할 때 자신도 모르게 어느 부위에 손이 갑니다. 이성간 조심해야 합니다. 자신이 잘 모르는 지역에 가더라도 어떤 영적 느낌이 감지가 됩니다. 이런 영적인 감지가 되면 심령감찰(투시)이 열린 증거입니다. 계속 훈련하면 밝히 보입니다.

때로는 어떤 말을 하려고 입을 열었으나 실제로는 전혀 다른 내용의 말이 튀어나오는 경우와 마찬가지로, 자신의 의사와는 관계없는 말이 속으로부터 치솟아 오를 때가 있습니다. 결국 우리는 심령을 감찰(투시)하는 지식의 말씀을 보고, 듣고, 읽고, 알고, 느끼고, 말하게 됩니다.

넷째, 심령감찰(투시)의 혼돈과 분별하는 법. 저는 하나님이 주신 심령을 감찰(투시)하는 능력으로 사람들의 질병의 진단하는 데에 사용을 합니다. 우리는 하나님이 주신 권능을 영혼을 살리는 곳에 사용할고 해야 합니다. 자신의 육의 만족을 위하여 하나님의 능력을 사용하면 하나님의 진노를 당할 수도 있습니다.

1) 영분별 법. 영들을 분별하여 보는 방법입니다. 영분별에 대한 훈련이나 지식 또는 경험에 의한 직관력과 통찰력으로 진단하여 영의 질병, 혼의 질병, 육체의 질병을 진단합니다. 기도하기 전 준비사항에 대한 여러 가지 현상에 대한 경험이 축적되면 자연히 이러한 능력이 있게 됨을 알게 됩니다. 이러한 영분별 능력이 하늘에서 갑자기 뚝 떨어지는 것도 아니고 학자들이 말하는 소위 초자연적인 어떤 능력도 아닙니다. 점진적인 경험이나 훈련에 의하여 민감하게 되고, 그 다음에는 영감으로 분별하는 법을 할 수 있게 되는 것을 본인이 알게 됩니다. 주로 대중

을 상대로 할 때에나 가볍게 진단할 때 사용합니다.

2) 영감으로의 분별 법. 성령이 주시는 영감으로 분별하는 법입니다. 개인적인 사역에서 좀 더 정밀한 분별을 위해서는 성령 안에서 보다 더 깊은 기도를 하면서 좀 더 깊은 영적인 기능이 동원되어 성령이 나타나는 심령상태에서 영감이나 환상이나 느낌이나 냄새로 분별합니다. 손을 머리에 얹거나 사역자가 동성이라면 상대방의 가슴에 손을 얹어 기도하면서 심령을 들여다 보면서 기도합니다.

귀신이 눈앞에 스쳐 지나가는 모습으로 보이기도 하며, 냄새를 풍기기도 합니다. 예를 들어 음란 마귀는 강한 음욕을 자극하며, 인색한 마귀는 인색한 마음이 느껴지며, 교만한 마귀는 완악하고 교만한 마음이 느껴지며, 사랑의 마음은 사랑으로 전달되어 눈물이 흐를 정도로 강하게 전해 올 때도 있습니다. 이러한 민감한 영적인 감각이 항상 느껴지는 것은 아니지만 영적으로 예민해지는 분위기나 영이 예민해지는 상황에서 느껴지는 것을 볼 수 있습니다. 연기가 빠져나가는 것과 같은 모습으로 사라지는 것처럼 느끼거나 볼 수도 있습니다. 얼굴이나 눈이나 머리 부위에 검은 어둠이 쌓여 있거나 사악한 느낌을 주기도 하며 때로는 머리가 곤두서고 두려움을 주기도 합니다.

이러한 현상이 강하게 느껴지기 시작하면 더러운 영을 가진 환자를 대하면 구역질이 나오거나 토하기도 합니다. 상대방의 아픈 부위와 같은 부위가 아프게 하여 고통을 받기도 하며, 일반적으로는 특별히 머리가 아파 올 때가 주로 많습니다. 이 때 즉시 감지하면 기도로 물러가지만, 이러한 영적인 감각이 둔한 사람은 느끼지 못한 체 방치하면 침입하여 자리를 잡게 됩니다. 사역자는 이렇게 사악한 자들과 접촉이 많기 때문에 특별히 주의하지 않으면 자신도 모르게 고통을 당할 수가 있으므로 주의하지 않으면 안 됩니다.

예수님의 권세는 있을지라도 자신의 실제적인 권능이나 능력이 없으면 당하게 된다는 사실을 주지시키고 싶습니다. 이로 말미암아 주위의 가까운 사랑하는 사람들이 이를 방심하여 한 동안 귀신들의 영향으로부터 고통을 당하고 있는 경우를 많이 보아 왔습니다. 이는 자신이 성령의 지배를 당하지 못했는데 자신의 힘으로 사역하다가 당하는 것입니다. 지금 교회에 영적인 지식이 없어서 망하는 사람들이 많이 있습니다. “내 백성이 지식이 없으므로 망하는도다 네가 지식을 버렸으니 나도 너를 버려 내 제사장이 되지 못하게 할 것이요 네가 네 하나님의 율법을 잊었으니 나도 네 자녀들을 잊어버리리라(호4:6)”

3) 영안으로의 분별 법. 영안으로 분별하는 방법입니다. 세상 말로 영 투시법이라고 하기도 합니다. 영안이 완전히 열린 사람은 심령감찰(투시)로 질병을 볼 수 있고 또는 영에 깊이 몰입되어 있는 입신 상태의 제 3자를 통하여 심령감찰(투시)하여

볼 수도 있습니다. 분명하게 직접 투시하여 몸 어느 부위에 무엇이 어떻다는 것을 분명하게 보는 것이지 환상을 통하여 보는 것과는 다릅니다.

가장 정확히 진단 할 수 있지만 사탄이 주는 경우에는 위험하며 틀릴 경우가 많아서 오히려 어려움을 겪을 경우가 있기 때문에 심령감찰(투시)는 특별히 주의하지 않으면 안 됩니다. 성령의 불세례를 강하게 받게 되면 일시적 현상으로 심령감찰(투시)이 되기도 합니다. 대부분의 사람들이 투시되는 현상을 견딜 수 없는 상태임으로 하나님 앞에 이러한 현상을 거두어 달라고 기도하는 경우가 대부분입니다.

그러나 거의 대부분 이러한 현상은 일시적인 현상으로서 오래가지 않고 자연히 소멸됩니다. 특별히 주의할 것은 말씀이 없는 초신자나 영성이 훈련되어 있지 않은 자가 성령의 깊은 임재(입신) 상태가 아닌 보통 상태에서 심령의 감찰(투시)되는 것은 백발백중 귀신이 주는 것입니다. 이러한 심령 감찰(투시)를 통하여 사람의 심령을 읽고 질병을 진단하는 사역은 결코 쉽다고는 할 수 없습니다. 그렇다고 어렵다고 무턱대고 기도만 하는 태도는 결코 발전할 수가 없습니다. 노력하고 경험을 쌓아가노라면 언젠가는 자동차의 운전 기술을 습득하는 것처럼 보다 더 숙련된 진단을 할 수 있습니다. 심령감찰(투시) 사역을 하는 사역자는 무엇보다도 말씀과 성령으로 심령이 정화가 되어야 합니다. 잘못하면 마귀의 도구가 될 수 있기 때문입니다.

15장 투시하는 능력을 개발하는 비결

(요 1:47-48)"예수께서 나다나엘이 자기에게 오는 것을 보시고 그를 가리켜 이르시되 보라 이는 참으로 이스라엘 사람이라 그 속에 간사한 것이 없도다. 나다나엘이 이르되 어떻게 나를 아시나이까 예수께서 대답하여 이르시되 빌립이 너를 부르기 전에 네가 무화과나무 아래에 있을 때에 보았노라"

심령을 감찰하는 투시의 능력은 전적으로 성령께서 자신의 눈을 열어 보게 하십니다. 그런데 성령께서는 지혜로운 분이시기 때문에 불필요한 곳에서는 보여주시지 않습니다. 앞에서도 거론을 했지만 지하철이나 버스를 타고 갈 때 보여주시지 않습니다. 이 때 보인다면 자신의 심령구조상 문제가 있으니 빠른 시간 내에 바르게 진단하여 치유를 해야 합니다. 그렇지 않으면 영육의 고통을 당할 수가 있습니다. 심령을 감찰하는 능력을 개발하여 하나님께 쓰임을 받으려면 먼저 성령으로 세례를 받아야 합니다. 성령으로 세례를 받고 성령이 충만하도록 성령으로 기도를 해야 합니다. 기도하면서 마음의 상처를 치유해야 합니다. 마음의 상처를 치유 받으면서 자아를 부수어야 합니다. 자아를 부스면서 자신의 육체에 역사하는 세상 신들을 성령의 역사로 몰아내야 합니다.

자신의 마음에 성전이 견고하게 지어져야 성령께서 주인으로 계시면서 필요할 때 심령을 감찰할 수 있도록 투시로 역사하시는 것입니다. 투시는 주의가 필요한 영적 능력입니다. 귀신도 보게 할 수가 있기 때문입니다. 항상 자신에게 나타나는 열매에 관심을 가지고 사역을 해야 할 것입니다. 잘못하면 귀신의 도구가 될 수가 있기 때문입니다.

첫째, 심령을 감찰(투시)의 숙달방법. 심령을 감찰(투시)하는 능력을 숙달하는 방법은 이렇습니다. 성령의 임재 하에 사람의 이름을 적어놓고 마음의 감동을 받으면서 그 사람의 심령의 상태를 알아내는 훈련입니다. 저는 몇 년 전에 우리 성도들의 이름을 적어놓고 심령상태를 읽고 보는 시간을 많이 보냈습니다. 이 사람에게 무슨 문제가 있는지, 무슨 마음을 품고 있는지를 알기 위해서입니다. 어느날, 어느 성도의 이름을 보면서 성령의 감동을 받는데 얼마 있지 못하고 교회를 떠난다는 감동을 주시는 것입니다. 그 때 까지만 해도 아주 성실하게 봉사도 잘하고 열심히 교회를 다니는 성도 이였습니다. 그래서 제가 그럴리가 없을 텐데 하면서 지나쳤습니다. 한 삼 개월이 지난 다음에 교회를 떠나겠다는 것입니다. 그래서 우리 사모에게 잡지 마시오. 하나님이 떠난다고 하는데 우리가 잡아서 아무 소용이 없어요. 라고 말한 체험이 있습니다. 사람의 이름을 적어놓고 방언기도 하면서 성령의 감동을 받으면 심령상태를 감찰할 수 있습니다.

성령의 임재 하에 아는 사람의 얼굴을 상상하여 보면서 심령을 감찰하는 방법도 있습니다. 아는 사람의 얼굴을 그리면서 기도하면 성령께서 그 사람의 영육의 상태를 보여 줍니다. 제가 얼마 전에 저와 거래하는 장로 한분을 놓고 기도하니 성령께서 이 장로가 요즈음 영안이 흐려지고 있다는 것입니다. 그래서 그 장로에게 메일을 보냈습니다. 장로님 기도를 많이 하여 성령 충만하게 지내셔야 하겠습니다. 지금 영안이 많이 흐려지고 계십니다. 영안이 흐려지면 하시는 사업도 잘되지 않습니다. 그렇게 메일을 보냈더니 답장이 왔습니다. 맞는다는 것입니다. 지금 여러 가지 분주한 일이 많아서 기도를 제대로 하지 못했더니 영감이 많이 약해지고 있다는 것입니다. 믿음도 떨어지고 마음이 많이 답답하다는 것입니다. 이로보아 우리 성령의 사람은 분주하면 않됩니다.

성령의 임재 하에 특정 건물이나 사람의 사진을 보면서 훈련을 할 수도 있습니다. 일부 목회자들이 사진을 보고 사람의 심령상태를 감찰한다고 하면 상당히 거부를 하고 부정적인 경우가 많습니다. 세상에서도 남녀가 맞선을 보기위해 만나기전에 사진을 교환합니다. 사진을 보고 그 사람의 영육의 상태를 볼 수 있기 때문에 사진을 교환하는 것입니다. 이렇게 사진으로 사람의 상태를 아는 것은 세상 사람들도 사용하는 방법입니다. 하물며 우리는 성령으로 거듭난 초자연적인 하나님의 자녀들입니다.

우리도 성령의 임재 가운데 사진을 보면 그 건물이나 사람의 상태를 감찰할 수가 있습니다. 말씀과 성령으로 거듭난 우리는 신령한 것들을 부정하면 세상 사람들만도 못하게 될 수도 있습니다. 우리는 성령이 임재 하여 내주하고 계시는 성령의 사람들이라는 것을 명심해야 합니다.

가정이나 교회나 사업장을 마음으로 그리면서 상태를 감찰하는 방법도 있습니다. 저는 우리 교회를 주기적으로 감찰하는 기도를 합니다. 그래서 영적인 미비점을 보강하고 있습니다.

이렇게 심령의 감찰(투시)의 능력은 다양한 곳에 사용할 수가 있습니다. 성령 역사에 의한 심령의 감찰(투시)은 혼적인 기능이 잠잠해지고, 성령에 깊이 사로잡힌 상태에서 순간적인 역사로 열려질 수 있는 것이지만, 심령의 감찰(투시)는 주로 순간적으로 열리기도 하지만, 얼마 후 곧 닫혀버리는 것이 정상적입니다.

저의 임상적인 결과에 의하면 순간 보이다가 없어집니다. 즉, 성령께서 꼭 필요할 때 보여주시는 것이라 설명할 수가 있습니다. 꼭 필요한 때라는 것은 그 사람을 치유하거나 축사하거나, 그 사람의 기름부음을 알고 예언하여 주라고 보이는 것을 말합니다. 그리고 영감이나 직관으로도 느껴 질 수 있습니다. 어느 사람과 대화하다가 보면 그 사람의 영적상태가 나에게 알려지기도 합니다. 예를 들어 어느 성도가 어떤 사람에게 돈을 4억을 빌려 주려고 했습니다. 돈을 빌리려는 사람의 감언이설(이자를 높게 주겠다는)에 속았기 때문입니다. 돈을 빌려주려니 아무래도 마음이 걸려서 목사님에게 이야기를 했습니다. 목사님이번에 어디를 가시지요, 예, 갑니다. 가시는 길에 저의 애로사항하나 해결해 주시고 가시지요. 예, 그렇게 하지요, 하고 만날 장소를 약속하고 목사님이 가시다가 약속한 호텔 커피숍에 가서 집사님을 만났습니다.

집사님이 사정 이야기를 하고 지금 그 사람이 여기에 와있으니 한번 봐 주십시오, 하는 것입니다. 그래서 목사님이 누굽니까? 하니까? 집사님이 저 테이블에 앉아 있는 사람입니다. 해서 목사님이 그 사람을 보니 순간 여우의 모습으로 보이면서 혀를 날름거리더라는 것입니다. 그래서 목사님이 성령님 저 사람이 무엇을 하는 사람입니까? 사기꾼이다. 그래서 집사님 돈 빌려주지 말고 저 사람 뒷조사를 해보세요.

그래서 뒷조사를 해보니 사기전과 10범이었다는 것입니다. 이 집사님이 순진하게 돈을 빌려 주었더라면 영락없이 사기를 당하는 것이었는데 성령께 미리 아시고 감동하시어 막아준 것입니다. 성령께서는 장래 일을 알게 하신다고 했습니다. 그래서 성령의 감동으로 이 성도는 사기를 당하지 않은 것입니다. 당신도 이렇게 성령의 감동에 순종하시기를 바랍니다. 이것도 역시 심령의 감찰(투시)의 일종이라고 생각이 됩니다. 그런데 심령의 감찰(투시)의 상태가 오래 계속 된다면 우리의 심령구조와 그 기능상 오히려 비정상적이기 때문에 의심해 보아야 합니다. 심령구조상 오히려 비정상이라는 말은 저의 지금까지 성령치유 사역을 하면서 임상적으로 경험을 한 결과는 정상적인 사람은 순간 보이다가 닫히는 경우가 보통입니다. 그런데 계속 보인다는 것은 심령이 악한 영에 의하여 장악당하여 영적으로 좋지 못한 사람들이 심령의 감찰(투시)의 상태가 오래 지속 되었습니다. 그래서 심령 구조상 비정상 일수가 있다는 것입니다. 그런데 우리가 알아야 할 것은 영은 같은 영끼리 연합을 잘 한다는 것입니다.

나에게 사기의 영이 역사하면 나에게 사기를 잘 치는 영을 가진 사람이 잘 찾아온다는 것입니다. "악한 사람들과 속이는 자들은 더욱 악하여 져서 속이기도하고 속기도 하나니(딤후 3:13)" 내가 혈기가 심하면 혈기가 심한 사람이 잘 붙어서 나에게 혈기로 상처를 받게 한다는 것입니다. 그런데 꼭 이렇게 부정적으로만 보면 안 됩니다. 내가 성령으로 충만하고 말씀으로 영성이 잘 숙성 되어 있으면 성령 충만하고 영성이 깊은 성도가 나에게 접근하고 함께하기를 즐겨한다는 것입니다. 그러므로 우리는 나에게 어떤 종류의 사람들이 잘 접근 하는 가를 보면 자기 자신에게 역사하는 영을 알 수가 있는 것입니다. 실로 영의 세계는 사람의 이론으로 감정으로 눈으로는 알 수도 볼 수도 없습니다. 그러므로 우리는 성령 하나님의 도우심이 없이는 이 세상을 살아갈 수가 없는 것입니다.

제가 지금까지 성령치유 사역을 하면서 임상적으로 체험한 바로는 보편적으로는 귀신의 영향을 받는 사람이 성령 충만한 사람보다, 더 잘 심령의 감찰(투시)로 보이게 됩니다. 심령의 감찰(투시)을 한다는 사람을 분별하기 위해, 다른 사람을 성령에 깊이 사로잡힌 깊은 임재 상태에서 심령의 감찰(투시)로 그 사람을 보게 했습니다. 그랬더니 올빼미 형상을 한 귀신이 꼼짝하지 않고 들어 있는 경우가 많았다는 것입니다. 그렇지 않으면 귀신이 들리지 않은 사람은 심령의 감찰(투시)을 하는 사람이 아니라 영적인 환상이나 환영(귀신이 보여주는 것)을 보는 사람이였습니다.

대개의 사람들은 성령의 은사와 악령의 역사를 잘 분별하지 못하고, 그리고 심령의 감찰(투시)과 환상을 구분하지 못하며, 또한 성령에 깊이 사로 잡혀있는 깊은 임재 상태와 귀신에 의하여, 자주 혼수상태에 빠지는 것을 구분하지 못하고, 자랑처럼 말하는 경우가 많습니다. 고로 영적인 분별력을 길러야 합니다. 혼수상태에 잘 빠지는 이유는 치유되어야할 영적인 문제가 있는 것입니다. 혼수상태라고 하는 것은 이런 현상입니다. 성령이 충만한 집회에서 안수를 받는 다든지 성령의 임재가운데 기도할 때 순간순간 의식을 잃고 쓰러지는 것을 말합니다.

마치 초보자들이 보면 성령의 강한 임재로 깊은 임재(입신)에 들어가는 것과 흡사한 현상을 혼수상태라고 표현합니다. 이 혼수상태는 악한 영들이 자신이 장악하고 있는 사람이 말씀과 성령으로 치유되면 그 사람에게서 떠나가야 하니, 어떻게 해서든지 자신이 장악하고 있는 사람의 의식을 잡아서 영적으로 깊이 들어가지 못하게 하여 떠나가지 않으려는 것입니다. 이를 본인이 인정하면 좋겠지만 인정하지 않는다면 구지 본인에게 말할 필요가 없습니다. 성령의 강한 역사가 나타나도록 안수를 하면 정상으로 회복이 됩니다. 그리고 일부 목회자들이 성령의 세례로 일어나는 현상이 무당에게 신내릴 때의 현상과 비슷하다고 분별을 걱정하는 분들이 있습니다. 이것도 걱정할 필요가 없습니다. 성령의 강한 역사가 나타나게 하며 안수를 하면 모두 무당의 영들이 떠나가고 정상적인 성령의 역사만 일어납니다. 정말로 걱정할 것은 성령의 권능이 없어서 성령의 역사와 무당 신내림의 현상이 같이 일어날 때 정상적인 성령의 역사로 치유하지 못하는 것입니다.

저의 체험으로는 성령의 강한 역사가 일어나게 하고 안수를 하면 악한 영이 떠나가서 모두 정상적인 성령의 역사만 일어나더라는 것입니다. 그래서 성령의 역사인가 악령의 역사인가 인간적으로 구분하여 절재시키지 말고 성령의 강한 역사가 일어나게 해서 치유해야 된다는 것입니다.

우리는 심령의 감찰(투시)를 해서 본다고 하면서 부정적인 면만 보려고 하면 안 됩니다. 우리가 예수를 마음중심으로 믿고 불같은 성령을 체험하고 심령이 말씀으로 숙성된 영의 사람이 되면 지금까지 말한 부정적인 악한 영들은 다 물러갑니다. 우리 부정적인 것만 보려고 하지 마시기를 바랍니다. 그 그림자 즉 옛 사람 속에 있는 하나님의 형상을 볼 줄 아는 눈이 열리시기를 바랍니다.

그래서 하나님은 사무엘상 16장 7절에서 "여호와께서 사무엘에게 이르시되 그의 용모와 키를 보지 말라 내가 이미 그를 버렸노라 내가 보는 것은 사람과 같지 아니하니 사람은 외모를 보거니와 나 여호와는 중심을 보느니라 하시더라." 고 하신 말씀을 기억해야 합니다. 다윗은 아버지에게는 별 볼일 없는 사람으로 취급을 당했지만 하나님에게는 귀한 존재로 선택받고 훈련받아 하나님의 일을 하면서 복을 받은 사람이 되었지 않습니까?

그래서 우리는 겉 사람만 볼 것이 아니고, 그 속사람 안에 계시는 하나님의 형상을 볼 수 있는 심령의 감찰(투시)이 열려야 합니다. 그래서 창세기에 나오는 야곱의 외삼촌 라반과 같이 그 사람 속에서 역사하는 하나님을 보는 심령의 감찰(투시)을 해야 합니다.

"내가 외삼촌에게서 일하고 얻은 처자를 내게 주시어 나로 가게 하소서 내가 외삼촌에게 한 일은 외삼촌이 아시나이다. 라반이 그에게 이르되 여호와께서 너로 말미암아 내게 복 주신 줄을 내가 깨달았노니 네가 나를 사랑스럽게 여기거든 그대로 있으라(창30:26-27)" 우리 이런 심령의 감찰(투시)을 하려고 노력합시다. 그리하여 지금 밖으로 보이는 면에는 여러 가지 문제가 있을 지라도 속사람에게서 역사하는 하나님의 형상을 볼 줄 아는 영의 눈을 열어 가십시다. 하나님은 이런 눈이 열린 사람을 찾고 계시고 훈련하시어 사용하신다고 저는 믿습니다.

영안이 열리면 하나님을 아는 것과 하나님의 부르심의 소망이 무엇이며, 하나님께서 은혜로 주신 은혜와 영광의 풍성함이 무엇이며, 우리에게 베푸신 능력의 지극히 크심이 어떠한 것인가를 아는 것입니다. 그 결과 사람들의 영적 상태를 파악하게 되는 능력이 남들보다 좀 더 분명해집니다. 이러한 영적인 분별력이 더 예민해지면 심령을 꿰뚫어 보는 눈이 열리고, 초자연적인 지혜나 지식의 말씀의 은사를 갖게 됩니다.

"어떤이에게는 성령으로 말미암아 지혜의 말씀을, 어떤이에게는 같은 성령을 따라 지식의 말씀을(고전12:8)" 그러나 심령이 끝까지 깨끗지 못하면 오히려 귀신이 들어가게 됩니다. 사람은 육을 가지고 있는 존재이기 때문에 본인이 항상 성령으로 충만 하려고 하는 의지적인 노력을 해야 성령의 충만을 유지 할 수가 있는 것입니다. "우리 주 예수 그리스도의 하나님, 영광의 아버지께서 지혜와 계시의 영을 너희에게 주사 하나님을 알게 하시고, 너희 마음(영)의 눈을 밝히사 그의 부르심의 소망이 무엇이며 성도 안에서 그 기업의 영광의 풍성함이 무엇이며, 그의 힘의 위력으로 역사하심을 따라 믿는 우리에게 베푸신 능력의 지극히 크심이 어떠한 것을 너희로 알게 하시기를 구하노라(엡 1:17-19)"

말씀과 성령으로 심령을 치유하여 깨끗한 심령이 되어 다니엘, 엘리야, 예레미야, 에스겔, 사도 바울이나 요한처럼 깨끗한 투시가 열려서 하나님에게 귀하게 쓰임 받으시기를 바랍니다.

그러면 하나님의 말씀과 눈에 보이는 현상 중, 어느 편에 서야 할 것인가? 이 세상에는 하나님의 말씀과 반대되는 것과 같은 현상들이 종종 일어나곤 합니다. 예수님을 신실하게 믿는 사람이 아파서 죽는다거나, 말씀에 순종하는 삶을 살아감에도 불구하고 계속해서 어렵다든가…. 일평생 기도를 드렸으나 응답을 받지 못하고 눌린 삶을 살아간다든가…. 주변에서 일어나는 그런 류의 현상들을 보고 하나님의 말씀을 의심하는 사람들이 너무도 많이 있습니다.

하나님의 말씀과 그것과 반대되는 현상들 중에 어느 것이 맞는 것일까? 필자는 하나님의 말씀이 맞는 것이라고 믿습니다. 이상한 일은 성령께서 장악하시지 못한 세상적인 곳에서 일어납니다. 그래서 그럴지라도 하나님의 말씀을 믿고 따라가야 합니다. 그래야 성령의 인도를 받으면서 현 세상에서 천국과 아브라함의 축복 속에서 하나님의 나라 확장에 쓰임을 받으면서 살아갈 수가 있습니다. 사탄은 하나님의 말씀과 반대되는 현상들을 일으켜서 하나님의 말씀이 진실이 아니라고 믿게 만드는 영적인 마술사입니다(요8:44). 하나님의 임재 안에 있던 에덴동산의 하와가 그 꼬임에 넘어갔고, 주님의 임재 안에 있는 제자들의 반열에서 가룟유다가 그 꼬임에 넘어갔습니다.

사탄이 하나님의 말씀과 반대되는 현상들을 보여줄 때면 다음과 같은 외침으로 승리를 쟁취하기 바랍니다. "사탄아! 나는 일점일획도 변함없는 하나님의 말씀만을 믿을 것이다. 나는 내 눈에 보이는 것이 아니라, 그것에 대한 하나님의 말씀만이 진리임을 믿을 것이다. 내 앞에서 썩 떠날지어다. 존귀하신 주 예수님의 이름으로 명령하노라. 아멘."

둘째, 심령감찰(투시)을 체험한 사례. 목에 피부병이 이상하게 생겨서 고통을 당하는 여 목사님을 치유할 때 심령감찰(투시)을 경험한 사례입니다. 이 여 목사님은 교회를 개척하여 목회를 잘하고 계시는 목사님이었습니다. 그런데 이 목사님이 여러 가지 질병을 가지고 있었습니다. 간에 담석도 있었습니다. 신장에 결석도 있었습니다. 그리고 목에 이상하게 생긴 피부병도 있었습니다. 그래서 병원에서 치료를 했는데 잘되지 않고 영적으로 갈급하여 저희 교회 치유집회에 참석하여 치유를 받았습니다. 그런데 담석 결석은 다 치유가 되었는데 이상하게 귀에서부터 목까지 마치 줄이 연결된 것 같은 피부병은 치유되지를 않았습니다. 그래서 제가 치유기도 시간마다 손을 얹고 안수를 했습니다. 그러던 어느날 집회를 마치고 잠간 쉬는 시간에 저는 강대상 뒤에서 기도하며 쉬고 있고, 그 분은 뒤에서 저의 사모하고 여러 사람들하고 대화하며 쉬고 있었습니다. 그런데 갑자기 저의 마음에 성령의 감동이 오기를 뒤에 쉬고 있는 사람들을 보라는 감동이 오는 것이었습니다. 그래서 강대상 옆으로 얼굴을 내밀고 뒤를 바라다보았습니다. 그런데 그 여 목사님하고 저하고 눈이 딱 마주쳤습니다. 그런데 순간 보이는 이상한 형체가 있었습니다.

여 목사님이 빨간 립스틱을 진하게 칠하고 무당이 쓰는 모자인 꿩 깃이 꽂인 모자를 쓰고 모자가 벗어지지 않게 하기 위하여 모자 옆에 줄이 있는데 귀에서부터 목까지 걸치게 줄을 하고 있는 것이었습니다. 올 다! 알았다. 지금까지 귀에서부터 목까지 피부병이 생긴 것은 모자를 벗어지지 말라고 걸어놓은 끈이 일으키는 피부병 이였구나 하고, 여 목사님을 앞으로 불러 축사를 했습니다.

성령이여 임하소서. 야! 이 더러운 무당 귀신아 정체를 밝혀라, 정체를 밝혀 하니까, 조금 있다가 막 발작을 하는데 무당이 굿거리를 할 때와 똑같은 발작을 한 동안 하다가 귀신이 축사되었습니다. 이렇게 심령감찰(투시)로 영물들이 보이는 것은 축사하라고 보이는 것입니다. 축사능력이 없는 성도가 보이는 것은 마귀가 보여주는 것입니다. 이 여 목사님은 축사를 한 후 몇 칠 있다가 그 피부병이 완전히 나았습니다.

나중에 알고 보니 이 여 목사님의 올케가 무당이랍니다. 그리고 시 아버지는 무당 옆에서 피리를 부는 사나이라는 것입니다. 그 무당의 영이 목사님에게 붙어서 고생을 시키다가 성령이 밝히 보여주심으로 정체가 폭로되어 축사를 한 사례입니다. 성령님은 이렇게 필요할 때 이렇게 축사 사역자의 영의 눈을 열어 보게 하십니다. 그러나 주의하시기를 바랍니다. 제가 정신적으로 문제가 있는 사람들을 상담하며 들은 이야기 인데 항상 눈에 악한 것들이 보여 진다는 것입니다. 그래서 여기도 귀신이 있고, 저기도 귀신이 있다고 합니다. 그러니까 만약에 교회에 어떤 성도가 계속적으로 악한 영들의 보여 진다는 사람은 정신적으로나 심령구조상에 이상이 있는 사람입니다. 그러므로 특별한 지도가 필요한 성도들입니다. 성령은 인격이시기 때문에 필요할 때만 보여주신다는 것을 명심하시기를 바랍니다.

영적인 능력은 사물, 장소, 물건에까지 전달 될 수 있습니다. 즉 장소와 물건이 바쳐지는 대상에 의하여 영적인 권능이 나타납니다. 하나님의 언약궤, 성전, 예수님의 옷자락, 바울의 손수건에서는 하나님의 능력이 나타납니다. 반면에 우상물, 제물, 부적에서는 악한 영의 역사가 나타납니다.

실제로 필자가 군대에 있을 때 이런 일이 있었습니다. 믿음이 좋은 여 집사님이 군인 아파트에 이사를 온 다음부터 이상하게 꿈에 뱀들이 집안에 돌아다니는 꿈을 연속적으로 한 달 이상을 꾸었습니다. 그러다가 불면증에다가 우울증까지 발전을 했습니다. 그래서 군대 목사님이 그 가정에 가서 심방을 하고 성가대 연습을 아무리 해도, 그러한 꿈을 계속해서 꾸었습니다. 그러다가 집사님이 집안을 청소하기로 작정하고 집안 구석구석을 청소했습니다. 그런데 거실에 있던 장식장을 열어보니 그 속에 부적들이 말도 못하게 많이 붙어있는 것입니다. 그래서 부적들을 다 떼어내고 불에 태우고 물로 씻어내고 목사님을 청해 다가 심방을 하고 나니 뱀 꿈이 꾸어지지 않고 우울증과 불면증에서 해방이 되었습니다.

16장 깊은 임재 입신의 혼돈과 분별 법

(고후 12:1-3)"무익하나마 내가 부득불 자랑하노니 주의 환상과 계시를 말하리라. 내가 그리스도 안에 있는 한 사람을 아노니 그는 십사 년 전에 셋째 하늘에 이끌려 간 자라 (그가 몸 안에 있었는지 몸 밖에 있었는지 나는 모르거니와 하나님은 아시느니라) 내가 이런 사람을 아노니 (그가 몸 안에 있었는지 몸 밖에 있었는지 나는 모르거니와 하나님은 아시느니라)"

먼저 '입신'의 용어에 대하여 먼저언급을 합니다. '입신'이라는 단어의 한자 표기는 두 가지가 있는데, 入神과 立神이 그것입니다. 전자는 중국식 표현이며, 후자는 일본식 표현입니다. 이 두 표현 모두 '신의 경지에 들다'라는 의미를 지닌 단어입니다. 또한 이 입신이라는 표현은 주로 무속 인들이 즐겨 사용하는 용어입니다. 샤머니즘에서 입신은 '신 내림'을 의미하는 용어로 오래전부터 사용되어 온 단어입니다. 신 내림의 한자 표현이 '入神'입니다. 국어사전은 이 단어의 의미를 '기술이나 기예 따위가 매우 뛰어나 신과 같은 정도의 영묘한 경지에 이름'이라고 서술하고 있습니다. 중국어는 이합동사로서 '흥미가 있는 사물에 빠져들다. 마음을 뺏기다. 넋을 잃다. 정신을 쏟다.' 등의 의미로 사용되는 관용표현입니다.

성경은 사람이 영적 세계로 들어가는 상황을 일컬어 '이끌리다'라는 표현을 사용하고 있습니다. "성령에 이끌려"(마 4:1, 눅 4:1), "세 째 하늘에 이끌려 간 자라"(고후 12:2), "여호와의 기운이 나를 밖으로 이끌어냈다"(겔 37:1),"천사들에 이끌려"(눅 16:22). 등이 있습니다. 그러므로 우리는 이런 상황에 대한 표현으로 '입신'이라는 단어를 쓸 것이 아니라 '성령의 이끌림에 의한 깊은 임재'이라는 성경적인 용어를 사용해야 할 것입니다.

그래서 저는 현재 성도들이 입신이라는 용어에 익숙하여 있기 때문에 '성령의 깊은 임재(입신)'이라고 용어를 사용합니다. 책을 읽어 가는데 참고하시기를 바랍니다.

우선 입신이 무엇인가를 알기 위해 입신과 영안이 열려서 영계를 보는 것의 차이점을 비교해 보겠습니다. 영안이 열려서 영계를 보는 것은 쉽게 표현한다면 순간 열려진 틈새로 영계 안을 들여다보는 것이고, 입신 상태가 되는 것은 영이 육신을 떠나 영계 안으로 넘어 들어가는 것입니다.

영안이 열려서 영계를 볼 때에는 영과 육신과 의식(意識)은 이 현실 세계에 그대로 있지만, 입신 중에 있을 때에는 이 현실 세계에서는 육신만 있고 영과 의식은 현실 세계의 울타리를 넘어 영계로 들어가서 그곳에서 활동하게 되는 것입니다. 따라서 현실 세계에 남아 있는 육신은 입신 상태가 계속되는 동안 아주 무기력한 수면 상태가 되는 것입니다.

영안이 열려 영계를 보는 것은 어디까지나 구경군의 입장에서 성령께서 보게 해 주시는 것만을 볼 수 있을 뿐이지만, 입신 상태에서는 내 영이 영계 안에서 어느 정도까지는 나 자신의 의지(意志)에 따라 행동할 수가 있습니다. 영안이 열려서 영계를 보는 것은 그 시간이 극히 짧습니다. 입신의 경우는 짧아도 2-3분, 길 때에는 며칠씩 계속되는 경우도 있습니다.

어떻든, 성령의 깊은 임재(입신)은 우리의 영이 영계 안으로 들어가서 영계의 여러 가지를 보고 들으면서 영계를 체험하는 것입니다. 하나님께서 우리에게 이런 성령의 깊은 임재(입신)를 허락하시는 것은 우리로 하여금 영계가 있다는 확신을 갖게 하기 위해서입니다. 그런데, 여기서 우리가 알아야 할 것이 있습니다. 그것은 인간의 영은 다른 영의 인도 없이 입신 상태로 들어갈 수가 없습니다. 그러므로 입신은 성령께서 이끄시는 입신만 있는 것은 아닙니다. 귀신이 이끄는 입신도 있다는 것입니다.

성령께서 이끄시는 입신은 성령께서 허락하심으로 우리의 영을 천사가 인도하여 영계로 들어가게 하는 것입니다. 반면, 귀신에게 이끌리는 입신은 귀신들이 꾸민 거짓 영계, 곧 있는 것처럼 보이게 하는 거짓 영계 속에서 거짓 것을 보고 거짓 것을 체험하는 거짓 입신인 것입니다. 귀신들은 거짓의 움직이는 입체적 허상(虛像)을 만들고 우리의 영을 그 허구의 세계 속으로 끌어들여 우리의 영으로 하여금(혹은 우리의 의식으로 하여금)

그것이 실재하는 영계처럼 착각하게 만드는 것입니다.

첫째, 성령의 깊은 임재(입신)의 사전적 의미. 입신을 말할 때, 국어사전을 검색하면 대부분 다음 두 가지 용례만 나오는 것을 알 수 있을 것입니다.

1) 입신(入神): ① 기술이 영묘한 경지에 이름. ② 바둑에서 9단이 됨. ③ 신의 경지에 들어감을 말합니다.

2) 입신(立身): 사회에 나아가서 자기의 기반을 확립하여 출세함을 뜻하는 말입니다.

입신 쓰러지는 현상을 영어로는 slain in spirit (성령 안에서 죽어짐, 살해당함), 또는 resting in the spirit (성령 안에서의 안식)이라고 하며, 그 원인을 overcome by spirit(성령에 의해 정복당함)으로 말하고 있습니다. 성경에는 입신이라는 단어 자체가 나오지는 않지만 이것은 어떤 영적인 현상을 표현한 용어입니다. 마치 삼위일체라는 단어가 성경에 없지만 신학적 술어로서 사용하고 있는 것과 같은 경우라고 생각 하시면 됩니다. 그래서 저는 '성령의 깊은 임재(입신)'이라는 용어를 사용합니다.

둘째, 입신 쓰러지는 현상의 혼돈과 분별하는 법. 어떻든, 입신은 우리의 영이 영계 안으로 들어가서 영계의 여러 가지를 보고 들으면서 영계를 체험하는 것입니다. 하나님께서 우리에게 이런 입신을 허락하시는 것은 우리로 하여금 영계가 있다는 확신을 갖게 하기 위해서입니다. 그런데, 여기서 우리가 알아야 할 것이 있습니다. 그것은 입신은 성령께서 이끄시는 입신만 있는 것은 아닙니다. 귀신이 이끄는 입신도 있다는 것입니다. 아니, 실은 사람들이 체험하는 입신 중 많은 것이 귀신에게 이끌리는 입신이라는 것입니다. 실은 우리가 체험하는 입신의 대부분이 귀신이 이끄는 입신이라고 해도 과히 틀린 말은 아닐 것입니다. 인간의 영은 절대로 다른 영의 인도 없이 깊은 임재(입신) 상태로 들어갈 수가 없습니다.

성령께서 이끄시는 입신은 성령께서 허락하심으로 우리의 영을 천사가 인도하여 영계로 들어가게 하는 것입니다. 반면, 귀신에게 이끌리는 입신은 귀신들이 꾸민 거짓 영계, 곧 있는 것처럼 보이게 하는 거짓 영계 속에서 거짓 것을 보고 거짓 것을 체험하는 거짓 입신인 것입니다. 귀신들은 거짓의 움직이는 입체적 허상(虛像)을 만들고, 우리의 영을 그 허구의 세계 속으로 끌어들여 우리의 영으로 하여금(혹은 우리의 의식으로 하여금), 그것이 실재하는 영계처럼 착각하게 만드는 것입니다.

그러니까 귀신이 이끄는 입신은 입신이 아니며 입신처럼 착각하게 만드는 것입니다. 쉽게 말하면 귀신이 꾸게 해주는 일종의 꿈과 같은 것이라고 할 수 있을 것입니다. 귀신들은 그들이 꾸며놓은 허상의 세계 속으로 입신 자를 데리고 다니면서 그것들을 보고 듣고 하게 해 준다는 것입니다. 귀신들은 그들이 만든 허구의 천국도 보여 주고 지옥도 보여줍니다. 그들이 보여주는 천국은 그것을 보는 입신 자가 사람들로부터 천국은 어떻더라 하고 흔히 듣는 그런 모습으로 나타납니다. 지옥도 마찬가지입니다. 귀신에게 이끌려서 귀신이 보여 준 거짓 천국이나 거짓 지옥의 모습을 보고는 천국에 갔다 왔네, 지옥 갔다 왔네 하며 사람들 앞에서 그것을 자랑스럽게 간증하고 다니는 사람들이 우리들 주위에는 있습니다.

어떤 목사님은 사람들을 모아 놓고 반 강제로 입신을 시켜 주기도 하고, 또 억지로라도 입신을 해보겠다고 그런 목사님 앞에 벌렁 누워서 입신을 체험하는 사람들도 있습니다. 이렇게 해서 입신을 할 경우 그 대부분은 아니 거의 모두는 귀신에게 이끌리는 입신을 하게 됩니다. 기도원이나 부흥회 같은 데서 단체로 입신을 하게 되는 경우가 더러 있는데 이런 경우도 거의가 귀신에 의한 입신이라고 해도 틀리지는 않을 것입니다. 성령에게 이끌리는 입신, 정확하게 말해서 성령께서 허락하셔서 천사가 이끄는 입신은 우리가 원해서 되는 것이 아니요. 어느 목사가 기도해서 되는 것이 아니라, 성령께서 필요하다고 생각하셨을 때, 입신하도록 우리의 영을 이끄시는 것입니다.

이런 입신은 깊이 기도하는 중에 혹은 말씀을 묵상하는 중에 뜻하지 않게 그야말로 홀연히 오는 것입니다. 이런 입신을 체험하는 사람은 많지 않습니다. 기도를 많이 하는 사람 중에는 조금만 깊이 기도를 해도 곧 입신 상태로 빠지게 되는 사람들이 있는데, 이 경우도 대개는 귀신이 이끄는 입신인 것입니다.

귀신에게 이끌리는 입신에 자주 빠지게 되면 습관적으로 입신을 하게 되고 입신 중에 귀신의 유혹을 받아 온갖 죄악을 저지르게 되는 경우가 흔히 있습니다. 다시 말하면 귀신이 만들어 놓은 허구의 세계 속에서 온갖 육신이 쾌락을 맛보게 되는 것입니다. 그리고 이 쾌락을 못 잊어서 그것이 귀신이 이끄는 입신이라는 것을 알면서도 그것에서 벗어나지 못하고 마약 중독자처럼 계속 귀신이 이끄는 입신 속으로 빠져들게 되는 경우도 있는 것입니다. 그러므로 입신에 대해서는 매우 조심스럽게 접근해야 합니다.

제일 좋은 방법은 입신에 대해 관심을 갖지 않는 것입니다. 깊은 임재(입신)에 관심을 갖지 않는 다는 것은 인간의 욕심으로 깊은 임재(입신)에 들어가려고 하지 않는 다는 것입니다. 또 누가 기도해서 입신 시켜주겠다고 하면 거절하고나 적당한 이유를 붙여 회피하는 것이 상책입니다.

셋째, 입신 현상의 세 가지 구별

1)육이 무감각한 상태에서 영이 하늘나라로 가는 상태를 말합니다.

2)육의 모든 감각과 생각이 있는 상태에서 하늘의 오묘한 신비를 체험하는 상태입니다.

3)아무것도 보지 못하나 심령의 평안을 누리는 상태입니다.

사도 바울은 "그가 몸 안에 있었는지 몸 밖에 있었는지 나도 모르거니와 하나님은 아시느니라"(고린도후서 12:2-3)라고 말했습니다. 하나님은 시간과 공간을 초월하시고 천지에 충만 하시고 (예레미야 23:24)능치 못함이 없으신 분입니다.

넷째, 입신의 유익한 점. 육이 잠깐이라도 약해지는 순간 영이 승리 하므로 마음의 평화를 맛보게 되는 은혜의 체험을 하게 됩니다(고전 2:10-13; 마 12:22-23). 즉 육의 소욕이 감소되고 성령의 소욕이 성장되는 증거가 됩니다(갈 5:16). 이때에 심령의 치유와 육신의 질병의 치료를 받을 때도 많습니다.

성령의 이끄심에 의한 입신의 유익한 점은 성령의 평안이 찾아와 세상의 근심이 없어집니다(마 6:34; 고후 7:10; 벧전 5:7). 성령의 역사로 심령이 치유되어 마음이 깨끗해집니다(막 2:5; 약 5:14-16). 마음에 깊은 평화가 옵니다(요 14:26-27; 눅 17:20-21). 성령의 깊은 임재와 역사로 깊은 회개가 터집니다(행 2:37-38). 말로표현 할 수 없는 기쁨이 솟아납니다(빌 4:4; 살전 5:16). 영이 깨어나므로 하나님의 말씀이 생각납니다(요 14:26-27; 요일 2:27).

성령의 감화로 영이 육을 초월하며 영이 전인격을 사로잡습니다(롬 8:13-17). 방언과 방언 통역의 은사를 받기도 합니다(행2:1-4). 말씀과 성령으로 전신갑주를 입으며 소명감을 받습니다(고후 6:2; 골 4:3; 엡6:12-13). 웃음의 기쁨이 넘칩니다(욥 8:20; 시 126:2; 눅 6:21). 성령이 역사하여 춤의 기쁨이 있습니다(삼하 6:5). 영안이 열리고 환상을 보게 됩니다(고후 12:1-3). 성령이 입술에 말씀을 넣어줍니다(겔 2:8; 계 10:9; 시 81:10). 깊은 생명의 말씀이 들려옵니다(단 10:8-21). 신체에 전류가 흐르며 힘이 생깁니다(행 4:29-31).

성령의 불이 심령으로 내리고 심령에서 성령의 불이 올라옵니다(행 2:1-4). 성령의 역사하심으로 심령의 치료로 생활과 성품에 변화가 생깁니다(롬12:2). 영이 육을 장악하여 육에 힘이 없어질 때 질병이 없어집니다(막 9:17-21). 성령의 권세에 귀신이 성령의 힘에 숨어 있지 못한고 발작하며 떠나갑니다(마 12:28). 주님 일에 충성심이 생겨납니다(고전 4:1-2). 주님을 사랑하는 마음이 생기고 성품이 변하며 성령의 열매를 맺게 됩니다(갈 5:22-23). 바른 성령의 이끌림(입신)은 우리의 전인격을 변하게 합니다. 영육이 성령님께 지배를 당하게 됨으로 전인격이 치유되는 아주 유익한 영적인 현상입니다.

다섯째, 입신 상태에서 주의할 점. 입신한 분 옆에서 대화나 소음은 금하며, 몸에 손을 대는 것도 금합니다. 대신 조용히 찬송을 불러 주어야 합니다. 넘어지게 될 때나 누워 있을 때에 인간적인 생각을 하지 말고 날 위하여 십자가에서 피 흘려 돌아가신 예수님을 바라보아야 합니다. 그때 자기도 모르게 눈물로 회개 할 때가 있는데 이는 성령께서 친히 우리의 영과 더불어 역사하는 것이며, 우리가 연약할 때 친히 우리를 위하여 탄식하며 기도하는 것입니다(롬 8:26). 몸에 새 힘이 생길 때까지 주님을 생각하고, 일어날 수 있을 때에 조용히 일어나는 것이 좋습니다(단 10:18-19). 안수 받아보니 별것 아니더라고 함부로 말하지 마시기를 바랍니다. 성령께서 역사하시는 일을 비난 하는 것이 됩니다(엡 4:30).

여섯째, 누가 입신의 체험을 잘할 수 있나?

1)하나님의 주권에 있으므로 하나님께서 원하시는 자가 입신의 체험을 할 수 있습니다.

2)마음이 순결하고 청결한 자가 입신을 체험합니다(마 5:8). 성령의 불세례를 체험하고 깊은 회개를 한 자가 입신을 체험해야 하는 것입니다. 감성이 풍부한 크리스천이 입신을 체험하기 쉽습니다. 보통 감성은 여성들이 풍부합니다.

3)사모하는 영혼이 입신을 체험합니다(시107:9). 하나님은 사모하는 영혼에게 만족을 주십니다.

4)하나님과 기도해주는 자와 기도 받는 자의 영적 채널이 맞을 때 입신을 체험합니다(행19:6). 주의할 것은 넘어지는 것(입신)은 구원과 관계가 없습니다. 구원은 믿음과 관계가 있습니다. 체험하면 할 수로 자신이 성령의 지배를 받게 됨으로 성령의 감동을 잘 받으면서 하나님께 순종하게 됩니다.

일곱째, 성령의 깊은 임재(입신)의 체험 사례. 충만한 교회 성령치유집회에 참석한지 2주가 지났을 때의 체험입니다. 제가 충만한 교회 성령치유 집회에 참석한 것은 신경성 위장병으로 10년 이상을 고생하며 지냈기 때문에 신경성 위장병을 치유 받으려고 집회에 참석한 것입니다. 한주가 지나고 두주가 되어 이제 마음속으로 방언기도를 하던 때입니다. 충만한 교회 성령치유 집회 때에는 매시간 30분 이상 기도 시간이 있습니다. 이때 강 목사님께서 개인별로 안수를 해줍니다. 첫 주에는 조금 생소했습니다. 점점 적응이 되면서 성령의 불이 임하는 체험을 했습니다. 무엇보다도 강 목사님이 성령을 체험하고 마음의 상처를 치유하는 기도에 대하여 자세하게 설명하여 주었습니다. 그래서 계속 기도를 하다가 보니 이제 숙달이 되었습니다.

그날도 영의 말씀을 듣고 찬송을 부르고 기도를 시작했습니다. 그런데 이 날은 강 목사님이 소리를 내지 말고 마음속으로 방언기도를 하라고 가르쳐 주었습니다. 그래서 순종하는 마음으로 호흡을 들이쉬고 내쉬면서 마음으로 방언기도를 했습니다. 오로지 방언기도에 몰입하여 마음으로 방언기도를 했습니다. 그러다가 나도 모르게 성령의 깊은 임재(입신)에 들어갔습니다. 그러자 환상이 보이는 것입니다. 하얀 옷을 입은 사람 3명이 저의 몸을 만져주면서 지금까지 위장병으로 고생을 많이 했구나 하면서 배를 만져주는 것입니다. 그러면서 앞으로는 위장병으로 다시는 고생하지 않을 것이라고 말하면서 건강한 몸으로 영혼을 전도하라고 하면서 배를 계속 만져주는 것입니다.

그런데 너무나 배가 시원해지는 것을 체험했습니다. 그러더니 갑자기 기침이 사정없이 나오는 것입니다. 그래서 기침을 한동안 했습니다. 기침을 하고 나니 더 배가 시원하여 졌습니다. 배가 시원하여 지더니 속에서 불이 올라오기 시작을 하는 것입니다. 너무나 뜨거운 불이 마음에서 올라와 저를 태우는 것입니다. 그러면서 몸이 가벼워지는 것입니다. 마치 솜털같이 가벼운 기분이 들었습니다. 너무나 황홀하고 신비스러워 계속 마음으로 방언기도를 했습니다. 그러더니 이제 온몸을 마치 안마 하는 것같이 만져주었습니다. 그러면서 근육통증이 사라졌습니다. 너무나 좋아서 성령님 계속하여 주세요. 라고 기도가 저절로 되었습니다.

그렇게 신비한 현상을 체험하다가 어느덧 기도시간이 종료되었습니다. 집회가 끝나고 강 목사님에게 현상을 이야기 했더니 성령께서 임재 하여 육체의 모든 부분을 치유한 것을 보증으로 보이게 보여주신 것이라고 했습니다. 그 후 저는 신경성 위장병과 근육통증이 완전하게 치유가 되었습니다. 지금 생각을 하면 너무나 신비스럽습니다. 또 그런 성령님의 임재를 체험하고 싶습니다. 좌우지간 치유하여 주신 성령하나님에게 감사와 영광을 돌립니다. 강남 김집사

여덟째, 성령의 깊은 임재(입신)의 체험 사례(2). 중풍과 고

혈압을 치유하신 하나님에게 영광과 찬송을 올립니다. 제가 충만한 교회에 치유 받으러 오기 전 상황은 혈압이 170-220까지 올라갔습니다. 혈압 약을 먹어도 혈압이 떨어지지를 않았습니다. 그러다가 아찔한 경험이 있은 후 눈에 있는 혈관이 터졌습니다. 그 일이 있은 후 왼쪽 팔이 무지근하고 왼쪽 손에 마비가 왔습니다. 민간요법으로 벌침을 수도 없이 맞았습니다. 벌침을 맞으니 벌침의 진통효과로 무지근한 통증은 느끼지 못했습니다. 그러나 왼쪽 손의 마비는 풀리지를 않았습니다. 그렇게 지내다가 아내의 인도로 충만한 교회에 와서 성령의 세례를 받고, 주일마다 깊은 영의 기도를 하면서 성령의 불세례를 체험했습니다. 이상하게 마비된 손이 풀리기 시작을 한 것입니다. 일을 하면서도 목사님이 알려준 대로 깊은 영의기도를 했습니다. 마음에 평안이 찾아왔습니다. 직장 일을 하지 않으면 안 되는 상황이라서 주중에는 직장에 나가 일을 했습니다. 주일마다 오전 오후 예배에 참석하여 목사님의 안수를 받았습니다. 안수를 받으면 받을수록 마비된 손이 풀렸습니다. 부드러워졌습니다.

충만한 교회에 오기 전에는 물건을 쥐지 못할 정도 이였는데 이제 완전하게 풀렸습니다. 몸이 치유되어 외국에 나가게 되었습니다. 외국에 나가 매일 깊은 영의 기도를 하고 있습니다. 쉬는 날이면 4-5시간 씩 깊은 영의기도를 합니다. 깊은 영의 기도를 하면 깊은 임재(입신)에 들어가 말로 표현할 수 없는 환희를 체험합니다. 너무나 황홀한 깊은 경지에 들어갑니다. 어느 때는 일어나기가 싫을 때도 있습니다. 깊은 영의기도를 하여 깊은 임재에 들어가니 피로가 잘 풀리고 건강이 회복이 되는 것입니다.

깊은 임재(입신)에 들어가니 영육이 강건해 진다는 것을 몸으로 체험하고 있습니다. 건강이 회복되어 몸이 가벼워졌습니다. 혈압도 정상으로 회복을 했습니다. 혈압 약을 먹어도 혈압이 떨어지지 않았는데 이제 혈압 약을 먹지 않아도 85-130으로 화복을 했습니다. 저는 미풍을 맞고 걱정을 많이 했습니다. 왜냐하면 저의 어머니와 아버지 모두 중풍으로 고생하시다가 세상을 떠났기 때문입니다. 그러나 충만한 교회에 와서 성령의 불세례를 받고 주일마다 안수를 받고 대물림되던 중풍의 영을 축귀한 결과 완전하게 정상으로 회복된 것입니다. 이렇게 불치의 병을 치유하여 주신 하나님에게 감사를 드립니다. 이제 영적인 생활을 잘해서 유지를 잘하려고 노력을 하고 있습니다. 하나님은 살아계십니다. 질병으로 고통당하시는 여러분 성령을 체험하고 치유를 받으시기를 바랍니다. 제가 성령의 불세례와 깊은 임재를 체험하니 정말 말로 표현할 수 없을 정도로 마음이 편안하고 건강에도 좋습니다.

17장 영적지각 통한 영안 열림의 혼돈과 분별

(벧전5:8-9)"근신하라 깨어라 너희 대적 마귀가 우는 사자 같이 두루 다니며 삼킬 자를 찾나니, 너희는 믿음을 굳건하게 하여 그를 대적하라 이는 세상에 있는 너희 형제들도 동일한 고난을 당하는 줄을 앎이라"

어린 아이가 자라면서 낯선 사람을 인식하게 되면서 낯을 가리게 되듯이, 영적으로 성장하면서 주변 환경에 대해 민감하게 반응하기 시작합니다. 이런 현상을 영적 각성(spritual sensitiveness)이라고 합니다. 속된 표현으로는 '영적 낯가림' 또는 '영의 깨어남'이라고 부릅니다. 영적인 민감함 등으로 표현할 수가 있습니다. 사람은 의식이 성장하면서 주변 환경에 대해서 반응하기 시작합니다. 사람은 제일 먼저 몸의 반응이 나타나기 시작합니다. 이는 원시 사회에서 생존하기 위해서 주어진 본능적인 적응의 결과라고 봅니다. 환경에 대해 몸이 민감하게 반응을 보임으로써 몸에 해로운 환경에서 보호 받게 되는 것입니다. 성장하여 의식이 발달하면 의식적 판단을 하여, 옳고 그름을 깨닫게 됩니다. 위험한 것을 깨닫고 그 곳에서 피하거나 접근하지 않게 됩니다. 이 의식을 성장하면서 고도로 발달하게 됩니다. 이처럼 우리의 영은 성령의 불세례를 받고 거듭나면 주변 환경에 대해 민감하게 반응하기 시작합니다. 이 작용이 사람에게 여러 가지 현상으로 나타나는데 그 가운데 하나가 영적 감응(spiritual sensibilities)이라고 불리는 민감성의 발달을 들 수 있습니다.

영적 각성을 경험하는 사람에게 나타나는 여러 가지 영적 현상 가운데 특히 주목해야 할 부분이 영적 감응 현상입니다. 어떤 낯선 사람을 만나게 되거나 낯선 장소에 가게 되면 경험하게 되는 것인데, 매우 정신이 맑아지거나 혼미해지는 현상을 말합니다. 처음 사람을 대할 때 정신이 매우 맑아지거나 반대로 정신이 흐려지는 것을 느낄 것입니다. 함께 잠을 자게 되는 경우 정신이 맑아져서 잠을 들 수 없게 됩니다. 이와 같이 어떤 낯선 장소에서 잠을 자려고 하면 정신이 또렷해지면서 쉽게 잠을 이루지 못하며 잠이 들어도 깊은 잠을 잘 수 없는 경우가 있습니다. 이것이 바로 성령으로 영이 깨어난 성도에게 나타나는 영적 지각능력입니다.

첫째, 매우 정신이 맑아지는 경우. 사람의 경우 처음 대하는 사람에게서 느끼는 이와 같은 영적 감응 중 매우 정신이 맑아지는 경우부터 살펴보기로 합니다. 신앙심이 좋고 경건한 삶을 사는 사람을 만나면 이와 같은 현상을 경험하게 됩니다. 그런데 간혹 불신자를 만나는 경우에도 이 같은 현상을 경험한다면 그 상대방은 타 종교에 깊이 관여된 사람일 수 있습니다. 예를 들면 불교의 신실한 신자이거나 그 종교의 지도자일 경우입니다.

이런 사람을 만나면 나의 영이 긴장하게 되기 때문에 이런 영적 감응을 느끼게 됩니다. 이단에 속한 사람을 만나는 경우에도 이와 같은 현상을 느끼게 됩니다. 이는 영적 전쟁을 치르기 위해서 우리 영이 자신의 의식에게 신호를 보내는 것입니다.

정신이 매우 흐려지는 경우에는 그 사람이 예수를 믿는 사람일 경우 그 직분에 상관없이 영적으로 매우 혼탁한 사람입니다. 육적인 사람으로 아직 거듭나지 못했거나, 거듭난 경험을 가진 사람이라도 육신적 삶에 치우쳐 있는 경우입니다. 믿지 않는 사람의 경우 악한 영에 사로잡혀 있거나, 삶이 질서가 없고 사회로부터 인정받지 못하는 일에 종사하는 사람일 가능성이 높습니다. 이런 사람에게는 특별히 경계가 필요하다는 점을 알리는 경고입니다. 정신이 흐려지는 사람과 경계 없이 가까이 하는 것은 자신의 영적 삶에 큰 손상을 입을 수 있습니다.

다음은 장소에 대한 것을 살펴보겠습니다. 낯선 장소에 가면 어린 아이는 즉각 반응을 보이고 매우 낯을 가리고 때로는 울기도 합니다. 이는 그 장소가 자신에게 익숙하지 못하기 때문입니다. 물을 갈아 마시면 배탈이 나는 등 신체적으로 예민한 사람이 있습니다. 이와 같이 낯선 장소에서 잠을 자려고 하면 좀처럼 잠에 들지 못하고 뒤척입니다. 몸은 매우 피곤한데 정신은 맑아져서 도무지 잠을 쉽게 이루지 못하는 것은 이 장소가 영적으로 문제가 있는 곳일 수 있습니다. 체질적으로 낯선 장소에 가면 쉽게 잠을 들지 못하는 영적 과만증 환자의 경우는 예외이

겠으나, 그렇지 않은 사람이라면 그 장소는 지금 자신에게 영적 손상을 입힐 수 있는 것들이 존재하고 있다는 증거입니다.

예외적으로 낮에 영적 전쟁을 치렀다면, 예를 들어 귀신을 쫓아내는 축귀사역을 하였다거나 치유를 위한 기도회를 인도했을 경우 밤에 잠을 이루지 못하는 경우가 있습니다. 이 경우는 낮에 치른 영적 전쟁으로 인해서 입은 영의 손상으로 인해서 느끼는 감응입니다. 이 경우에 영의 손상을 회복하기 위한 충분한 기도를 한 뒤에 잠들면 쉽게 잠을 들 수 있습니다. 이 낯선 장소가 자신의 영에 어떤 문제를 가져올 수 있다는 신호로 주어지는 영적 민감을 깊은 영의기도로 처리해야 합니다. 그 장소에 대한 주님의 지식의 말씀을 구하고, 그에 따라서 적당한 조치(기도, 대적기도)를 취하고, 잠에 드는 것이 안전합니다.

지식의 말씀을 받는데 다소 서툰 사람이 있을 수 있습니다. 그런 경우 이 장소로부터 받을 수 있는 모든 악한 영향으로부터 자신을 보호할 수 있는 영적인 조치를 하고 잠에 드는 습관을 들여야 합니다. 영적조치는 깊은 영의 기도와 찬양, 그리고 예배를 들 수가 있습니다. 성령의 임재를 요청하여 호흡을 깊게 하면서 깊은 영의기도를 하면 한결 쉽게 잠들 수 있습니다. 간혹 그런 조치를 취했음에도 불구하고 각성현상이 사라지지 않아 잠들기가 어려운 경우가 있습니다. 이는 그 장소가 자신의 힘으로 처리하기에는 너무 힘든 곳일 것입니다. 이런 경우 곁에 일행이 있으면 함께 합심하여 기도하거나, 혼자일 경우 주께서 자신을 보호해 주시기를 계속 간구하면 자신도 모르는 사이에 잠에 들게 됩니다.

잠에서 깨어나 그 장소를 나오기 전에 이 장소로부터 받은 모든 영적 손상이 완전히 치유될 것을 명하는 명령기도를 하십시오. 이 기도는 이렇게 하면 됩니다. 성령의 임재를 요청한 후에 "이 장소(구체적으로 장소의 이름을 거명합니다.)에서 받은 모든 영적 손상은 예수의 이름으로 온전히 치유될 지어다"그리고 "이 장소의 모든 악한 영은 이후에 내게 어떤 영향도 줄 수 없음을 예수의 이름으로 선포하노라."라고 기도합니다.

영적 각성 현상은 우리가 수시로 경험하게 되는 일반적인 일입니다. 그런데 이런 현상을 전혀 경험하지 못하는 무감각한 사람이 있습니다. 같은 장소에서 다른 사람은 경험하는데 자신은 전혀 느끼지 못한다면 이는 자신의 영적 감각에 문제가 있는 것입니다. 그 장소에 대한 어떤 영적 손상도 입지 않을 정도의 영적 능력이 강한 경우에는 아무런 느낌을 받지 않을 수 있습니다. 이 경우 지금 민감한 증상을 느끼는 사람을 위해서 보호 기도를 해주십시오. 그러면 그 사람의 증상이 사라질 것입니다. 기도를 하였음에도 불구하고 그 사람에게서 증상이 사라지지 않는다면 이 경우 자신이 영적으로 매우 둔하다는 사실을 인식해야 합니다.

영적 둔감은 자신이 둔하다는 사실을 깨달아야만 치유될 수 있는 일종의 영적 질병입니다. 영적 성장에 따라서 자동적으로 나타나는 증상을 느끼지 못하는 것은 자신이 그만한 수준의 영적 성장이 실제적으로 이루어지지 않았거나, 영적으로 무딘 경우입니다. 신체적으로도 사람에 따라 매우 민감하게 느끼는 사람이 있는 반면에 둔한 사람이 있듯이 영적으로도 그렇습니다. 영적 둔감은 치유되어야 합니다. 그러기 위해서는 자신이 영적으로 다소 무디다는 사실을 깨닫고 민감함을 느끼도록 노력해야 합니다. 영적으로 민감함을 느끼려면 성령이 충만한 집회에 참석하여 성령의 불세례로 자신의 심령을 정화하는 것입니다. 성령의 불의 역사가 강한 집회에 몇 번만 참석하여 영이 깨어나 영적지각능력이 예민해지는 것을 본인이 느낄 수가 있습니다. 평소에도 영적으로 민감한 사람과 함께 하도록 하십시오. 민감한 사람과 가까이 하게 되면 영적 감응도가 높아집니다(무리의 법칙).

영적으로 민감해지는 것은 한편으로는 불편할 수 있습니다. 육체적으로 신경이 예민한 사람을 보면 그 예민함으로 인해서 고통을 당하는 것을 볼 수가 있습니다. 이런 경우 신경과민이라고 합니다. 영적 민감 역시 이와 같습니다. 너무 심각할 정도로 예민하면 영적 과민증일 수 있습니다. 이 과민증에 걸리면 삶이 한 쪽으로 치우치게 됩니다. 이 과민증으로 인해서 고통을 겪고 자유 함이 없어진다면 이는 치유되어야 합니다.

영적 성장을 이루는 초기 단계에서 이 민감함에 너무 치우치고 이런 증상을 일종의 우월감으로 인식하여 자랑하거나, 감응에만 매달려 만나는 사람마다 영적 감응을 살피고 낯선 장소에 가면 그 장소에 대한 감응을 지나치게 살피는 행동은 위험합니다. 이런 행동에 집착하면 과민증 증상에 빠지게 됩니다. 모든 것에 절제가 필요합니다. 또한 지혜가 있어야 합니다.

일체의 영적 현상은 성장에 따라서 생기는 자연적인 증상이며, 개중에는 성장하면 사라지는 것도 있습니다. 어린 아이는 낯을 가리지만, 그 아이가 성장하면 더 이상 낯을 가리지 않게 됩니다. 계속 낯을 가린다면 그 아이는 성장한 아이가 아니라 병든 아이입니다. 이처럼 성장의 과정에서 나타나는 현상들 가운데 그 시기가 지나면 자연적으로 성숙되는 증상들이 있는 것과 같이 영적 현상 또한 마찬가지입니다.

영적으로 성장하면 이 민감한 증상들이 보다 성숙하게 됩니다. 필요에 따라서 주님이 자신에게 증상들을 이용하여 우리에게 유익한 정보를 제공합니다. 이런 증상을 경험할 때 성숙한 대응을 해야 합니다. 낯선 장소에 들어갈 때 간단하게 기도하십시오.

“성령이여 임하소서! 이 장소를 충만하게 채우소서! 주님, 제가 이 생소한 장소(구체적으로 장소의 이름을 거명합니다.)에 오늘 머무르게 되었습니다. 주님 이 장소에서 저를 안전하게 보호해 주시고 이 장소가 주님으로 인해 복된 곳이 되기를 바라며, 이곳을 출입하는 모든 사람들에게 주님의 보호하심이 임하는 복된 장소가 되기를 바라며, 예수 이름으로 기도합니다. 아멘”

이렇게 기도하고 지속적으로 마음의 기도로 성령을 충만하게 채워야 합니다. 그리고 그 장소를 주님에게 맡기도 편안히 머무르십시오. 이와 같은 기도는 일상이 되어야 합니다. 주님은 어떤 장소에 들어가면 그 장소에 대해 복을 빌라고 하셨습니다. 우리가 사는 이 세상에서 우리는 항상 영적 전쟁을 치러야 하는 하나님의 군사입니다. 영적 전쟁을 위해서 부리심을 받은 주의 병사들에게 주님은 그 전쟁을 승리로 이끌기 위해서 우리에게 끊임없이 정보를 제공합니다.

이 정보를 제공하는 한 방법이 영적 민감성입니다. 영적으로 민감하지 않으면 이 귀한 정보를 잃게 됩니다. 과민은 병입니다. 둔감도 병입니다. 우리는 적절한 수준의 민감함을 지닐 때 센스 있는 사람이 됩니다. 영적 센스를 지닌 매력 있는 사람이 되어야 하지 않겠습니까? 과민하지도 않고 둔감하지도 않은 매력적인 하나님의 군사가 되시기를 바랍니다.

둘째, 영적 감각이 예민한 것도 영안이다. 예수님을 영접한 사람은 그 순간부터 영적인 사람이 됩니다. 이는 어둠의 권세 안에 눌려 죽어있던 자신의 영이 예수님의 능력으로 살아남을 의미합니다. 그러므로 그 순간부터 영은 행동을 시작합니다. 영이 살아 행동하는 영적인 사람이 되었기 때문에 자신의 삶에 다양한 영의 작용들이 나타나기 시작하는 것입니다. 이러한 영의 움직임에 대한 지식이 없으면 그 영을 올바르게 통제하기가 불가능합니다. 영은 성장하고 성숙해야 하는 생명체입니다. 그렇기 때문에 때로는 보호되고 양육되어야 하는 것입니다.

미성숙한 그리스도인의 영을 침해하는 악한 영이 있습니다. 이 영의 공격에 대해 자신이 적절히 대응하지 못하면 영은 심한 상처를 받게 되고 그 힘이 약해지게 됩니다. 이렇게 되면 자신의 삶이 심각한 불균형을 초래하게 되는 것입니다. 미성숙한 영이 강한 영으로 성장하기 위해서는 반드시 교육되어야 합니다. 그렇기 때문에 처음 예수님을 영접한 사람에게 있어서 영적 교육은 매우 중요합니다. 영의 실체를 이해하고 영의 성장을 위해 자신이 어떤 노력을 해야 하는지를 알아야 하는 것입니다.

대부분의 교회는 이러한 깊은 영적인 지식이 부족하기 때문에 초신자들에 대한 영적 교육을 제대로 하지 못합니다. 그래서 많은 사람들이 영적 침해를 입으면서도 그것을 심리적이거나 기질적이거나 환경적인 것으로만 생각하고 적절한 대응을 하지 못하고 있는 것입니다. 신앙생활을 하면서도 확신이 없거나 세속적인 삶의 형태를 벗어나지 못하는 사람들은 그들의 영이 심각할 정도로 훼손을 입고 있다는 증거입니다. 다시 말하면 영의 중병을 앓고 있는 것입니다. 그런데 이 사실을 누구도 가르쳐주지 않기 때문에 인식하지 못하고 있는 것입니다. 이런 영적현상을 모르니 가르쳐줄 수가 없는 것입니다.

죽을병이 들어있는데도 그 사실을 모르고 생활하는 사람들이 얼마나 많습니까? 이처럼 영혼의 깊은 병이 있음에도 불구하고 자신은 전혀 모릅니다. 신앙생활에 즐거움과 환희가 없다면 이는 자신의 영이 병들어 있는 것입니다. 기도원이나 부흥회에게 간신히 은혜를 회복했는데 며칠이 못가서 다시 예전처럼 시큰둥해진다면 이는 자신의 영을 제대로 돌보지 못해서 그런 것입니다. 즉, 그 장소와 같은 성령의 충만함을 유지하지 못했기 때문입니다. 우리의 영은 끊임없이 돌보고 성장시켜야 합니다. 그런데 이 세상에는 영의 성장을 방해하는 악한 요소들이 너무 많습니다.

셋째, 악한 영들의 방해는 5감을 통하여 침투한다. 영의 성장을 방해하는 악한 영들의 방해는 5감을 통하여 침투합니다. 시각, 청각, 미각, 후각, 촉각이라는 접촉점을 통해서 침투하게 되는 것입니다. 여기서는 시각에 대해서만 다루기로 합니다. 보는 것으로 인하여 받는 해는 이루 헤아릴 수 없이 많습니다. 거듭난 그리스도인은 시각의 대상이 오직 예수님 한분으로 고정되어야 할 필요가 있습니다. 보는 대상이 무엇이냐에 따라 그 영이 영향을 받고 그렇게 기능하게 됩니다.

이제까지는 세상을 보았기 때문에 세상의 영향을 무조건 받았습니다. 그러나 예수를 바라봄으로써 예수님의 영향을 전적으로 받게 되는 것입니다. 깊은 영의기도를 통하여 예수님을 보는 훈련을 해야 합니다. 친구의 얼굴을 보면서도 예수님의 얼굴을 볼 수 있어야 합니다.

그러면 그 친구의 얼굴에서 예수님과 동일한 부분과 그렇지 못한 부분을 가려낼 수 있게 됩니다. 모든 사물을 볼 때마다 예수님과 대비하여 보는 습관을 길러야 합니다. 그래야만 마귀의 함정에 빠지지 않게 되는 것입니다. 자주 보게 되는 사물로부터 우리는 심각할 정도로 영적인 영향을 받게 됩니다. 영적 영향은 파장을 가지고 있습니다. 우리 안에 형성된 그리스도의 파장과 조화되지 못하는 파장은 우리의 영이 거부하게 됩니다.

이 부조화된 파장으로 인하여 생기는 반응은 불쾌함이나, 두려움이나, 거부감 등으로 전달되게 됩니다. 이러한 반응에 예민하게 반응하지 못하면 영은 점차로 그 반응하는 힘을 잃게 됩니다. 죄를 거듭 저지름으로 인하여 양심이 무디어지는 것과 같은 이치입니다. 부조화로 인하여 생기는 영의 반응을 단순한 심리적인 것으로 잘못 알고 있기 때문에 올바른 대응을 하지 못하는 것입니다.

TV의 드라마를 시청하면서 거북한 느낌을 느끼게 된다면 즉시 그 시청을 중단해야 합니다. 이는 그 장면이 주님의 형상과 어긋나는 것이기 때문입니다. 등장하는 인물에게서 심한 거부감을 느끼게 되면 역시 시청을 중단해야 하는 것입니다. 그 인물의 배역이 비 성경적인 역할을 하고 있기 때문인 것입니다. 사물을 보되 그리스도의 형상과 대비하는 습관을 길러야 합니다.

예수님을 처음 영접하는 사람 즉 영이 방금 생명을 얻어 활동하기 시작하는 사람은 세상적인 것이 싫어집니다. 오직 예수님만 생각나고 예수님만 있으면 그 이상 아무것도 필요하지 않게 됩니다. 이 시기가 영이 보호 속에서 성장하여 힘을 얻는 시기이기 때문에 그러한 현상이 나타나는 것입니다.

영이 어느 정도 힘을 얻어서 마귀의 영향에서 자신을 보호할 수 있는 힘을 얻을 때까지 철저한 보호가 필요한 것입니다. 이는 영의 인큐베이터 시기인 것입니다. 사람에 따라 그 시기의 길이는 다소 차이가 있겠지만 대체로 3년 정도입니다. 이 기간에 영적인 힘을 얻어 스스로 독립하여야 하는 것입니다. 이 기간 동안에 우리는 수많은 영적인 현상들을 경험하게 됩니다. 많은 영적 현상들에 대한 전문적인 지식이 있어야 올바른 대응을 하게 되며 영이 성장하고 강한 힘을 얻게 됩니다.

이 시기에 속한 사람들은 세상적인 사람들을 피하고 경건한 사람들과 교제를 많이 가져야 합니다. 아직 세상의 영을 이길 힘이 없기 때문인 것입니다. 힘이 약한 사람이 강한 자와 싸운다면 필연적으로 손상을 입게 되는 것처럼, 이 시기에 영의 손상을 입게 되면 성장에 큰 방해가 되는 것입니다. 사람들을 만나는 것도 가려야 하고, 보는 것도 가려 보아야 합니다. 아직 힘이 없기 때문입니다.

책도 경건서적을 읽고 TV시청도 가려서 해야 합니다. 드라마는 갈등을 주된 내용으로 하고 있기 때문에 매우 해롭습니다. 화면의 뒤에 숨겨진 불순한 의도를 자신이 제대로 느끼지 못하기 때문에 보면서도 반응하지 못하는 것입니다. 영이 힘을 얻으면 그러한 드라마를 볼 때 몹시 불쾌해지고 보기 싫어집니다. 거듭나기 전에는 그토록 좋아하던 드라마가 꼴 보기도 싫어집니다. 왜 싫어지는 걸까요? 그 내용이 비 성경적이기 때문입니다. 영은 이를 알지만 자신은 모르는 것입니다.

영이 우리 몸에 보내오는 신호에 올바르게 반응할 때 우리의 영은 힘을 얻게 되며, 성장하게 되어 사람들에게 영향을 끼치기 시작하게 됩니다. 좋지 못한 것을 즐겨 보던 사람들이 자신과 교제를 나누면서 차츰 그런 것들을 보기 싫어하게 됩니다. 보는 눈이 바뀌고 추구하는 것이 달라지는 등의 변화를 가져오게 됩니다. 자신으로 인하여 사람들이 영향을 받아 변화되기 시작합니다. 이것이 영의 능력입니다. 자신의 시각이 철저히 변화되고 통제되어 힘을 얻게 됨으로써 다른 사람의 시각에 영향을 주고 변화시키는 것입니다. 이제까지는 다른 사람들에게 영향을 받기만 하던 자신이 이제는 영향을 주는 사람으로 바뀌는 것입니다.

넷째, 영적지각능력을 개발하는 비결. 예수를 믿고 성령으로 거듭난 성도는 변해야 합니다. 전인격이 변해야 합니다. 우선 영적 지각능력이 탁월해야 합니다. 그래야 세상에 나가 영적 전쟁을 할 수가 있습니다. 말씀과 성령으로 거듭난 성도는 영적인 전쟁을 하기 위하여 하나님으로부터 불림을 받는 사람들입니다. 전쟁을 하려면 훈련을 해야 합니다. 훈련에는 적을 아는 능력도 포함이 됩니다. 적을 아는 능력이 영적 지각능력입니다. 영적지각 능력이 있어야 영의 세계에 일어나는 것을 감지하고 싸울 수가 있는 것입니다.

영적 지각능력을 기르시기 바랍니다. 영적지각 능력은 성령이 충만해야 배가 됩니다. 성령이 충만 하려고 노력을 해야 합니다. 성령의 충만한 상태는 언제인가요? 항상 습관적으로 하나님을 찾을 때 성령이 충만한 상태입니다. 항상 하나님을 찾아 성령이 충만해야 영적지각을 할 수가 있습니다. 또, 영적으로 혼탁한 것을 나의 영이 알았다면 대적해야 합니다. 그 장소를 성령의 역사가 일어나는 장소로 바꾸어야 합니다. 성령의 역사가 일어나는 장소로 바꾸려면 자신이 성령이 충만해야 가능한 것입니다.

성령으로 충만 하려고 의지적인 노력을 해야 합니다. 성령으로 충만한 상태가 되면 어떤 장소를 가더라도 성령의 권능으로 제압할 수가 있습니다. 우리 영적지각능력으로 영안을 열어 시시때때로 다가오는 악한 영들과의 전쟁에서 승리하시기를 바랍니다.

영적지각능력을 개발하기 위하여 이렇게 하기바랍니다. 먼저 성령으로 세례를 받아야 합니다. 성령으로 세례를 받아야 영이 깨어납니다. 그 상태에서 머무르지 말고 성령의 불세례를 받아 심령을 깨끗하게 정화를 해야 합니다. 이렇게 하기 위해서 성령의 강한 불의 역사가 있는 장소에 가셔서 영성훈련을 하십시오. 혼자는 불가능합니다. 무리의 법칙을 따라야 합니다. 성령이 충만한 곳에 가셔서 성령의 불세례를 받는 것이 바릅니다.

성령의 불세례는 혼자 기도하여 받기가 어렵습니다. 성령의 불의 역사가 있는 곳에 가셔야 불을 체험하기가 쉽습니다. 지속적으로 깊은 영의기도를 해야 합니다. 깊은 영의기도를 하면 영이 맑아지기 때문에 영적지각능력이 배가 됩니다. 낯선 장소에 가서 몸으로 느끼려고 해야 합니다. 영적지각능력을 배가 시키려면 생소한 곳에가서 느껴야 합니다. 성령이 감동하면 두려워하지 말고 가십시오. 가서 느끼시기 바랍니다. 그래야 지각능력이 배가 됩니다. 느껴지지 않는다면 자신의 영적지각이 무딘 것입니다. 좌우자간 지속적으로 훈련해야 합니다. 전적으로 본인의 의지와 노력이 필요한 것입니다. 단번에 되지 않습니다. 지속적인 훈련이 필요합니다. 되지 않는 다고 좌절하지 말고 노력을 하다가 보면 어느날 갑자기 느끼게 됩니다.

18장 영안을 바르게 열기 위한 수단과 방편

(막8:23-25)"예수께서 맹인의 손을 붙잡으시고 마을 밖으로 데리고 나가사 눈에 침을 뱉으시며 그에게 안수하시고 무엇이 보이느냐 물으시니, 쳐다보며 이르되 사람들이 보이나이다 나무 같은 것들이 걸어 가는 것을 보나이다 하거늘, 이에 그 눈에 다시 안수하시매 그가 주목하여 보더니 나아서 모든 것을 밝히 보는지라."

영안을 바르게 열어가려면 두 번째 안수하신 주님의 손길과 영적인 원리를 보아야합니다. 이는 한번 거듭난 것으로 만족해서는 안 되는 것을 보여 주고 있습니다. 처음 거듭나니 너무나 감격하고 감동이 되어 천하가 다 내 것이 된 것 같고, 천하를 하나님께서 다 새롭게 하신 것 같습니다. 이 산더러 들리어 저 바다에 던지어라 명하면 다 될 것 같은 믿음이요, 심령이지만 실제로 영적 생명은 이제 시작에 불과 한 것이고 싹이 난 것에 불과 한 것이며 병아리가 껍질을 깨고 세상을 보기 시작한 것에 불과 합니다.

영적 빛을 본 것에 불과하지 그 빛에 비취는 사물을 제대로 볼 수 있게 된 것이 아닙니다. 사람들이 걸어가고 나무들이 서 있어야하는데 나무들이 걸어가고 사람들이 서 있습니다. 말씀의 빛을 통하여 나타나 보이는 영적 현상을 제대로 보지 못하고 있기 때문입니다. 바로 이것이 영안이 제대로 열리지 않은 것이요. 말씀을 제대로 보지 못 하고 있는 것입니다.

창세기 1장에서 하나님이 첫째 날에 빛을 창조하시고 넷째 날 낮과 밤을 주관하는 광명을 창조하시어 다시 빛과 어두움을 나누이신 의미를 헤아려야 할 것입니다. 홍해를 건넜으나 또 다시 요단강을 건너야 하며, 가나안 땅을 정복했으나 가나안 땅을 통일해야 되었으며, 구약의 말씀을 주었으나 신약의 말씀을 다시 주었으며, 청함을 받았으나 예복을 입고 택함을 입어야 하는 것을 헤아려야 합니다.

예수님이 마태복음에서 소경을 두 번 안수하시어 사물을 제대로 보게 되었고, 잃어버린 성전을 재건축하고 새 예루살렘을 재건하시고 예수님이 재림하시는 의미를 헤아려야 할 것입니다. "이와 같이 그리스도도 많은 사람의 죄를 담당하시려고 단번에 드리신바 되셨고 구원에 이르게 하기 위하여 죄와 상관없이 자기를 바라는 자들에게 두 번째 나타나시리라(히9:28)"

욥은 당대의 의인이요, 하나님의 백성 이었는데, '그 사람은 순전하고 정직하여 하나님을 경외하며 악에서 떠난자더라.'라고 하고 있지만, 그는 연단을 통하여 안약을 발라 영안이 열려 '내가 주께 대하여 귀로 듣기만 하였삽더니 이제는 눈으로 주를 뵈옵나이다.'라는 의미를 헤아려야 할 것입니다.

구원받을 때 받은 빛은 빛과 어두움을 나누는 빛인데 사물을 제대로 분별하여 보는 눈은 아니었습니다. 이 빛을 주관하는 광명(성령)으로 사물을 보는 신령한 눈을 가져야 함을 의미하고 있습니다. 세상과 세상이 돌아가는 원리와 인생과 성경과 하나님을 볼 때 단순한 흑백의 논리나 권선징악의 논리나 눈에 나타나는 현상이나 숫자의 논리로 보아서는 영적 눈이 열리지 않습니다. 인간의 육성적인 차원으로는 볼 수 없는 좀 더 차원 높고 좀 더 깊은 보이지 않는 영적 세계의 배경을 볼 수 있도록 예수님으로부터 한 번 더 안수 받고 치유 받아야 할 것입니다

첫째, 역설적인 생명의 속성을 보아야 한다. 역설이란 성경의 저변에 깔려있는 진리의 의미를 파악하는 것을 말합니다. 성경의 저변에 깔려있는 진리의 의미를 정확하게 파악하려면 성령의 역사로 말씀의 의미를 깨달아야 합니다. 죽고자하는 자는 살고, 살고자 하는 자는 죽는 진리를 헤아리지 못하고 있는 것입니다. 좀 과장해서 말한다면 수천 번도 더 들은 말씀이지만, 아직도 우리가 실천하지 못하고 있는 것은 이 말씀을 실천함으로 일어나는 새로운 환경과 여건을 제대로 알지 못하고 보지 못하고 있기 때문입니다

알고 있으면서 실천하지 않고 있는 것은 아는 것이 아닙니다. 모르고 있으니 실천하지 않는 것입니다. 알고도 실천하지 않는 것은 모르는 것입니다. 또한 이와 마찬가지로 주는 자가 복되고, 지는 자가 이기는 자이라는 말씀과 진리를 제대로 보지 못하고 있기 때문에 실천하지 못하고 있는 것입니다. 성경을 이해

하고 의미를 해석하는 차원은 아는 것이 아닙니다. 안다는 것은 히브리 원어로 동침하다는 뜻이 있습니다. 말씀과 동침하는 것은 말씀과 같이 행동한다는 것입니다. 체험한다는 것입니다. 알고도 실천하지 못하는 자라면 애통하며 부르짖지 않을 수 없을 것입니다.

말씀과 진리를 알고도 기도하기 힘들어하고 애통하는 마음이 생기지 아니하고 회개하지 않는 마음이라면 모르는 것입니다. 성경을 천만번 더 읽었다고 하더라도 성경을 보지 못하고 있는 것입니다. 마찬가지로 사업의 성공이 인간의 파멸이 될 수가 있고, 가정의 불행이 될 수 있듯이 목회의 성공이 오히려 영적인 실패자가 될 수도 있고, 영원한 불 못에 던져지는 제 2의 사망이 될 수 있음을 헤아리지 못할 수도 있는 것입니다. 마찬가지로 역설적인 진리를 참으로 헤아릴 줄 안다면 성공한 목회자라 자랑하거나 교만하지 않을 것이며, 실패한 목회자가 위축되고 부끄러워하지도 않을 것입니다. 진실로 이러한 역설적인 진리를 알고 있다면 죄 있는 자를 정죄하지도 않을 것이며 비난하지 않을 것입니다. 진실로 이러한 역설적인 진리를 헤아릴 수 있다면 사랑을 베풀 줄 알 것입니다. 진리는 역설적인 면이 있기에 하나님의 축복에 멀리 있는 사람의 육의 눈에는 감추어져 있습니다.

눈앞의 현실만을 보고 좋아하거나 슬퍼할 일이 아닙니다. 그러므로 하나님의 뜻을 먼저 헤아려야 한다는 예수님의 말씀을 이해하기 위해 쉬지 말고 기도하는 사람이 되어야 합니다. 하나님은 역설적인 하나님이시라 인간의 사고방식과는 다릅니다. 네 생각과 내 생각은 다르다고 했습니다. 훌륭하고 웅장하고 위대한 사람을 쓰시지 않고, 약하고 무능하고 어리석고 멸시받고 천대받는 자를 들어 강하게 하시고 유능하게 하십니다. 세상의 지혜 있는 자를 부끄럽게 하시고, 세상의 미련한자를 지혜롭게 하시며, 멸시받고 천대받는 자를 존귀하게 하시는 하나님이십니다. 이것이 하나님의 역사요, 영적인 역사요, 하나님이 역사하시는 방법입니다. 이것이 영적 원리입니다.

지금 고난을 당하고 있습니까? 지금 실패 중에 있습니까? 하나님은 당신을 지금 축복으로 보고 있으며 축복으로 가고 있음을 말씀해 주고 있는 것입니다. 실패를 성공으로 전화위복시키시는 하나님의 역설적인 역사가 시작되고, 하나님의 영적 원리가 당신에게 시작되고 있는 것입니다. 이 보이지 않는 역설적인 하나님의 손길을 보십시오.

반대로 성공했습니까? 존경받고 있습니까? 혹 지금 멸망으로 가고 있으며, 제 2의 사망인 불 못으로 가고 있는 것은 아닙니까? 나를 돌아보는 새로운 기도가 항상 있어야 되는 것입니다. 존경받는 분위기와 환경은 바로 자신도 지각하지 못하는 사이에 오만의 자리로 옮겨지고 있는 것을 눈치 채야 합니다. 이것을 눈치 채게 될 때에는 하나님과 너무나 멀어져 있는 자신을 발견하게 될 지도 모르며 그 때는 이미 너무 늦을지도 모릅니다.

다시 한 번 영생의 생명을 회복하고, 다시 한 번 첫 사랑을 회복하고, 처음 행위를 되찾으려면 다시 한 번 성령으로 감동을 받아야합니다. 다시 한 번 심령을 찢는 회개를 해야 하는데, 다시 한 번 예수님으로부터 안수를 받아야합니다. 다시 한 번 만나야 할 것인데, 이미 너무 높은 자리로 올라와 있고, 너무 멀어져 있습니다. 타성에 젖어 있고, 형식에 젖어 있고, 성전 짓는 일에 젖어 있고, 세상 구경에 젖어 있고, 교회의 프로그램에 젖어 있고, 노회와 교단 일에 젖어 있고, 명예에 젖어 있어 예수님과는 상관없고, 하나님의 영광과는 상관없는 자리에 앉아 있어 멸망으로 달리고 있는 눈먼 장님이 되어 있을 지도 모를 자신의 위치를 돌아보아야 합니다.

막상 남을 인도했으나 나는 예수님과 상관없는 자리에 머물고 있지 아니합니까? 저는 항상 이렇게 외칩니다. 남 구원하여 살리고 자신이 지옥가면 아무 소용이 없다고 말입니다. 예수님이 발을 씻기시는 관계를 갖지 못하는 자로서 하나님 앞에 나는 부요한 자라하나 실상은 가련한 자요, 벌거벗은 자가 아닌 가요? 우리는 자신을 바르게 보는 영안이 열려야 합니다.

"네가 말하기를 나는 부자라 부요하여 부족한 것이 없다 하나 네 곤고한 것과 가련한 것과 가난한 것과 눈 먼 것과 벌거벗은 것을 알지 못하는 도다. 내가 너를 권하노니 내게서 불로 연단한 금을 사서 부요하게 하고 흰 옷을 사서 입어 벌거벗은 수치를 보이지 않게 하고 안약을 사서 눈에 발라 보게 하라(계 3:17-18)" 이것을 미리 알고 깨닫는 것이 영안이 열린 사람입니다. 이것이 말씀의 빛 된 속성이요, 하나님이 우리들에게 향하여 하시는 깨우치는 말씀이요 뜻입니다. 이것이 성경의 가르침이나 교훈과 다름 말씀의 모습입니다.

둘째, 양면성과 동일성의 영과 육의 속성을 보아야 한다. 축복의 하나님이시지만 진노의 하나님이시기도 합니다. 이 두 하나님은 양면성을 가졌지만 하나이십니다. 마찬가지로 이러한 양면성을 가졌지만 동일한 하나인 영적 실체와 원리들이 많이 있어 성경을 이해하기 힘든 경우가 많습니다. 이러한 영적 원리와 진리들을 볼 수가 있어야 하는데 인간적인 3차원의 생각에만 젖어 있는 우둔한 사람들에게는 이해하기 힘드니 영적 세계와 성경의 감춰진 속비밀을 보기가 어렵기에 인봉을 뗄 수 있는 사람은 예수님 밖에 없다는 것입니다.

"내가 보매 보좌에 앉으신 이의 오른손에 두루마리가 있으니 안팎으로 썼고 일곱 인으로 봉하였더라. 또 보매 힘있는 천사가 큰 음성으로 외치기를 누가 그 두루마리를 펴며 그 인을 떼기에 합당하냐 하나 하늘 위에나 땅 위에나 땅 아래에 능히 그 두루마리를 펴거나 보거나 할 자가 없더라. 그 두루마리를 펴거나 보거나 하기에 합당한 자가 보이지 아니하기로 내가 크게 울었더니 장로 중의 한 사람이 내게 말하되 울지 말라 유대 지파의 사자 다윗의 뿌리가 이겼으니 그 두루마리와 그 일곱 인을 떼시리라 하더라(계 5:1-5)"

다음에 열거한 사실들을 이상한 생각부터 하지 말고 자세히 묵상하며 헤아려보세요. 삼위일체의 영적 원리를 제대로 이해하시는 분은 영적 눈이 열려지고 깨달아지는바가 있을 것입니다. 이 양면성과 동일성의 영적 원리가 이해되어지지 않으면 성경의 말씀이 이쪽에서 이렇게 말하고 저쪽에서 저렇게 말하는 것이 이해되지 않아 혼돈하게 되고 말씀의 깊이와 풍성함을 헤아리기 어려운 것입니다

① 영과 혼은 별개이지만 육(사람)이라는 울타리 안에 있는 하나입니다. 마찬가지로 인간의 영과 접붙임 받아 인간의 영과 더불어 역사하는 성령과 육을 따라 역사하는 악령도 별개이지만 인간의 영에 접붙임 받아 있기에 하나입니다.

② 천국과 지옥도 마찬가지인데 별개이지만 동일성을 지녔습니다. 그러므로 예수 믿는 사람에게도 귀신이 침입 할 수 있는 이유가 이해 될 것입니다. 영적인 세계는 시공간을 초월하는 세계요, 영은 시공간을 초월하는 존재이라는 것을 생각해야 합니다. 영물이나 영적 세계는 3차원의 세계나 존재로 생각하면 이해가 안 됩니다.

③ 하늘과 땅은 별개의 것이지만 역시 하나입니다. 이러한 요상한 말을 한다고 생각하실 분이 있지만 이 말이 이해되어져야 성경이 열리고 보이지 않는 영계가 열려집니다. 보이는 세계는 보이지 않는 하나님의 말씀으로 지어졌다는 말씀은 히브리서 11장 4절에 기록되어 있는 말씀이니까 이해하게 될 것이며 이

해 안 되어도 믿을 수는 있겠지요. 영의 창조의 능력이 물질세계에 연결되어 가시적인 현상으로 나타나게 됩니다. 영에서 시작하여 열매가 맺어지는 것입니다. 땅에서 하는 기도가 하늘에 상달되는 것은 그러한 통로가 있기 때문인데 땅과 하늘이 연결되어 있는 영적 원리가 있는 것입니다.

그러므로 하늘에서 매면 땅에서 매이고 땅에서 풀면 하늘에서도 풀리는 영적 원리와 성경 말씀을 제대로 이해하게 됩니다. 이 말씀이 이해되면 하나님이 나와 함께 역사하는 원리를 이해하게 될 것입니다. 내가 일하면 하나님도 일하고 내가 일하지 않으면 하나님도 일하지 않습니다. 하나님이 일방적이고 강권적으로 역사 하실 수도 있습니다. 때로는 그렇게도 하십니다.

그러나 하나님의 역사를 하늘에서 뚝 떨어지는 신비스러운 것만이 하나님의 역사가 아니라, 내주하시는 성령의 인도함이나 도우심을 받아 내가 할 수 없는 것을 할 수 있게 되는 것도 하나님의 역사입니다. 하나님을 앞서 가도 안 되겠지만 너무 하나님께 뒤 쳐져서 끌려 다녀서도 안 되는 것입니다. 하나님께서 끌어내 주면 마지못해 끌려 나가는 사람이 믿음이 좋은 사람이 아닙니다. 이러한 사람 하나님이 기뻐하시는 사람이 아닙니다. 악하고 게으른 종이라 책망 받는 사람입니다(마 25:14-30).

④ 십자가가 바로 영광이라는 양면성과 동일성을 가졌습니다. 십자가를 통하여 부활을 보고 영광을 볼 수 있습니다. 나 자신이 죽어야 할 십자가를 외면하고 영광만을 구하는 미련을 행

하고 있습니다. 율법을 버려야 하나 또 한편으로는 율법의 일점 일획도 어겨서는 안 되는 양면성을 헤아리지 못하는 것도 있습니다. 그러니 아직도 율법이나 은혜냐 하고 논쟁하는 목사님들이 있고, 율법으로 구원받는다는 부흥회를 하는데 수백 명씩 몰려드는 희한한 일들이 벌어지고 있는 현실입니다.

⑤ 신비와 이성도 양면성과 동일성을 가졌습니다. 이성으로 이해되지 않는 신비한 하나님이시지만 이성적으로 알 수 있는 분명한 하나님이십니다. 또 가는 곳마다 신령한 기도원 장들이 주의 종의 사명이이라고 말해 할 수 없이 목사가 되었다는 말들을 공공연히 자랑스럽게 말하고 다니는 사람들이 있습니다. 이는 알지 못하는 신비나 우연을 믿고 있는 것이지 하나님을 알고 믿고 순종하는 것이 아닙니다. 이러한 믿음은 말씀 따라 믿는 신앙이 아니라 알지 못하는 운명적인 신을 믿고 있는 것입니다.

고난이 축복이요, 죽는 것이 사는 것이요, 실패가 성공이요, 성공이 실패이며, 사는 것이 죽는 것이요, 이기는 것이 지는 것이요, 지는 것이 이기는 것이라는 이러한 영적인 원리들이 말씀의 속성이며 진리 속에 감추어진 비밀들입니다. 말씀을 체험함으로 영의 눈이 열린 자 만이 말씀의 속성대로 십자가를 영광으로 고난을 축복으로 실패를 성공으로 전화위복시키는 열매를 맺게 될 것입니다. 성도가 하나님과 함께 하는 말씀의 속성인 이 영적 원리를 이해하여야 합니다. 말씀을 제대로 이해하지 못하고 있는 것은 진리는 양면성이 있으면서 하나이라는 동일성의 원리를 이해하지 못하여 영적인 세계를 제대로 이해 할 수가 없습니다. 그러기 때문에 이세상의 시간과 공간적인 차원에서 말씀을 이해하려니 영안이 열리지 않는 것입니다.

그러므로 결과적으로는 믿는다 하면서도 영안이 열리지 않으면 자신의 생각으로는 하나님과 함께 한다고 생각하면서도 실제적으로는 하나님의 축복을 누리지 못하는 결과를 낳게 됩니다. 여기에서 파생되어지는 말씀이나 설명이나 예화들이 얼마든지 있어 계속 언급한다면 보다 더 깊은 영적 원리들이 실제적으로 이해되면서 비밀들이 열려질 것입니다. 여기서 중요한 사실 한 가지만 더 언급하고 넘어 가려 합니다.

하나님의 자녀 속이나 목사님 속에도 기도하는 기도꾼들 속에도 어두움의 세력들이 있고 귀신이 있을 수 있다는 것을 이해하려 하지 않고 외면하려는 사람들이 많다는 것입니다. 그리하여 엄청난 성도들이 귀신의 영에 사로잡혀 고통 받고 있는데도 이를 모르고 있거나 알고 있어도 교단의 눈치를 보느라고 수수방관만 하고 있습니다. "이에 가서 저보다 더 악한 귀신 일곱을 데리고 들어가서 거하니 그 사람의 나중 형편이 전보다 더욱 심하게 되느니라. 이악한 세대가 또한 이렇게 되리라(마12:45)"

이러한 현실적인 영적 안목이 열리지 않는 것은 천년이 하루 같고 하루가 천년 같은 영계를 3차원의 인간이 이해하기 어렵습니다. 하나님과 사탄은 다르지만 이 세상에 함께 있다는 양면성과 동일성의 영적 원리를 이해하지 못하고 결국은 자기 고집이나 상식대로 믿기 때문에 영적 세계를 좀 더 이해하지 못하는 것입니다.

셋째, 기도는 말씀이 성령과 연합하게 하는 방편임을 알아야 한다. 예수님과의 지속적인 관계를 갖고 날마다 말씀과 기도로 죄를 씻어 거룩해지는 하나님의 속성이 나타나야 됩니다. “하나님의 말씀과 기도로 거룩하여짐이니라(딤전 4:5)” 구속의 큰 은혜를 강조하다 보니 거듭난 후 죄책에 시달릴 필요가 없다고 신학적으로 주장하는 사람들에게는 더 이상 죄를 씻어 주시는 예수님이 필요한 존재가 아닙니다. 과거의 내 죄를 용서해 주신 고마우신 예수님은 보이는데 날마다 내 죄를 용서받기 위해 나의 발을 씻겨 주시어 나와 관계 갖기를 원하고 계시는 예수님은 보이지 않는 것이 당연합니다.

직설적으로 말하면 부정적인 것은 버리고, 적극적인 면만 강조하다보니 축복 받으라. 성령 충만 받으라. 기도하라. 전도하라. 능력 받으라. 하는 등의 적극적인 면만 주장하지 부정정적인 면과 어두운 면은 힘써 외면하려 합니다. 부정적인 면과 어두운 면도 깨달아 알아야 영안이 열립니다.

그러므로 축복의 하나님을 제대로 이해하고 말씀을 제대로 보려고 한다면 빛 가운데 함께 있는 어두움의 세계를 제대로 이해하여야 합니다. 그러기 위하여 나의 무지와 어두움 속에 도사리고 있는 정체들을 헤아리고자 하는 필요성이나 회개의 필요성을 느껴야합니다. 회개하기 위해 예수님을 찾고 두드려야 하는데도 이러한 필요성을 볼 수 있는 안목이 없으므로 의에 갈급함이 없습니다. 예수님과의 관계를 계속 유지하여야 한다는 것을 알고 있음에도 불구하고 실제 생활과 믿음은 예수님과 관계없는 삶을 산다는 것입니다. 목욕을 하고 몸을 다 씻었다 할지라도 예수님이 발을 씻겨주시지 않으니 예수님과 상관없다고 말씀합니다. 예수님이 직접 말씀하시니 예수님과 상관없으면 하나님과도 상관이 없을 수밖에 없습니다(요13:4-9).

넷째, 눈에 보이는 것보다 눈에 보이지 않는 것의 중요하다. 눈에 보이는 이 물질 세계는 눈에 보이지 않는 하나님의 말씀으로 지어 졌습니다. 히브리서 11:3절 이 보이지 않는 이 영의 능력이 물질세계를 창조 할 수 있음을 지각해야 하는데 이를 지각하지 못하고 있기 때문에 영적 안목이 열리지 않고 있는 것입니다. 말씀을 듣고 알고 있으나 실제적으로는 듣지 못하고 있기 때문에 보이지 않는 영의 중요한 원칙과 원리를 적용하고 살지 못합니다. 보이는 소망이 아니라 보이지 않는 소망이요, 보이는 성전 보다 보이지 않는 하늘의 성소가 더 중요합니다. 하나님은 사람이 지으신 보이는 성전에 계시는 것이 아니라 보이지 않는 하늘의 성소에 계신다고 말씀하고 계십니다.

물론 보이는 성소를 통하여 보이지 않는 성소를 나타내야 하지만 오늘날 보이는 성전은 중요시하면서 보이지 않는 심령 성전과 하늘의 성전을 더 중요시하는지 가슴에 손을 얹고 묵상해 볼 일입니다. 보이는 축복보다 보이지 않는 이 영생의 복을 더 중요시하는지 자신을 살펴보고 헤아려야 합니다. 이 보이지 않는 성전을 중요시하면 초대교회와 같은 물건을 서로 통용하는 교회가 세워 질 것입니다. 보이지 않는 성전을 참으로 중요시하면 네 교회 내 교회 하지 않을 것이고, 내 성도 내 교인 하지 않을 것이고, 다른 교회의 양을 끌어오려고 애쓰지 않을 것입니다.

보이지 않는 성전을 중요시한다면 우리교회, 우리 성도, 우리 목사라고 말하지 않을 것입니다. 교회가 왜 이렇게 분열하고 타락합니까. 영안이 열리지 않고 보이지 않는 성전을 보지 못하기 때문입니다. 보이는 성전 때문에 보이지 않는 성전을 보지 못하는 수도 있습니다. 보이는 목사 때문에 보이지 않는 주님을 보지 못하는 수도 있습니다. 보이지 않는 것의 중요성을 알 수 있도록 기도하시기 바랍니다.

다섯째, 말씀의 속성을 제대로 보아야 한다. 영안이 열리지 않는 것은 말씀 속의 예수의 생명과 능력을 보지 못하기 때문입니다. 말씀을 하나의 설교로 보고, 성경책의 풀이로 혹은 주석으로 보고, 역사적인 사건의 교훈으로 봅니다. 성스러운 이야기책으로 보기에 성경을 성서라 하며 역사적인 사건으로 봅니다. 과거에 행하신 하나님의 기적으로 보고 앞으로 일어날 심판의 사건으로만 봅니다. 그래서 그 당시의 사건을 분석하고 그 당시의 언어를 연구하고 그 당시에 무슨 말을 전하는 것인가를 알려고 많은 시간과 노력을 허비합니다. 환상의 의미와 뜻이 무슨 심판을 하는가를 연구하고, 적그리스도가 어디에서 나타나고 새 예루살렘 성전이 어디에 세워 질까 백 보좌가 어디일가? 내용과 사건과 글자로만 봅니다. 말씀의 속성을 헤아리지 못하여 말씀 속의 하나님의 임재와 인격과 신령한 속성인 빛과 생명과 영을 보지 못하고 환상 속에서 지금 나에게 주시는 말씀을 보지 못합니다.

지금 나에게 주시는 말씀이 아니고, 과거에 주신 말씀이니 전하는 자나 듣는 자가 다 같이 말씀이 들리지 않으며 마음이 동하지 않는 것입니다. 성경을 단순한 글자나 문장으로 혹은 문장이 주는 가르침이나 교훈으로만 봅니다. 살아 계시는 존재로 말씀으로 보아야 합니다. 영안이 흐리니 말세를 지구의 종말로 보고, 종말에 일어날 사건으로 보고, 지금 나에게 주시는 말씀의 실체를 헤아리지 못하고 글자에만 파묻혀 글자만을 보는 것입니다. 666인치는 표로 매매하는 것을 실사회에서 매매하는 사건으로 해석합니다. 그러니 말 같지 않고 글자로 표현 할 수 없고 언어 같지 않은 라라라랄 방언 속에서 어찌 말씀하시는 하나님의 영과 음성을 헤아릴 수가 있겠습니까? 말씀 속의 영을 보지 못하니 방언이 라라랄하는 것은 방언 아니고, 지방의 언어가 참 방언이라고 운운합니다. 라라랄하는 방언 속에서도 영이 역사하고 있음을 볼 수 있어야 하는 것입니다.

이것도 미약하지만 성령의 나타나는 현상 중에 하나입니다. 하나님의 영이 말씀의 형태를 이루지 못하고 있지만 신령한 생명의 싹이 싹트고 있는 현상이라는 것입니다. 인간의 영과 접붙임 받은 하나님의 영이 미처 인간의 입술을 통하여 말씀의 형체를 입기 전에 나타나는 영의 실체가 바로 방언입니다. 이 알아들을 수 없는 형태의 말을 해석하고 번역할 수 있는 영의 형태로 나타나는 것이 통역입니다. 누구나 말이나 기도하는 소리 속에서 영의 실체를 느끼게 됩니다. 늙은이의 음성이나 젊은이의 음성이나 침체된 음성이나 부르짖는 음성 속에서 영의 실체를 느낍니다. 온전한 형체를 이루지 못한 영이라 할지라도 그 정체를 느낍니다. 이것이 영의 실체입니다.

한(恨)이 많은 영과 기쁨의 영이 다릅니다. 기도하는 소리를 들어보면 진정으로 기도하는 것인지 중언부언하는 것인지 억지로 하는 것인지 입술에 발린 기도 소리인지 다 감지됩니다. 이것이 영의 실체입니다. 이러한 실체를 미처 들어 내지 않은 상태의 영을 민감한 사람들은 헤아리게 되고 통역하게 됩니다.

이러한 통역의 영을 통하여 성령의 감동을 받을 줄 아는 선지자나 통역할 수 있는 자는 하나님의 성령의 음성을 알아듣고 대언 합니다. 지금도 하나님의 영은 인간의 영을 통하여 나타나려(성령의 나타남)하고 있는데 인간은 아직도 말씀을 헤아리지 못하고 영성훈련이 덜 되어 이러한 영적 지각이 둔하고 눈치 채지 못하고 있습니다.

말씀은 말씀 속에 있는 영원한 생명을 이해할 수 있어야 됩니다. 하늘나라 이야기이며 땅에 이야기가 아닙니다. 천국이 땅의 이야기가 아니지만 땅에서 일어나는 사건이요, 땅에서 이루어지는 사건입니다. 영원한 생명은 육신적이고 물리적인 영원한 생명이 아닙니다. 그렇다고 우리 육신과 상관없는 생명이 아니라, 육신과 상관이 있고 물리적인 생명과 상관있는 생명입니다. 그러므로 신령한 생명이며 신령한 몸으로 부활할 생명입니다. 이 생명이 신령하기 때문에 신령한 말씀입니다. 성경은 신령한 말씀을 신령한 성령님을 통하여 신령한 자들을 감동시켜 전하여진 하나님의 언어이요 말씀이며 영이요 생명이며 신령한 이야기입니다.

신령한 교훈들입니다. 신령으로 드리는 예배가 무엇이고 신령으로 기도하는 것이 무엇이며 신령한 몸이 무엇을 말하는지 이해가 되어야 신령한 말씀을 이해 할 수 있습니다. 신령한 세계를 이해 할 수 있고 신령한 성도의 생활을 할 수가 있고 신령한 목회자가 될 수 있습니다. 속칭 말하는 은사가 있어 심령감찰(투시)이나 하고, 예언할 수 있는 자를 신령한 자로 생각하는 눈으로는 참으로 성경 속에 감추어진 신령한 말씀과 신령한 생명을 볼 수 없고 신령한 지성소에 계시는 신령한 하나님을 볼 수가 없습니다. 성경에서 말하는 신령한 자는 예수의 영이 있어 하나님의 속성(형상)이 나타나는 사람을 말합니다.

그리고 참 빛이 되는 말씀이 내 심령에 있어야 합니다. 말씀이란 빛이며 빛이란 들어내는 것입니다. 제 모습을 제대로 드러내는 것입니다. 어두움을 비추어주지 않는 것은 빛이 아닙니다. 말씀은 빛이기 때문에 어두움 속에 도사리고 있는 것도 다 들추어냅니다. 자신 속에 깊이 숨어 있는 것도 갈라 쪼개어 들추어냅니다. 청중 속의 염소들도 골라냅니다. 그들은 하나님의 말씀에는 대적하는 반응을 보입니다. 청중을 다 즐겁게 만족시키는 말씀은 말씀이 없습니다. 말씀에 시험에 드는 자가 있어야 바로 전한 것입니다.

그러나 어느 누가 성도의 눈치를 안보고 제대로 전하는 자가 있습니까? 가만히 손을 얹어 생각하여 보자는 말입니다. 하나님의 말씀을 인공유해색소로 도색하거나 인공 조미료를 썩어 음식을 만드는 자를 구별하게 만듭니다. 인공 조미료에 입맛이 젖은 사람은 구별하지 못하지만 천연 조미료만 먹던 사람은 인공 조미료를 넣어 만든 음식을 먹으면 입안에 구역질이 느껴지기 때문에 먹을 수가 없습니다. 한 때 신앙에 적극적인 사고방식이 도입되어 대단한 바람을 일으킨 적이 있습니다. 바로 이러한 말씀도 인공유해 색소와 조미료가 잔뜩 들어 있는 음식이라고 보아야 합니다.

성경은 사람이 아무리 적극적이고 능력이 있고 지혜가 있고 심지어 사랑이 있다고 하더라도 아무리 고상하고 거룩한 것처럼 보여도 인간의 것은 다 가증한 것으로 봅니다. 성령의 기름부음으로 만들어진 것이 아니고 인간의 조미료로 맛을 드린 것은 인간의 입맛에도 구역질이 나는데 하나님의 입맛에야 어찌

구역질이 나지 않겠습니까? 토하여 내칠 것입니다.

이것은 차지도 더웁지도 아니한 미지근한 것 보다 더 가증한 것으로 구역질이 더 날 것입니다. 하나님의 말씀은 수술하는 날 센 검보다 예리합니다. 이런 것들과 이런 사람들도 다 골라내십니다. 경건의 모양 속에 능력 없는 것도 골라냅니다. 존경받고 있는 사람들의 위선으로 가장한 추한 모습도 들추어냅니다. 경건을 가장한 모습 속에 숨어 있는 귀신의 영들도 들추어냅니다. 유명한 설교자의 말씀 속의 가증한 바리새인 적인 인간의 교훈을 골라냅니다. 발람의 교훈도 골라내고 니골라 당의 교훈도 골라냅니다.

말씀 속에 빛의 속성이 없음으로 영안이 닫혀 성경을 해석하는 수많은 석학이나 박사들이 오늘까지 신학을 연구하고 원어를 연구하고 고전어를 연구해도 성경의 난제가 풀리지 아니하고 계시록이 풀리지 않는 것입니다. 성경 해석의 오류를 범하지 않고 순수하며 건전하고 온전한 접근방법은 바로 이 빛을 주관하는 성령과 더불어 성경을 접근하려고 하는 방법입니다. 빛을 발하여 첫째 날 밤과 낮과 나누고, 빛과 어두움을 나누었지만, 빛과 낮을 주관하는 큰 광명이 없는 사람에게는 밤을 주관하는 작은 광명을 가지고, 희미한 달빛으로 세상만사를 보듯이 성경이 희미하게 보임으로 성경해석을 제대로 하는 수가 없으니 부득불 인간의 전등이나 등불을 대신 켤 수밖에 없습니다.

말씀을 성령으로 바르게 해석하여 영적인 원리를 찾아내어 적용하는 성도가 영안이 열린 것입니다.

4부 영안을 열기위한 영적활동

19장 영안으로 영들을 보고 제압하는 법

(막1:9-13)"그 때에 예수께서 갈릴리 나사렛으로부터 와서 요단 강에서 요한에게 세례를 받으시고, 곧 물에서 올라오실새 하늘이 갈라짐과 성령이 비둘기 같이 자기에게 내려오심을 보시더니, 하늘로부터 소리가 나기를 너는 내 사랑하는 아들이라 내가 너를 기뻐하노라 하시니라. 성령이 곧 예수를 광야로 몰아내신지라. 광야에서 사십 일을 계시면서 사탄에게 시험을 받으시며 들짐승과 함께 계시니 천사들이 수종들더라."

영의 세계는 어떤 세계입니까? 보이지 않는 영의 세계입니다. 하나님의 성령과 마귀와 성령으로 거듭난 사람의 영이 거하는 보이지 않는 영적인 세계입니다. 이 보이지 않는 영의 세계가 보이는 인간세계와 물질세계를 지배하는 것입니다. 좀 더 깊이 있게 설명하면 우리가 성령을 요청할 때 어떻게 기도합니까? 성령이여 임하소서라고 기도합니다. 이는 성령이 임해야 보이는 세계가 지배되기 때문입니다. 다시 말해서 인간세계의 문제나 환란과 풍파가 성령에게 장악을 당해야 해결되는 것입니다. 왜냐하면 보이는 세계에 일어나는 악의 문제의 배후에는 4차원의 영적존재인 마귀가 있기 때문입니다. 그래서 마귀보다 강한 5차원의 성령이 임하여 장악해야 성령의 역사로 문제나 환란과 풍파가 떠나가고 사람의 눈에 보이는 하나님의 창조물이 생겨나는 것입니다. 영적인 존재들을 인정하고 보고 제압하시기를 바랍니다. 그래야 이 땅에서 천국과 아브라함의 복을 누리면서 하나님께서 주신 사명을 감당할 수가 있습니다.

첫째, 우리를 돕는 천사가 많다. 우리가 성경에 보면 하나님을 진심으로 섬긴 사람들을 건지기 위해서 하나님께서 천사를 보내서 붙들어주신 사건이 수없이 많습니다. 이러므로 오늘날도 이 천사의 역할이 우리에게 굉장히 큽니다. 사실 우리가 육신에 눈을 뜨고 있으니까 못 봐서 그렇지, 영의 눈을 뜬다면 이 강단 주위에 천사들이 가득히 와 있습니다. 내 옆에도 와 있어요! 안녕하십니까? 우리 교회 주위에도 천사들이 가득 둘러 진치고 있습니다. 왜냐하면 천사는 누구냐? 구원 얻을 후사를 섬기라고 보내신 영들이 아니냐고 말한 것입니다.

우리가 시화에서 목회를 할 때입니다. 어느 집사님의 소개로 독일에서 평신도 선교사를 하시는 부부 집사님이 와서 치유 받고 가신 적이 있습니다. 그 때 여 집사님이 임신하여 육 개월이 된 상태이고, 5살 정도 먹은 딸을 데리고 와서 치유를 받았습니다. 그런데 치유기도 시간에 제가 여 집사님을 안수하니까, 이 딸이 엄마에게 자꾸 엄마 머리를 잡으려고 다가오는 것입니다.

그래서 엄마가 힘이 드니까, 저쪽에 떨어져서 놀라고 하는데도 자꾸 달려드는 것입니다. 이상하다고 생각하기는 했지만 그냥 사역을 진행했습니다. 그런데 그 다음날 그분들을 소개하여 준 여 집사님에게서 전화가 왔습니다.

어제 치유 집회할 때 천사들이 사람마다 앉아서 치유를 도왔다는 것입니다. 그래서 자초지정을 물으니까? 그 아이가 눈이 열려서 천사를 보는데 천사가 엄마 머리에 앉아 있어서, 엄마 머리가 무거울까봐 천사를 때어 내려고 했다는 것입니다. 제가 믿지 않을 것인데 5살 먹은 아이가 거짓말 할리가 만무하여 믿기로 했습니다. 이렇게 천사는 성령의 사역을 돕기도 합니다.

이러므로 우리 하나님께서 명령하신 사실을 준행하기 위해서 하나님의 사자들은 이 지구상에서 하나님의 보좌 앞으로 번개같이 왔다 갔다 하고 있는 것입니다.

우리는 이 세상에 살면서 많은 원수에게 둘러싸여 있고 공격을 당하고 위험에 처할 때가 많습니다. 그러므로 하나님의 천사들이 와서 끊임없이 우리를 보호하지 않았으면 오늘날 우리가 이처럼 살아남아 있지 못할 것이라고 저는 생각을 합니다. 이스라엘의 엘리사가 도단성에 가 있을 때, 아람 왕이 군대를 파견해서 엘리사를 사로잡으라고 했습니다.

밤새도록 도단성을 아람 군대가 첩첩이 둘러쌓습니다. 아침에 일찌기 엘리사의 종 게하시가 밖에 나가보니 성 밖 온 천지에 창이요, 깃발이 휘날리고 군대가 첩첩이 성을 둘러싸고 있었습니다. 그는 기진맥진했습니다. 두려워서 벌벌 떨고 방안에 기어 들어왔습니다. 엘리사 선생이여! 이제 큰일 났습니다. 우리는 이제 다 잡혔습니다. 도단성 주위에 천천만만의 아람 군사들이 우리를 둘러싸고 있습니다. 이제 우린 못 달아납니다. 꼼짝 없이 잡혀 죽겠습니다.

그럴 때 엘리사가 말하기를 하나님이여! 이 사람의 눈을 열어서 보게 하여 주옵소서 그러자 이 게하시의 눈이 열리니깐 저가 보니 불 말과 불 병거가 산에 가득하여 엘리사를 둘러싸고 있는 것을 보았습니다. 원수들이 있는 그 뒷전과 엘리사가 있는 그 집 사이에 하나님의 천군과 천사들이 불 말과 불 병거를 타고 잔뜩 둘러 진치고 있었습니다. 그러므로 도저히 하나님의 군대를 대적해서 아람의 군대가 엘리사를 사로잡을 수 없었습니다.

엘리사가 나가서 유유히 그들에게 물었습니다. 너희가 누구를 찾는고? 엘리사를 찾습니다. 아! 이 성은 그 성도 아니고, 나는 그 사람도 아니니 날 따라 오너라. 엘리사는 아람 전 군대를 데리고 사마리아성에 들어가서 앉혀 놓고 눈을 뜨게 하니까, 적군 속에 들어가서 완전히 사로잡힌 것을 발견하게 되었던 것입니다. 이처럼 오늘날도 하나님께서 주의 백성들이 위기에 처하면 불 말과 불 병거를 보내서 우리를 지켜주시는 것입니다.

천사를 만나서 도움을 받은 이야기는 굉장히 많습니다. 어떤 미국의 한 가족이 오래간만에 가족들을 데리고 캠핑을 갔습니다. 산속 깊은 곳에 캠핑을 가서 연못가에 천막을 쳐놓고 애들이 너무나 즐거워하고 또 부인은 바쁘게 점심을 준비하는데, 남편은 그 옆에 와서 끊임없이 애들과 부인을 향해서 카메라를 찍었습니다. 아 그런데 오토바이 소리가 요란스럽게 나더니 폭주족 깡패들이 대거 몰려왔습니다.

몰려오더니만 남편의 손에서 카메라를 탁치고, 그리고 난 다음에 그 가족들을 공격하려고 하다가 그만 갑자기 눈을 부릅뜨더니만, 뒤로 돌아서더니 걸음아 날 살려라, 하고 오토바이를 타고 도망을 쳐버렸습니다. 거참, 이상하다 이 호젓한 산에 와서 얼마든지 우리를 공격하여 중요한 것을 탈취할 수 있는데 왜 도망을 쳤을까? 나중에 카메라의 필름을 뽑아서 인화를 해보니까, 그 남편이 애들과 부인이 요리를 하는데, 그 모습을 찍은 그 필름 속에 천사가 그 가운데 같이 서있었던 것입니다. 그들은 보지 못했는데 폭주족들은 그들을 보았단 말입니다.

그래서 달아나 버린 거예요. 또한 뉴욕 어느 빈민가에서 일하는 20대의 젊은 아가씨가 있었습니다. 거기에 아편중독자, 세상에 버림받은 사람들을 돌보는데 거기 처음 임명을 받았습니다. 거기서 일을 하는데 이 주위에 있는 깡패들이 그 여자를 폭행을 하려고 야단법석입니다. 하루 저녁에 그냥 문을 두드리면서 이리 나오라 안 나오면 이 집에 불을 질러버리겠다! 그래서 이 처녀가 기도를 했습니다. 하나님 주의 사자를 보내어서 나를 둘러 진을 쳐서 나를 지켜주옵소서, 그러고 난 다음에 문을 여니까, 깡패들이 잔뜩 문 앞에 둘러 있었는데 모두 다 뒤로 돌아서 거름아 날 살려라, 하며 달아나버리는 것입니다. 그러더니만 다음날 그 사람들이 아주 어린 양같이 되어서 찾아와서 우리도 이곳에서 일하게 해달라는 것입니다. 왜 그러냐고 물으니까, 어제 당신을 우리가 폭행하려고 각오를 하고 왔는데, 그 당신 옆에 서있는 그 잘생기고 몸이 어마어마하게 크고 인물이 좋고 흰옷 입은 그 애인은 누구냐고, 그 애인 좀 소개해 달라고 우리는 그 분 때문에 기절초풍을 하고 달아났다는 것입니다.

아이, 그런 사람 없다고 하니까 절대로 그런 거짓말하지 말라고 우린 당신을 폭행 하려고 결심을 하고 왔는데, 그 애인 때문에 우리가 달아났는데, 그 애인 좀 소개해 달라고 하더라는 것입니다. 하나님의 천사는 우리가 모르는 사이에 우리 주위에 나타나는 것입니다. 또한 20대 중반의 한 처녀가 뉴욕 한 빈민가에 거주하는데 밤에 집에 돌아오는데 으스스하거든요, 그런데 주의에서는 깡패들이 둘러싸여 있는데, 그 사이를 유유히 지나서 집으로 오는데, 온 몸에 땀만 흘렀지만 괜찮았습니다.

그리고 자기가 집에 들어오자마자, 경찰차 싸이렌 소리가 나고 거기에 경찰차가 오고 사람들은 모이고 웅성웅성했습니다. 알아보니 자기 뒤에 따라오던 처녀가 잡혀서 폭행을 당하고 죽임을 당했습니다. 그래 그 사람들이 심문을 당할 때하는 말이 뭐냐 하면, 이 여자 앞에 한 처녀가 지나갔는데, 그 처녀는 양쪽에 건장한 남자 두 사람이 함께 걸어가기 때문에 우리가 손을 대지 못했다. 그러나 뒤에 따라오던 여자는 혼자 오기 때문에 우리가 손을 댔다고 말을 했습니다.

그 앞에 가는 처녀는 끊임없이 기도하면서 갔었습니다. 하나님 주의 사자를 보내사 나를 보호하여 주옵소서! 하나님의 사자가 와서 그들 옆에 같이 걸어갔기 때문에 감히 거기에 손을 대지 못했던 것입니다. 이처럼 우리가 알지 못하는 사이에 하나님의 사자들이 우리를 위험에서 건져주고 있는 것입니다.

둘째, 영안으로 악귀를 볼 줄 안다. 저는 성령님이 열어주신 영안으로 영의 질병을 진단하여 축귀할 때 사용합니다.

① 여러 가지 나타난 표면적인 증상이 나타나는 경우는 이렇습니다. 특히 눈을 보아 분별을 합니다. 영의 질병이 있는 사람의 경우 사역자의 눈동자를 똑바로 처다 보지 못합니다. 눈동자가 보이지 않고 흰 자위만 보일 경우도 있습니다. 흰 자위는 없고 눈동자가 크게 확장되어진 경우도 있습니다. 눈동자가 좌우로 따로 돌아가는 현상이 일어나기도 합니다. 때로는 정신이 나간 사람같이 유난스럽게 빤히 쳐다보기도 합니다. 사악한 빛을 발하거나 소름끼치는 눈빛을 하기도 합니다. 제가 한창 전도를 하고 다닐 때의 일입니다. 아파트에 가서 전도를 하는데, 내가 잘 아는 사람이 유모차에 아기를 데리고 나왔습니다. 그래서 아기를 모는 순간 소르라 치게 놀란 일이 있었습니다. 순간 아기의 눈이 파란빛을 발하는 것입니다. 제가 잘 아는데 그 집은 할머니가 남묘호랭객교를 믿었습니다. 그 악한 영이 아이를 장악

하고 있는 것입니다. 그 아기의, 엄마가 예수를 믿지 않기 때문에 아무 말도 하지 않고 왔습니다. 영의 질병이 있는 사람은 엄청난 힘이나 초능력이나 천리안의 투시력을 지니기도 합니다.

한번은 병원에 전도를 하러 갔더니 30대 초반의 여성이 허리디스크로 입원을 했습니다. 그래서 제가 아니 젊으신 분이 허리디스크로 병원에 입원을 했습니까? 우리 교회에 오시면 제가 예수 이름으로 허리디스크를 고쳐드릴 것이니 퇴원하여 우리 교회에 오세요. 그랬더니 이 여성이 하는 말이 저 예수를 믿지를 못해요. 아니 왜 예수를 믿지 못합니까? 저는 예수를 믿고 싶습니다. 한동안 교회를 다녔습니다. 그런데 교회만 갈다오면 시골에 있는 우리 시어머니에게서 전화가 옵니다. 너 오늘 교회에 갔다가 왔지 왜 교회를 다니지 말라고 하는데 자꾸 시 어머니의 말을 안 듣고 교회를 가는 것이냐! 나는 내가 섬기는 신이 너 교회 다녀온 것 다 알려주기 때문에 다시는 교회에 다니지 말라고 한다는 것입니다.

그러면서 빨리 시어머니가 돌아가시기를 기다린다는 것입니다. 시 어머니가 돌아가시면 교회를 다니기 위해서 그러다는 것입니다. 그래서 시 어머니가 무슨 신을 섬깁니까? 하고 제가 물었습니다. 그랬더니 집에다가 신전을 차려놓고 날마다 비는 반무당이라는 것입니다. 그러면서 저에게 이렇게 말하는 것입니다. 목사님 저 이곳으로 이사를 온 다음에 세 번째 교통사고를 당했습니다. 처음에는 접촉사고가 나서 210만원 견적이 나왔습니다. 그 다음에 또 접촉사고가 나서 230만원 견적이 나왔습니다. 이전에 세 번째 교통사고를 당했는데 차가 망가져서 250만원 견적이 나왔습니다. 그리고 제가 허리를 다쳤습니다. 나 퇴원하면 집을 팔고 이사를 가려고 합니다. 그래서 제가 아니 왜 이사를 가려고 합니까? 제가 사는 아파트가 문제가 있습니다.

서울에 살다가 이곳이 아파트가 저렴하다고 해서 전세를 사는 것보다 아파트를 사서 사는 것이 좋겠다고 왔습니다. 와서 부동산에 가보니까, 지금 아파트가 매물로 나온 것입니다. 그래서 집을 보러 갔습니다. 다른 곳은 다 보았습니다. 그런데 이 집 주인이 안방을 보여주지 않는 것입니다. 그래서 왜 안보여주느냐고 했더니 청소를 하지 않아서 창피해서 보여 줄 수가 없다는 것입니다. 다른 집하고 같으니 염려하지 말라고 했습니다. 다른 매물보다 약간 저렴하여 계약을 하고 이사를 왔습니다. 그런데 이사를 와서 알고 보니 안방에 신전이 차려져 있었다는 것입니다.

이 사람들이 이방신을 지독하게 섬기를 사람들이라 신전을 차려 놓았었다는 것입니다. 이사 와서 육 개월 동안에 차사고가 세 번이나 났다는 것입니다. 그것뿐만이 아니고 바로 위층에 사는 사람들은 서울에 새벽기도 다니다가 사고가 나서 네 사람 중에 두 사람이 죽었다는 것입니다. 그래서 이사를 가겠다는 것입니다. 그래서 제가 이렇게 이야기를 해주었습니다. 이제 이사를 가더라도 따라갑니다. 반드시 예수를 믿고 성령으로 세례를 받고 성령의 불세례를 날마다 체험하는 신앙생활을 해야 합니다. 성령 충만한 예배를 드리면서 아파트에 역사하는 악한 영들을 쫓아내야 됩니다. 꼭 예수 믿고 성령 충만한 목사님을 청해다가 심방을 두 번 이상 드리세요. 그러면 해결이 됩니다. 너무 무서워하지 말고 예수 이름으로 대적하면 떠나가는 것입니다.

영의 질병이 있는 사람은 이상한 방언이나 제 3자의 목소리를 내고 듣기에 거슬리고 소름끼치기도 합니다. 더럽고 불결하며 혼란스럽고 부도덕한 성품을 들어냅니다. 입안에 무얼 넣고 우물 거리기도하며 갑자기 포악해지고 증오심을 들어내거나 발작하기도하여 거품을 품기도 합니다. 자기 몸에 상처를 내기도 하고 옷을 찢거나 홀랑 벗기도 합니다. 자살한다고 자주 말하기도 하며 자살을 시도하기도 합니다. 사람을 기피하거나 교회를 멀리하려 하며 성령의 빛을 두려워하기도 합니다.

자신의 의지가 마비된 엉뚱한 행동을 하거나 말을 합니다. 그러면서 왜 그러냐고 질문하면 자신의 속에서 말을 시키거나 말을 못하게 한다고 합니다. 유난스럽게 설교 시간에 딴전을 부리고 졸기만 하든지 교회나 목사를 비난합니다. 특별한 병리적, 육체적 결함 없이 귀머거리, 장님, 앉은뱅이, 벙어리, 불임 등의 현상을 가지고 있습니다. 크고 작은 악몽이 반복되거나 불면에 시달립니다. 죽은 사람의 모습이 자주 나타나거나 어린아이나 색동옷을 입은 사람의 모습이 나타나기도 합니다. 특히 영의 질병이 있는 사람들은 밤에 잠을 깊이 자지 못하는 것이 특성입니다. 저녁에 악몽으로 시달리다가 새벽 4시가 넘어서 잠이 드는 것이 보통입니다. 그래서 아침에 일어나지를 못합니다. 정상적인 생활을 하지 못한 것이 특징입니다.

이 밖에도 기타 여러 가지 특이한 이상 현상을 나타냅니다. 그러나 말씀과 성령으로 영안을 영어 정신병과 구별을 잘 해야 합니다. 악한 영들의 침입으로 생긴 영의 질병과, 육체적인 뇌나 육체기관의 손상으로 인한 결함으로 일어나는 정신질환과를 구별하지 못하고, 무조건 귀신으로 단정하는 것도 오히려 병을 악화시킬 수 있기 때문입니다.

② 표면적인 증상은 없지만 잠복되어 있는 경우입니다. 외형상 드러나는 자가 문제가 되기도 하지만, 더 큰 문제는 외형상 드러나지 않으면서, 많은 사람들이 이러한 사단이나 귀신들이 잠복된 상태에서 괴롭힘을 당하고 있다는데 더욱 심각한 문제가 있습니다. 식욕이 지나치게 왕성하거나 먹기를 탐합니다. 귀신의 일들을 인정하려 않으며 귀신의 존재를 부인합니다. 어떤 일에나 집중이 되지 않고 정신이 항상 산만하거나 불안합니다. 의지박약하여 아무 일도 못하며 게으르고 무의 도식하려는 성품을 가집니다. 항상 두통이 심하거나 또는 갑자기 두통이나 한기나 열기를 느끼기도 합니다. 특히 음란하거나 과도한 성욕을 노출하기도 합니다. 도덕적인 타락한 성품을 들어내고 말썽을 부립니다. 지나치게 탐욕적이거나 이기적이거나 남을 의심하는 것이 지나치기도 합니다. 지나치게 완고하거나 강퍅함을

들어내거나 합니다. 집회 시에 자주 기절하기도 합니다. 그러면서 성령의 이끌림에 의해서 입신에 들어간다고 나름대로 판단합니다. 그래서 악한 영을 몰아내지 못하는 것입니다. 살기가 싫거나 낙심하여 처진 성품을 드러냅니다. 한쪽 손이나 얼굴이나 다리의 마비 증상이 있습니다. 혈기가 많으며 특별히 충동적인 성품입니다. 변덕이 심한 성품으로 언제 어떻게 변할지 알지를 못하므로 옆에 있는 사람들이 괴로움을 당합니다. 류마치스와 같이 전신 마비나 통증이 있습니다.

귀신이라는 말을 듣기 싫어하거나 귀신 축귀를 비난합니다. 특별히 아픈 곳도 없이 전신이 나른하고 아프기도 합니다. 병원에서 병이 없다고 하는데 자신은 여기저기 아픕니다. 관절이나 무릎이 심하게 아프고 약을 먹어도 잘 낫지 아니합니다. 자신이 무엇인가 비정상적인 곳이 있다고 느낍니다. 가슴이 답답하거나 울화증 현상이 있습니다. 회개의 눈물을 흘려보지 않은 새신자가 갑자기 은사가 나타납니다. 특히 사람의 심령을 감찰(투시)하는 초인력이 나타나기도 합니다. 말씀이 없는 새 신자가 갑자기 성령님이나 예수님이 말씀을 주신다고 합니다.

어느 개척교회 목사님은 자신의 교회 권사가 하나님에게 말씀을 받았다고 그 말씀을 가지고 설교를 하라고 하는 권사도 있습니다. 열심이 있는 신자라 할지라도 성령의 감동이 없이 신령한 은사가 나타나거나 말이 들리기도 합니다. 성령의 열매가 없는 자가 능력이 나타나거나 심령을 감찰(투시)합니다. 세상 적인 일에는 인색하지 않은데 하나님께는 너무 인색하게 헌금하거나 십일조를 할 수 없습니다. 원망이나 불평의 마음을 버릴 수가 없습니다.

이러한 예들은 본인이 이 사역을 처음 시작할 때는 잘 모르던 사실인데, 환자들을 치유하다 보니 알게 된 사실이며, 실제로 경험하고 체험한 사실들입니다. 대부부분의 사람들이 이를 인정하려 하지 않습니다. 심지어 유명하신 목회자나 신학자들 중에서도 이를 부인하는데 더욱 큰 문제가 있습니다. 그러나 이러한 증상이 무조건 다 귀신으로 말미암은 것은 아닙니다. 일단 진단에 참조 할 사항인 것입니다. 조금만 특이해도 무조건 귀신의 영향으로 단정하는 것은 더욱 큰 부작용을 낳게 된다는 것을 알아야 합니다.

그러나 문제는 모든 질병이 귀신으로부터 주어졌다고 하거나, 심지어 안경 쓰는 것까지 귀신이 들렸다고 주장하는 것, 이것 때문에 귀신의 문제를 다루는 사람을 무조건 경계하는 요즘의 풍조는 오히려 귀신이 활동하기 좋은 무대를 만들어 줍니다. 그래서 귀신과 사단의 편을 들어주는 결과가 되어 본의 아니게 하나님의 사역을 방해하는 자가 될 수 있다는 것도 특별히 유의할 일입니다.

셋째, 영안으로 사람 속에 역사하는 영을 분별한다. 제가 지금까지 십년이 넘게 축귀 사역이나 안수기도 할 때 보이는 영물들의 형상은 이렇습니다. 잘 이해하시고 영물을 보려는 데 집착하는 일이 없으시기를 바랍니다. 호랑이를 생각하면 호랑이가 나타난다는 말이 있습니다. 너무나 영물을 보려고 하면 잘 못된 것들을 보아 자신이 정신적으로 이상한 사람이 될 수가 있습니다. 주의해야 합니다. 그리고 제가 이렇게 본 것은 안수할 때와 축귀사역을 할 때 순간순간 보여준 것을 정리한 것입니다. 저는 그 외에 세상을 살면서 일상적인 생활할 때는 아무것도 모이지 않습니다. 절대로 사역을 하지 않을 때는 아무것도 보이지 않고 정상적인 사람과 사물로 보입니다.

축귀를 하다가 보면 개가 보일 때가 있습니다. 이는 음란이나 혈기 귀신으로 분별할 수가 있습니다. 사나운 개로 보이는 경우는 대개 혈기가 많은 사람입니다. 제가 몇 년 전에 축귀를 하는데 갑자기 목에 상처가 있고 사나운 이빨을 보이는 개가 탁 나타났습니다. 그래서 순간 "예수 이름으로 명하노니 이 더러운 혈기 귀신은 떠나갈 지어다." 하고 대적기도를 하니 한 참 발작을 하다가 자기 옷을 찢고 악을 쓰고 심한 욕설을 하면서 떠나갔습니다. 축귀를 마치고 그분에게 질문을 했습니다.

혹시 혈기 때문에 고생하고 있지는 않습니까? 했더니 부인되는 집사님이 목사님 말도 마십시오. 이 양반 혈기는 집안사람들이 알아주는 혈기입니다. 여기에 치유 받으러 온 이유도 성령으로 내적치유를 받으면 혈기가 떠난다고 해서 직장 휴가를 내어 왔습니다. 그 후로 부인 집사님이 계속 다니면서 치유를 받았습니다. 부인 집사에게 물어보았습니다. 요즈음도 남편이 혈기가 심합니까? 하고 질문을 했더니, 여기 다녀오고 나서 혈기가 많이 없어졌습니다. 그래서 남편 하는 말이 다음에 한 번 더 휴가를 내어 오겠다고 합니다. 음란의 영이 있는 사람은 염소나 토끼로 보이는 경우도 있습니다. 얼마 전에 어느 집사님이 남편을 데리고 왔습니다.

그래서 말씀을 전하고 안수 사역을 했습니다. 점심시간에 헌금 봉투가 올라온 것을 보니까, 자기 남편이 외도를 잘하는 음란의 영에 끌려 다니니 비밀리에 축귀를 해달라는 것입니다. 그래 안수기도 시간에 머리에 손을 대고 성령이여 임하소서. 성령이여. 사로잡아 주시옵소서. 하고 조그마한 소리로 음란의 영은 정체를 밝힐 지어다. 하고 명령을 하니까, 순 간 저의 눈에 염소가 보이는 것입니다. 예수 이름으로 명하노니 이 분을 괴롭히는 음란의 영은 떠나갈지어다. 하고 명령을 하니 기침과 발작을 하면서 떠나갔습니다. 이분이 몇 번 더 찾아 오셔서 치유를 받았습니다. 그리고 부인이야기로는 바람기가 사라졌다는 것입니다.

저는 이 분이 참 지혜로운 여인이라고 생각했습니다. 우리는 사람을 미워하지 말아야 합니다. 그 사람을 그렇게 하도록 끌고 다니는 악귀를 축귀해야 합니다. 자기 자랑이 많고 교만한 사람은 공작으로 보이기도 합니다. 문제가 있고 목사님의 심기를 불편하게 잘하는 성도는 뿔 달린 양으로 보이기도 합니다. 이런 분들은 안수를 자꾸하면 악귀가 힘을 잃고 떠나갑니다. 그래서 순종을 잘하는 소로 변합니다. 교회에서 순종을 잘하는 사람을 안수하면 소로 보이는 경우가 있습니다.

얼마 전에 어느 목사님에게 전화가 왔습니다. 자기가 새벽기도 하다가 환상을 보았는데 자기 교회에 양은 몇 마리가 안 되고 소가 너무나 많아서 걱정이 되어 전화를 했다는 것입니다. 그래서 왜 소가 많이 있는 것이 걱정이 됩니까? 그랬더니 옛날에 자기 어렸을 때 어르신들이 소는 조상이라고 해서 걱정이 되었다는 것입니다. 그래서 목사님 좋겠습니다. 소와 같이 순종하는 성도가 그렇게 많으니 말입니다. 목사님 성경적으로 해석을 하면 소는 순종을 잘하는 성도입니다. 그랬더니 막 웃는 것이었습니다.

사명이 있는 사람은 가슴에 십자가가 보입니다. 영적인 게으름이 있는 사람은 거북이로 보입니다. 혈기가 심한 사람은 호랑이로 보입니다. 조상이 불교에 심취되었거나 자기가 불교 신자였다면 불교 상징물로 보입니다. 중으로 보이기도 합니다. 이는 불교의 영이 아직도 자리하고 있다는 것입니다. 조상이 무당을 했거나 자신이 무당과 접촉을 했다는 무속 상징물과 무당이 굿거리를 하는 것으로 보입니다. 이는 무속의 영의 영향을 받고 있다는 것입니다. 무속의 영을 축귀해야 합니다.

기도하는 중에나 꿈에 죽은 조상들이 보이는 것은 가문에 혈통을 타고 흐르는 마귀의 저주가 있다는 것입니다. 죽은 사람이 생전에 가지고 있던 문제가 역사하고 있다는 것입니다. 찾아서 죄악을 회개하고 대물림의 줄을 끊고 축귀해야 합니다. 그리고 축복해야 합니다. 여우로 보이는 경우는 사기를 잘 치거나 남을 잘 속이는 귀신이 있다는 것입니다. 새로 보이는 것은 속살거리는 영이 있다는 것입니다. 양으로 보이는 경우는 영적으로 보살펴야 하는 믿음이 약한 성도입니다. 물고기는 성도를 말하는 것입니다. 물이나 생수로 보이는 경우는 성령 충만 정도를 말합니다. 물이 깨끗하다면 영이 깨끗한 것입니다. 흐리다면 정화가 필요한 것입니다. 깨끗한 강물에 빠졌다면 성령의 강수에 빠진 것입니다. 아주 좋은 것입니다. 변이나 불결한 것들은 더러움과 죄악 회개거리입니다.

축귀할 때 돼지로 보이는 사람이 있습니다. 이는 탐욕이 많은 사람입니다. 축귀할 때 꿀꿀꿀하며 돼지 소리를 하기도 합니다. 금이나 은은 믿음의 정도를 나타냅니다. 안수기도나 축귀하다가 더러운 물에 빠져있는 모습이 보이는 사람은 회개거리가 많은 사람입니다. 이외에도 많은 것들이 있으나 제가 특별이 인상에 남는 것만 기록한 것이나 그냥 참고만하기를 바랍니다. 절대로 교리가 아니고 저의 임상적인 체험에 불과한 것들입니다. 그냥 그런 경우도 있구나 하고 알고 계시기를 바랍니다.

넷째, 영안으로 악한 영을 분별하고 축귀한 사례.

1)갑자기 심신이 나른하고 다운되어 꼼작도 못하는 권사님의 치유시 경험한 사례입니다. 우리 교회에 다니는 권사님으로

부터 주일 아침 9시경에 전화가 왔습니다. 아침에 일어나려는데 심신이 나른하고 다운되어 꼼짝을 못하여 교회를 오지 못하겠다는 것입니다. 그런데 전화를 받는 순간 무엇인가 좋지 못한 예감이 왔습니다. 그래서 조금 있다가 봉고차를 운전하여 권사님 댁으로 갔습니다. 집 앞에 봉고차를 세워놓고 아파트에 들어갔습니다. 권사님이 사시는 아파트는 1층입니다. 그래서 초인종을 눌렀습니다. 누구세요. 예 저 강 목사입니다. 문 열렸어요. 그래서 문을 열었습니다. 문을 열고 보니 권사님이 나를 탁 쳐다 보았습니다. 그런데 순간 보이는 것이 마귀할멈의 형상이 보였습니다. 그래서 신을 벗고 들어가 다자 고자 할 것 없이 머리에 손을 얹고 기도를 했습니다. "성령이여 임하소서, 힘이 없게 하고 교회가지 못하게 하는 더러운 악마야 예수 이름으로 명하노니 떠나가라. 힘이 없게 하고 교회가지 못하게 하는 더러운 악마야 예수 이름으로 명하노니 떠나가라. 힘이 없게 하고 교회가지 못하게 하는 더러운 악마야 예수 이름으로 명하노니 떠나가라." 이렇게 명령을 하니 권사님이 아멘으로 화답을 했습니다. 그리고 권사님을 보니 얼굴이 정상으로 돌아 왔습니다. 그러자 권사님이 저에게 하시는 말씀 목사님 어젯밤 꿈에 미국에 이민 가서 살다가 교통사고 당하여 죽은 딸이 검정 드레스를 입고 저에게 찾아 왔습니다. 그래서 너무나 반가워서 끌어 앉았습니다. 그랬더니 순간 없어졌습니다.

그래서 제가 막 나무랐습니다. 권사님 꿈에 죽은 사람이 나타나거든 예수 이름으로 물리치라고 했지 않습니까? 그러니까, 권사님이 하시는 말씀이 이렇습니다. 목사님 우리 딸은 예수 믿고 죽었습니다. 성도님들의 영적인 수준이 이렇습니다. 아니 예수 믿고 죽은 사람이 천국에 가 있는데 어떻게 옵니까? 올 수가 없습니다. "그뿐 아니라 너희와 우리 사이에 큰 구렁텅이가 놓여 있어 여기서 너희에게 건너가고자 하되 갈 수 없고 거기서 우리에게 건너올 수도 없게 하였느니라(눅16:26)"

천국에서 지옥도 갈수도 없고 올수도 없는데 어떻게 죽어 천국에 있는 사람이 세상에 나옵니까? 권사님이 꿈에 본 자신의 딸은 진짜가 아니고 마귀가 권사님에게 들어오려고 가장하여 나타난 귀신입니다. 그러니까 그 꿈을 꾸고 난 다음에 온몸이 나른하고 힘이 들어 교회를 나오지 못할 정도가 되지 않습니까? 속지 마세요. 그래서 권사님 댁에서 나와서 성도들을 봉고 차에 태워서 교회에 와서 주일 예배를 드렸습니다. 그리고 예배를 마치고 성도들을 이끌고 권사님 댁에 가서 성령집회를 하고 안수를 해서 귀신을 몰아내 주었습니다. 그러자 바로 온몸이 나른하고 독감으로 다운되게 했던 질병들이 치유 되었습니다.

2)우울증에 걸려 고생하던 여 집사를 기도해 주고 경험한 사례: 우울증에 걸려 고생하는 여 집사가 교회에 찾아와서 기도를 해달라고 해서 기도를 해주었습니다. 안수 기도와 축귀를 한 두 시간을 해주었더니 너무 평안하다고 하면서 집으로 돌아갔습니다. 그런데 돌아가고 나서 순간 교회를 보니까, 큰 뱀들이 천

정 여기저기에 힘이 빠져서 돌아다니고 있는 것입니다. 그래서 성령이 임하소서, 성령이여 임하소서, 예수 이름으로 명하노니 우울증 집사에게 붙었다가 나와서 교회 안에 돌아다니는 귀신은 물러갈지어다. 예수 이름으로 명하노니 우울증 집사에게 붙었다가 나와서 교회 안에 돌아다니는 귀신은 물러갈지어다. 예수 이름으로 명하노니 우울증 집사에게 붙었다가 나와서 교회 안에 돌아다니는 귀신은 물러갈지어다. 내가 예수 피를 교회 안에 뿌리노라. 내가 예수 피를 교회 안에 뿌리노라. 내가 예수 피를 교회 안에 뿌리노라. 하면서 한동안 성령이 충만한 가운데 강하게 대적기도를 했더니 깨끗해졌습니다. 그래서 그 때 제가 느끼고 체험한 것은 아 교회가 성령의 강한 역사가 일어나지 않으면 더러운 귀신들이 축귀되어도 바로 떠나가지 않고, 교회 안에 자리를 잡고 있으면서 문제를 일으킬 수가 있겠다는 것을 체험적으로 알게 되었습니다.

성령으로 충만하지 못한 사역자가 축귀를 하면 피사역자에게 역사하던 더러운 귀신들이 자신에게 영향을 미칠 수가 있습니다. 이것을 보고 영적 손상라고 합니다. 이것을 모르고 계속 사역을 하다가 보면 자신에게 여러 가지 이해하지 못하는 일이 일어나 사역을 하지 못할 수도 있습니다. 부디 영안을 열어 말씀과 성령으로 자기 관리를 잘하면서 사역을 하시기를 바랍니다.

20장 영안으로 보아야 하는 것들

(고전 2:10-12)"오직 하나님이 성령으로 이것을 우리에게 보이셨으니 성령은 모든 것 곧 하나님의 깊은 것까지도 통달하시느니라. 사람의 일을 사람의 속에 있는 영 외에 누가 알리요 이와 같이 하나님의 일도 하나님의 영외에는 아무도 알지 못하느니라. 우리가 세상의 영을 받지 아니하고 오직 하나님으로부터 온 영을 받았으니 이는 우리로 하여금 하나님께서 우리에게 은혜로 주신 것들을 알게 하려 하심이라"

우리는 영안이라고 하면 꼭 눈으로 영물들을 보는 것으로 알고 있는 경우가 많습니다. 그러나 영안은 그런 것만 보는 것이 영안이 아닙니다. 세상을 살아가면서 겪고 닦는 모든 것을 하나님의 눈으로 바라보고 조치하는 것을 영안이라고 할 수 있습니다. 우리는 특별히 변화를 영적으로 내다볼 수 있는 영안이 열리기를 사모해야 합니다(고전7:25-40). 이 말씀에는 중요한 원리가 있습니다. 현대를 사는 우리 모두를 위한 것입니다.

첫째는 사도바울과 고린도교회 성도들은 다가오는 변화를 미리 예측하는 영안이 있었습니다. 그 변화는 환란입니다. 고린도전서7장 26절, 29절을 읽어보면 어떤 심각한 변화를 예측하고 있는 것을 볼 수 있습니다. 이것은 우리에게 대단히 중요한 원리를 말해주고 있습니다. 21세기는 변화의 시대라고 합니다. 예측을 할 수 없을 정도로 혼란스러운 시대입니다. 앞으로 어떤 변화가 우리 앞에 올지 아무도 모릅니다. 이 변화는 우리의 전통, 상식, 가치관을 바꾸어버립니다. 우리의 기준이 달라질 만큼 변화의 소용돌이 속에 휘말려 들어가고 있습니다. 이럴 때 우리에게 중요한 것은 변화를 영적으로 내다볼 수 있는 영안이 필요합니다. 교회 지도자들에게 필요합니다. 성도들에게 필요합니다. 그러면 우리는 어떻게 앞을 내다볼 수 있는 영안을 가질 수 있을까요? 하나님의 말씀과 기도로 가능합니다. 과학이 발달될수록 앞으로의 일을 조금은 예측할 수 있지만, 정확하지는 않습니다. 그러나 하나님의 말씀을 놓고 조용히 묵상하면 영적으로 어떤 도전이 올지 감을 잡습니다.

부(번영)라는 것은 하나님의 자녀에게 순기능보다 역기능이 많습니다. 성경에도 가난한 자보다 부유한 자들에게 경고하는 경우가 더 많습니다. 그런데 지금 우리는 잘 살고 있습니다. 더구나 예수님을 믿는 사람들이 더 잘 사는 경우가 많습니다.

이런 부는 점점 앞으로 쌓여 질 것이고, 문명이 발달할수록 문명이 주는 혜택은 더 많아 질 것입니다. 이런 것을 우리가 영적으로 내다보면 총칼로 위협하는 것보다 더 위험한 도전이 있다는 것을 알아야 합니다. 우리는 이 영안의 눈을 달라고 기도해야 합니다.

두 번째는 아무리 큰 환란이 닥쳐 세상이 바뀌고 영적으로 도전을 받아도 우리의 지상목표는 변해서는 안 된다는 것입니다. 하나님을 기쁘게 하는 것(고전7:32)이 우리의 목표입니다. 하나님이 기쁘게 할 수 있다면 살아야 하고, 죽어야 합니다. 모든 삶의 궁극적인 목표는 하나님을 기쁘게 하는 것입니다. 바울이 이렇게 예견을 하고 20~30년 후에 로마 제국에는 큰 환란이 일어났습니다. 그러나 성도들은 예수님을 포기하지 않았습니다. 그들이 죽음(순교)을 두려워하지 않고 신앙을 포기하지 않은 것은 오직 하나님을 기쁘시게 하기 위했기 때문입니다. 우리는 어떤 변화가 와도 세상이 부유하게 되어 사치가 만연한 세상이 되어도, 하나님의 백성의 궁극적인 목표가 흐려지거나 변질되는 삶을 살아선 안 됩니다.

세 번째는 변화를 위해서 적절하게 대응해야 합니다. 환란이 다가옵니다. 그리고 주님이 기뻐하시는 일은 절대로 물러설 수 없습니다. 그렇다면 어떻게 해야 할까요? 우리는 대응할 수 있는 준비를 해야 합니다. 바울은 결혼을 안 하는 것이 좋다. 라고 합니다. 환란이 닥치면 가정을 지키기가 어렵기 때문입니다. 도전을 주는 것입니다. 너무 슬픈 일을 당해서 슬퍼하지 말고, 좋은 일을 당하여도 좋아하지 말라고 합니다. 마음을 비우라고 합니다. 단순하게 보라고 합니다. 이럴 때 환란이 닥쳐도 그것을 이겨낼 수 있는 준비 자세라고 합니다. 우리 앞에 많은 변화가 찾아올 것입니다. 어떻게 하면 주님을 기쁘시게 하고 지상목표를 조금이라도 이탈하지 않고 그 모든 변화를 극복하면서 승리할 수 있을까요? 고린도교회 교인들처럼 희생할 것도 많고, 포기할 것도 많습니다. 고린도교회 청년들은 가정생활을 포기했습니다. 우리에게 찾아올 시험에 대비해서 나를 바꿔야 할 것은 바꿔야하고, 서슴지 않고 변해야 합니다. 이럴 때 우리의 믿음이 병들지 않고 승리할 수 있고 하나님을 영화롭게 하는 놀라운 축복이 우리에게 임할 줄 믿습니다. 이외에도 영안이 열리는 다음과 같은 것들을 보고 판단할 수가 있습니다.

첫째, 말씀의 비밀이 보인다. 하나님은 성경의 모든 예언은 사사로이 풀 것이 아니라고 강조 하십니다(벧후1:20). 예언은 언제든지 사람의 뜻으로 낸 것이 아니고 오직 성령의 감동하심을 받은 사람들이 하나님에게 받아 말한 것이라고 합니다(벧후1:20). 고로 성경 말씀의 뜻을 바르게 알려고 하면 성령의 충만함을 받아야 합니다. 성령의 감동을 받아 풀어야 하는 것입니다. 영안은 사람이 열고 싶다고 열리는 것이 아닙니다. 성령의 불세례를 받고 말씀의 지식이 충분하고 성령의 충만함을 받아야 열립니다. 그것도 단번에 열어주시는 것이 아니고 말씀과 성령으로 영적인 수준이 자라는 만큼씩 열어주십니다. 영안은 전적으로 말씀과 성령으로 열리는 것입니다. 그러므로 영안이 열려야 정확한 하나님의 말씀의 비밀을 알 수가 있습니다. 성령으로 영안을 열어 성경을 보면 성경에는 영적인 전쟁을 하는 방법을 알 수 있습니다. 열왕기상 18장에 보면 엘리야가 갈멜산에서 영적인 대결을 하는 방법이 기록되어 있습니다. 엘리야는 아합 왕이 이방신을 섬기는 여자 이세벨을 데려다가 결혼하고 온 북 이스라엘로 하여금 바알과 아세라 신상을 섬기는 신앙으로 가득하게 만들었습니다.

여호와의 선지자들을 다 잡아 죽이고 여호와의 제단을 헐어 버렸습니다. 그 결과로 하나님의 진노가 이스라엘에 임하게 되었습니다. 하나님의 사람 엘리야가 아합 왕을 만나서 내 입에서 말이 떨어지기 전에 이 땅에 우로가 없을 것이라고 했습니다. 그 결과로 3년 6개월 동안 북이스라엘에 우로가 없었습니다. 그러므로 기근이 막심하고 사람들이 굶어죽고 짐승들이 다 죽고 처참하게 되었습니다. 그 후에 엘리야가 아합 왕을 만나서 우리 결단을 내리자. 여호와가 참 하나님인지, 바알이 참 하나님인지, 시험을 해 보자. 온 바알의 선지자와 이스라엘 대표들을 갈멜산으로 모아놓고, 그곳에서 여호와가 참 하나님인지 바알이 참 신인지 우리가 시험을 하자고 했습니다.

그래서 아합 왕이 갈멜산으로 바알의 선지자 450명과 모든 이스라엘의 대표들을 다 모았습니다. 거기에서 엘리야가 이런 제안을 했습니다. 우리가 단 두 개를 쌓되 바알의 단도 있고 여호와의 단도 있는데 바알의 단이나 여호와의 단에 각각 송아지 한 마리를 잡아서 각을 떠서 얻어 놓고 기도해서 불로 응답하는 신이 참 신으로 하자. 바알은 그 제사장 수가 450명이 되니 먼저 하라. 그래서 바알의 제사장들이 단을 쌓고 장작을 펼쳐놓고 송아지를 각을 떠서 얻어 놓고 단 주위에 뛰고 춤추며 바알이여, 바알이여, 불을 주소서 불을 주소서, 고함을 치고 오전 때가 되어도 불이 임하지 않습니다.

그러니 엘리야가 나와서 조롱을 합니다. 더 고함을 쳐라 너희 신이 잠에 들었나보다 깨워라, 화장실에서 볼일이 길어지는가 보다 빨리 볼일 마치고 나오게 하라, 혹은 여행을 갔는가 보다 빨리 돌아오게 하라, 그러니 바알의 선지자가 답답하니깐 칼로써 자기 몸을 찢으며 피를 흘리고서 부르짖어도 응답이 없습니다. 저녁에 엘리야의 차례가 왔습니다. 엘리야는 사람들에게 모여 가까이 오라고하고 이스라엘의 무너진 제단을 수축했습니다. 이스라엘의 12자녀의 이름대로 12돌을 취해서 제단을 만들고 그 위에 송아지의 각을 떠서 얻고 난 다음 물 세 동이를 가지고 와서 부으라고 했습니다.

부으니깐 물이 제단과 도랑에 가득했습니다. 두 번째 또 부어라 세 번째도 그리하라, 그러고 난 다음 하나님 앞에 끓어 엎드려서 하나님 아버지여 여호와께서 하나님이신 것과 내가 하나님의 종인 것과 이렇게 하는 것이 하나님의 뜻인 줄 알게 하여 주옵소서. 하나님께서는 유일한 하나님이요 이 백성으로 하여금 마음을 돌이켜 여호와만을 섬기도록 하나님의 영광을 나타내도록 불로 역사하여 주시옵소서. 내 기도에 응답하시고 불을 내리소서, 불을 내리소서 하고 엘리야가 기도하니 놋과 같이 푸른 하늘에서 불이 제단에 떨어지면서 제단이 바싹 다 타버렸습니다. 온 제물도 타고 물도 다 타고 돌도 다 탔습니다.

그러자 이스라엘 사람들이 엎드려서 여호와 그는 참 하나님이라 여호와는 그는 참 하나님이라고 인정하며 고함을 칠 때에 엘리야는 말하기를 바알이 선지자를 다 잡아라, 군중들이 일어나서 450명을 잡으니 그들을 기손 시냇가로 데리고 내려가서 엘리야가 칼을 빼가지고 450명 바알의 선지자들의 목을 다 쳤습니다. 그리고 시체와 피를 기손 시냇물로 다 씻어 흘려 내려 보냈습니다.

그리고 난 다음에 엘리야는 갈멜산에 올라가서 하나님께 비를 달라고 기도할 때에 얼마나 간절히 기도했던지 배가 오그라들어서 머리가 두 다리 사이에 들어갔습니다. 그러면서 자기 종보고 산꼭대기에 올라가서 증거가 있는지 보라. 처음 올라가서 아무 것도 안 보입니다. 일곱 번까지 올라가라 일곱 번째에 가보니 손바닥만 한 구름이 떴습니다. 그러자 빨리 아합 왕에게 가서 비에 막히지 않게 병거를 준비하고 빨리 이스르엘로 들어가라 그러자 곧장 하늘을 덮고 비가 쏟아지는데 억수같이 쏟아집니다.

하나님의 성령이 엘리야에게 임하매 그는 내내 아합의 병거 앞에서 뛰어서 이스르엘까지 들어갔다는 이야기가 있습니다. 이 이야기는 하나님의 위대한 승리를 의미하는 것입니다. 오랫

동안 우상 숭배하던 북 이스라엘에 하나님의 선지자 엘리야가 여호와의 이름으로 위대한 승리를 가져온 기록인 것입니다. 이것이 우리에게 가르치는 많은 영적인 교훈이 있습니다.

우리도 우리의 삶 속에 가난을 청산하고 위대한 신앙의 승리를 가져오기 위해서는 이렇게 하시기를 바랍니다. 성경은 하나님의 말씀입니다. 영안으로 말씀을 보면 말씀 속에 있는 영적인 비밀이 보여 집니다. 자신의 나약한 모습이 보여 집니다. 자신이 예수를 믿으면서도 육신에 속한 그리스도인인가 아니면 예수 그리스도의 보혈로 새롭게 태어난 영적인 그리스도인 인가가 밝히 보여 집니다.

그리고 자신이 교만한 사람인가 겸손한 사람인가가 보여 집니다. 말씀 속에서 영적인 세계가 보여 집니다. 성령의 역사가 보여 집니다. 천사의 세계가 보여 집니다. 악령의 세계가 보여 집니다. 사람의 역사가 보여 집니다. 그리하여 자신이 하나님을 역사를 따라가는 성도인가 아닌가가 보여 집니다. 영안으로 자신을 보면 자신이 사람을 두려워하는 성도인가 아닌가가 보여 집니다. 그리고 예수를 믿더라도 육신에 속하고 세상을 즐기면 마귀가 가차 없이 침입하는 것도 알고 깨닫게 됩니다.

하나님은 말씀만 하시는 하나님이 아니라, 말씀하시고 이루시는 하나님이라는 것도 알게 됩니다. 그리고 성경 말씀 속에서 각종 영적인 원리들을 발견하게 됩니다. 영안으로 말씀을 보면 하나님의 음성을 듣는 원리가 보입니다. 영안으로 말씀을 보면 예언하는 원리와 중요성이 보입니다. 영안을 열어 말씀을 보면 영적인 전쟁을 하는 비결이 보입니다. 영안이 열리면 말씀 안에서 하나님의 복을 받는 방법이 보입니다. 말씀 안에는 성도를 하나님의 군사로 훈련시키는 방법을 깨달아 알고 성령의 역사를 따라갑니다. 그래서 연단이나 훈련의 의미 깨닫고 하나님에게 감사하며 훈련을 달게 받게 됩니다. 영안을 열어 말씀 속에서 하나님의 살아 역사하심을 눈으로 보시기를 바랍니다. 그리하여 하나님에게 모두 쓰임을 받으시기를 바랍니다.

둘째, 성령의 임재를 알고 따라가게 된다. 성령집회를 인도하면서 그 때 그 때 성령의 임재를 알고 따라가게 됩니다. 제가 성령집회를 하다가 보면 성령의 임재는 다양하게 역사합니다. 어느 때는 회개의 영으로 임하십니다. 어느 때는 신유의 영으로 임하십니다. 어느 때는 축귀의 영으로 임하십니다. 어느 때는 내적치유의 영으로 임하십니다. 어느 때는 성령의 불로 임하십니다. 어느 때는 예언의 영으로 임하십니다. 어떤 때는 희락의 영으로 임하십니다. 그리고 같은 시간에 간은 장소라도 그룹별로 각각 다른 영이 임하는 경우도 있습니다.

사역자는 이렇게 임하여 역사하는 영을 보고 알아서 집회를 인도하여 나가야 강력한 성령의 역사를 일으킬 수가 있습니다. 성령의 역사는 다양합니다. 그 때 그 때 임재하시고 역사하시는 성령을 따라 사역을 할 수가 있습니다. 성령의 임재는 뜨겁게 기도할 때 임하십니다.

"과연 헤롯과 본디오 빌라도는 이방인과 이스라엘 백성과 합세하여 하나님께서 기름 부으신 거룩한 종 예수를 거슬러 하나님의 권능과 뜻대로 이루려고 예정하신 그것을 행하려고 이 성에 모였나이다. 주여 이제도 그들의 위협함을 굽어보시옵고 또 종들로 하여금 담대히 하나님의 말씀을 전하게 하여 주시오며, 손을 내밀어 병을 낫게 하시옵고 표적과 기사가 거룩한 종 예수의 이름으로 이루어지게 하옵소서 하더라. 빌기를 다하매 모인 곳이 진동하더니 무리가 다 성령이 충만하여 담대히 하나님의 말씀을 전하니라(행4:27-31)" 이 말씀에도 보면 담대하게 말씀을 전하게 하여 달라고 기도했습니다. 손을 내밀어 병을 낫게 해달라고 기도했습니다. 그리고 표적과 기사가 거룩한 종 예수의 이름으로 이루어지게 해달라고 기도하니, 모인 곳이 진동하도록 강한 성령이 역사했다고 했습니다. 이와 같이 성령 사역시 영안으로 성령의 임재 역사하심을 보시기를 바랍니다. 그래서 성령의 임재와 역사를 요청하며 사역을 이끌어 가시기를 바랍니다. 성령이 권능으로 역사하게 하려면 권능의 영으로 임할 것을 요청해야 합니다. 성령이 불로 임하시게 하려면 성령의 불로 임할 것을 요청해야 합니다.

그리고 성령의 불이 임하면 성령의 불을 청중에게 던져야 합니다. 성령이 회개의 영으로 임하시게 하려면 회개의 영으로 임하실 것을 요청해야 합니다. 그러면서 청중들에게 지금 성령께서 회개의 영으로 임하셨습니다. 하고 담대하게 선포해야 청중에게서 강한 회개의 역사가 일어나는 것입니다.

그러기 때문에 영안은 성령 사역시 중요하게 사용되는 것입니다. 그래서 성령 사역자는 영안과 영감으로 성령의 역사하심을 감지하여 즉각 청중에게 선포해야 역사가 강하게 일어나는 것입니다. 성령님은 인격이기 때문에 인격적으로 대접할 때 강하게 역사하는 것입니다. 우리도 영안을 열어 성령의 역사를 감지하고 성령이 집회와 예배의 중심이 되게 하기를 바랍니다. 성령이 주인된 예배라야 성도가 복을 받습니다.

셋째, 사람에게 역사하는 선한 영을 본다. 예수님은 요한복음 1장 47-48절에서 나다니엘을 보실 때 "예수께서 나다나엘이 자기에게 오는 것을 보시고 그를 가리켜 이르시되 보라 이는 참으로 이스라엘 사람이라 그 속에 간사한 것이 없도다. 나다나엘이 이르되 어떻게 나를 아시나이까 예수께서 대답하여 이르시되 빌립이 너를 부르기 전에 네가 무화과나무 아래에 있을 때에 보았노라."고 말씀하십니다. 이와 같이 영안은 선한 영도 보이는 것입니다. 우리는 사람 안에 숨어 있는 선한 영(하나님의 형상)을 볼 줄 알아야 합니다. 많은 사람들이 사람을 보는 눈이 열리지를 않아서 사람으로 인하여 낭패를 당하는 것을 종종 보게 됩니다. 사기꾼과 가까이 하다가 사기를 당하기도 합니다. 요셉과 같이 하나님이 함께하는 형통의 복이 있는 사람을 냉대하여 굴러들어온 복을 발로 차내는 경우가 있습니다. 사람은 윗사람도 잘 만나야 하지만 아래 사람을 잘 만나야 합니다.

그런데 윗사람을 보는 눈만 열려서 윗사람에게만 관심을 가지니 아랫사람을 등한히 하여 더 큰 것을 노치는 경우가 있습니다. 우리는 시위대장 보디발과 같이, 야곱의 삼촌 라반과 같이 자신과 같이 지내는 아랫사람을 보는 눈이 열려야 합니다. 저는 상담을 할 때 그 분들의 어두운 그림자 뒤에 있는 하나님의 함께 하심을 알려주어서 희망과 꿈을 갖게 합니다. 순종하는 분들은 말씀과 자신으로 어두운 그림자를 치유하여 목회자는 목회를 성공적으로 목회를 하고 계십니다. 영안이 열리고 성령의 임도를 받는 영적인 지도자의 말에 순종한 성도는 사업에 성공하여 부자 되신 분들이 다수 있습니다.

그런데 조언을 해도 순종하지 않은 분들은 고생하고 계십니다. 무엇보다도 영적인 지도자의 권면에 순종하는 것이 중요합니다. 그래서 성령을 체험하고 치유하여 영육의 그림자를 제거해야 하나님의 역사가 일어납니다. 그림자란 성도가 하늘의 복을 받는 데 방해하는 요소를 말하는 것입니다. 그림자는 성령의 역사로만이 제거되는 것입니다. 말씀과 성령으로 충만하여 자신을 영안으로 보고 찾아 인정해야 그림자는 없어지는 것입니다. 성령의 역사에 순종만 하여 자신의 모습이 변하면 그림자는 바꾸어지는 것입니다. 우리는 영안이 열렸다고 것 사람에게서 보이는 그림자만 보지 말아야 합니다. 그림자 뒤에 있는 하나님의 함께 하심을 보시기를 바랍니다. 시위대장 보디발이 요셉을 본 것 같이 말입니다."여호와께서 요셉과 함께 하시므로 그가 형통한 자가 되어 그의 주인 애굽 사람의 집에 있으니, 그의 주인이 여호와께서 그와 함께 하심을 보며 또 여호와께서 그의 범사에 형통하게 하심을 보았더라(창세기39:2-3)"

이렇게 하나님이 함께하는 형통함을 보는 것도 영안이라고 저는 생각합니다. 우리 영안을 열어 악한 영물만 보려고 하지 말고, 사람에게 역사하는 선한 성령의 함께 하심을 영안을 열어 보시기를 바랍니다. 그리고 자녀가 있는 분은 사위나 며느리를 고를 때 영적인 원리를 적용하시기를 바랍니다. 그리고 사업하시는 성도님들과 목회자분들은 직원이나 부교역자를 채용할 때 활용하시기를 바랍니다. 하나님의 역사가 같이 가니 어디를 가도 형통한 것입니다. 성령의 인도를 성도를 형통하게 합니다.

넷째, 사람의 심령을 감찰하여 문제와 질병을 알게 한다. 성령치유 사역을 할 때 진단을 바르게 하는 것은 질병이나 문제의 뿌리를 찾아 치유하는데 중요한 요소입니다. 저는 성령치유 사역을 할 때 성령의 인도를 받아 영안으로 질병이나 문제를 찾아 치유합니다. 우리는 영안이라고 하면 영의 눈으로 보는 것만을 영안으로 아는 경우가 있습니다. 영안은 꼭 영의 눈으로 보는 것만을 영안이라고 하는 것이 아닙니다. 성령님은 인간의 오감각을 통하여 상대의 심령을 감찰하게 하십니다. 오감 각이란 시각, 촉각, 미각, 후각, 청각을 말하는 것입니다. 성령은 이 오감 각을 통하여 사람의 심령을 감찰하게 하십니다. 그리하여 문제를 알게 하십니다. 영안은 환자를 안수할 때 손을 통하여 질병을 알게 합니다. 저는 환자에게 손을 얹으면 간에 문제가 있다. 위장이 나쁘다. 허리가 아프다. 심장이 약하다. 마음에 응어리가 뭉쳐있다. 마음에 숨겨놓은 죄악이 있다. 질병에 대한 치유기도를 할 때도 세워놓고 기도하라. 눕혀놓고 기도하라. 앉혀놓고 기도하라. 등등 성령의 감동으로 알게 하십니다.

냄새로도 상대편의 질병을 알게 하십니다. 청각을 통하여 악한 영의 역사를 감지하게도 하십니다. 당신도 말씀과 성령으로 영안을 여시고 성령님과 인격적인 관계를 맺으셔서 성령의 지시하심에 따라 환자를 치유하시기를 바랍니다.

필자는 성령치유 사역을 할 때 전폭적으로 성령님을 의지합니다. 성령님 역사하여 주시옵소서. 성령님 이 성도의 문제가 무엇때문에 왔습니까? 원인이 무엇입니까? 그러면 성령께서 지식의 말씀으로 역사하며 알려주십니다. 성령치유 사역은 그냥 은사만 있다고 하는 것이 아닙니다. 성령님과 인격적인 관계가 되어야 합니다. 사역 간에 성령의 음성을 들어야 합니다. 그래서 성령이 주시는 레마를 받아서 사역을 행해야 합니다. 저는 성도에게 손을 얹어 안수할 때 성령님 알려주세요, 하고 요청합니다.

그러면 성령님께서 심령이 막혀서 갑갑하다. 위장에 문제가 있다. 심장에 문제가 있다. 장에 문제가 있다. 방광에 문제가 있다. 마음에 상처로 인하여 우울증이 있다. 상처로 인하여 울화병으로 고생한다. 말 못할 심령에 응어리가 있다. 태중의 상처로 인하여 서러움이 있다. 하며 알려주십니다. 그래서 치유 사역을 진행합니다. 안수할 때도 성령님 다음에는 어떻게 해야 합니까? 그렇게 물어보면 "명령해라."하시기도 하고,"정체를 밝히라고"하라고 하시기도 합니다. 그러면 성령님이 감동하여 주신대로 순종하고 명령하면 치유의 역사가 강하게 나타납니다.

성령님은 시각을 통해서 질병을 알게 하십니다. 희고 창백한 얼굴은 위장과 심장질환이 있기 때문에 위장벽이 헐고 상처가 있어 심장의 기능이 약해져 빈혈상태로 나타나는 증상으로 진단할 수 있습니다. 붉게 충혈된 얼굴은 소장장애와 신열이 있고 심장기능이 약하여 고혈압 상태나 신경성 질환으로 진단할 수 있습니다.

누렇게 뜬 얼굴은 간기능 약화로 황달증세로 진단합니다. 또 오른쪽 신장 기능이 안 좋아 요독이 몸에 퍼지는 상태로 진단할 수 있습니다. 검게 변색된 얼굴은 간, 신장질환, 소변이상, 소화불량, 중한 피로감, 눈의 피곤, 안질환 등으로 진단할 수 있습니다. 피부가 거친 얼굴은 심장이 약하고, 소장의 변비, 과민성 대장염, 영양실조 등으로 진단할 수 있습니다. 부어있는 얼굴은 오른쪽 신장염으로 몸 안에 요독이 퍼진 상태로 진단할 수 있습니다. 그리고 신경성 쇠약과 정력 감퇴 등으로 진단할 수 있습니다.

다섯째, 영안이 열려 체험한 세례. 말씀의 비밀을 깨닫는 영안이 열렸어요. 먼저 하나님께 감사합니다. 충만한 교회를 통하여 하나님께서는 나의 인생 가운데 정말 깊게 관여하는 것을 깨달았습니다. 먼저 하나님에게 감사를 드립니다. 목사님, 사모님 에게도 정말 감사드립니다. 어떻게 보답을 해야 할지 모르겠습니다. 저는 아무것도 해드릴 수 없지만 하나님의 축복이 있기를 원하고 또 원합니다. 벌써 2개월이 조금 지났어요. 사실 비밀인데요, 첫날에 얼마나 창피했는지 정말 숨고 싶었어요. 성령의 역사로 나의 영적인 나약함이 보였습니다.

그러던 내가 말씀과 성령의 역사로 치유가 되었습니다. 집에서 성경을 보는데 성경이 너무너무 재미있어 시간 가는 줄 모르고 계속 읽었어요. 영안이 열려 성경 속에 있는 비밀들이 보입니다. 성경을 읽으면서 영적인 비밀을 깨닫게 하십니다. 정말 이런 일을 없었거든요. 또한 자심감도 생기고, 기도가 되고, 찬송이 나왔어요. 그리고 하나님은 살아서 움직이는 것을 느꼈어요. 성경에 나오는 소경과 앉은뱅이와 귀머거리는 바로 나였어요. 그런데 지금은 영안이 열린 것을 더 찐하게 느끼고 있어요. 정말 앞으로 나에게 또 어떤 일들이 일어날지 기대가 됩니다. 하나님에게 영광을 돌립니다. 그리고 목사님, 사모님 정말 감사합니다. 건강하시고 하시는 모든 일들이 잘되기를 기도합니다. 서울 강남 김선애집사

21장 영안으로 분별해야 되는 것들

(계3:17-18)"네가 말하기를 나는 부자라 부요하여 부족한 것이 없다 하나 네 곤고한 것과 가련한 것과 가난한 것과 눈 먼 것과 벌거벗은 것을 알지 못하는 도다. 내가 너를 권하노니 내게서 불로 연단한 금을 사서 부요하게 하고 흰 옷을 사서 입어 벌거벗은 수치를 보이지 않게 하고 안약을 사서 눈에 발라 보게 하라"

하나님은 영안이 열려 하나님의 말씀의 비밀을 영으로 깨닫고 순종하는 성도를 사용하십니다. 영안이 열려간다는 것은 바로 '하나님의 말씀'을 영으로 깨닫고 알아 간다는 것입니다. 하나님의 말씀을 알아 간다는 것은 이론적으로만 아는 것이 아니라, 영으로 체험적으로 알아간다는 것입니다. 또, 알아간다는 것은 '하나님의 말씀'이 살아있는 생명의 말씀이며, 말씀 속에서 살아계신 하나님을 체험하는 것입니다. 그리고, '하나님의 말씀'속에서 하나님을 만나게 되는 것입니다. 제가 여러해 동안 성령치유 사역을 하다가 보니, 본인들 모두는 신앙은 좋았고, 나름대로 영안이 열렸다고 생각하고 있었으나 올바르게 열린 것이 아니었습니다. 그래서 '하나님의 말씀'을 제대로 알지 못하고, 나름대로 말하는 다른 사람들의 얘기나 간증하는 소리를 듣고 '믿-씁니다.' 하면 그것이 믿음인 줄 알았습니다.

그 반대도 마찬가지입니다. 이성적인 성경에 대한 박식한 지식으로 성경은 논하고 성령을 논하거나 말한다고 해서 실천해 나가지 아니하면 '하나님의 말씀'을 제대로 알고 영안이 열린 것이 아닙니다. 모세에게 성전을 식양대로 정확하게 짓도록 명령하신 것은 우리들이 그리스도의 몸 된 성전을 우리의 심령에 세워 나갈 때 살아있는 말씀대로 정확하게 실천해 나가는 신앙이라야 한다는 것을 비유하고 있습니다.

영안이 열리는 상태를 어떤 사람들은 기도하는 가운데 신령한 눈이 열리어 투시나 예언이나 사람의 마음을 꿰뚫어 보는 것으로 생각하는 사람들이 있습니다. 그러나 이러한 투시의 영안이 열려도 '하나님의 말씀'을 알지 못하고, 체험하지 못하면 마귀에게 미혹당할 수가 있다는 것입니다. 말씀과 성령으로 영적세계를 분명하게 알지 못하고, 막연하게 아는 신을 믿고 따라간다면 그 사람을 성경에서는 소경이라고 합니다.

세상을 보지 못하는 육신적인 소경이 얼마나 답답하겠습니까? 생각만 해도 끔찍합니다. 육신적인 소경 못지않게 성경을 알고 하나님을 안다고 하는 자들의 영적인 소경도 답답한 것입니다. 인간 세상에서야 영적인 눈이 열리지 않은 것이 별로 답답할 것이 없고, 육신적으로 사는 사람들이야 답답할 게 없을 것 같습니다. 그러나 영안이 열린 신령한 사람이 영안이 열리지 않은 육신적인 사람을 볼 때, 여러 가지 인생사 답답한 문제와 고통을 잔뜩 껴안고 살아가는 모습을 보노라면 참으로 답답합니다. 더구나 영안이 열리지 않아 마귀의 올무와 덫에 걸려서 멸망으로 파멸로 가고 있는 모습을 보면 정말 더 답답합니다. 저 역시 이제 좀 말씀을 깨닫고 영안이 조금 열리고 보니, 영안이 열리지 않은 목회자들이나 성도들을 볼 때 참으로 안타깝기 짝이 없는 분들이 많이 있습니다. 그러나 저는 그분들에게 직접 대고 무엇이든지 잘못되었다고 꼬집지 않으면 함부로 말을 하지 않습니다. 기도만합니다. 왜냐하면 상처를 받을 수 있기 때문입니다.

그에 못지않게 말씀을 바로 보지 못해 성경을 엉뚱하게 해석하거나 종교적인 신앙으로 구원받은 줄 알고 착각하고, 안일하게 그 영이 잠자고 있는 사람들도 여러 가지 문제에 처해 있는 자 못지않게 더 답답해 보입니다. 모르고 있다고 생각하는 자보다 알고 있다고 생각하는 이러한 자가 더 고침 받기가 어렵기 때문입니다. 치유는 자기가 문제가 있다고 인정해야 치유가 되기 때문입니다.

그러나 우리가 특별히 주의해야 할 것은 영안이 열렸다고 함부로 남을 평가한다든지, 남의 허물을 드러내는 말을 함부로 하면 안 됩니다. 말을 함부로 하여 상대방을 낙심하게 하거나 시험 들게 하고, 상처받게 하는 것은 성령의 사람이 아닙니다. 우리가 영안을 열어 가는 것은 무엇보다도 내가 영적으로 바로 서서, 하나님께 쓰임을 받는 축복의 도구가 되기 위함이라는 것을 명심해야합니다. 하나님은 절대로 남을 평가하라고 영안을 열어주는 것이 아닙니다. 목회자도 맑은 물에는 피라미만 산다는 것을 명심해야합니다. 깊은 물에 큰 고기가 삽니다. 알아도 모르는 척하세요. 열심히 말씀과 성령의 역사를 일으켜서 자신이 자신을 보게 하시기를 바랍니다. 그리고 자신의 부족을 자신이 깨닫게 해야 합니다. 그래야 치유가 빨리됩니다. 그런 곳에 성도들이 붙어있으면서 믿음 생활하는 것입니다.

자꾸 자신의 심령 상태가 이렇다 저렇다 하며, 흠집을 들추어내면 어느 누가 그 교회에 있으면서 믿음생활하려고 하겠습니까? 본인이 본인의 상태를 보고 고칠 때까지 인내하며 기다리시기를 바랍니다. 하나님도 우리가 자신을 정확히 보고 고치기를 인내하시며 기다리신다는 것을 믿으시기 바랍니다. 성도는 내 안에 계신 성령께서 나를 성도 만든다는 것을 아는 성도가 영안이 열린 성도입니다. "너희는 주께 받은 바 기름 부음이 너희 안에 거하나니 아무도 너희를 가르칠 필요가 없고 오직 그의 기름 부음이 모든 것을 너희에게 가르치며 또 참되고 거짓이 없으니 너희를 가르치신 그대로 주 안에 거하라(요일 2:27)"

그래서 목사님이 성도를 만드는 것이 아니라, 성도 안에 계신 성령이 깨닫게 하면서 성도를 만들어 가는 것입니다. 일부 목사님들이 사모님을 자신이 가르쳐서 사모 만들려고 하고, 또 사모님이 목사님을 가르쳐서 목사님을 만들려고 합니다. 그러나 바로 알아야 합니다. 사모님 안에 계신 성령님이 사모님을 만들어 가고, 목사님을 만들어 간다는 것을 알고 행하고 있다면 영안이 열린 것입니다.

그럼 말씀의 빛으로 내가 영안이 바르게 열렸는가, 분별을 하려면 어떻게 해야 할까요? 먼저 나의 영적인 상태가 보여야합니다. 바울 사도는 고린도 후서 13장 5절에서"너희는 믿음 안에 있는가 너희 자신을 시험하고 너희 자신을 확증하라 예수 그리스도께서 너희 안에 계신 줄을 너희가 스스로 알지 못하느냐 그렇지 않으면 너희는 버림 받은 자니라"말합니다. 그리고 요한은 요한계시록 3장 17절로 18절에서"네가 말하기를 나는 부자라 부요하여 부족한 것이 없다 하나 네 곤고한 것과 가련한 것과 가난한 것과 눈 먼 것과 벌거벗은 것을 알지 못하는도다. 내가 너를 권하노니 내게서 불로 연단한 금을 사서 부요하게 하고 흰 옷을 사서 입어 벌거벗은 수치를 보이지 않게 하고 안약을 사서 눈에 발라 보게 하라"말합니다. 무엇보다도 영안이 열린자는 자신의 영적인 상태를 정확히 보는 자입니다. 그리고 영안을 열어서 봐야할 것은 이런 것입니다.

첫째, 현재 천국 영생을 누리고 있는 것이 분별된다. 예수를 '믿는다'하면서도 천국의 축복과 영생을 누리지 못하고 육신적인 생각과 믿음으로 살아가는 사람들을 소경이라 합니다. 성경은 우리에게 무엇을 말해주고 있는가? 바로 살아서 누리는 영생 천국의 축복을 말해주고 있는데, 이 신령한 천국의 축복을 현세적으로 실제로 누리며 살지 못하는 자를 영안이 열리지 못한 소경이라 합니다. "이르시되 하나님 나라의 비밀을 아는 것이 너희에게는 허락되었으나 다른 사람에게는 비유로 하나니 이는 그들로 보아도 보지 못하고 들어도 깨닫지 못하게 하려 함이라(눅8:10)" "또 여기 있다 저기 있다고도 못하리니 하나님의 나라는 너희 안에 있느니라(눅17:21)" 영안을 열어 바르게 보고, 이 땅에서도 심령 천국이루며 복되고 평안한 믿음생활을 영위하시기를 바랍니다. 하나님의 은혜의 손길을 느끼는 것이 분별됩니다. 성경에서 성령을 하나님의 손길이라 설명하고 있습니다.

성령을 바로 이해하게 됨으로 하나님의 역사를 바로 이해하게 되는 비밀이 있습니다. "오직 하나님이 성령으로 이것을 우리에게 보이셨으니 성령은 모든 것 곧 하나님의 깊은 것까지도 통달하시느니라(고전 2:10)" 그러므로 성령을 통하여 역사하시는 하나님의 손길을 헤아리지 못하는 것은 성령의 역사나 나타남(은사)을 제대로 알지 못하는 자로서 영적으로는 소경이라 합니다. 영안을 열어 내가 성령의 인도를 받고 살아가고 있는지, 아니면 내 생각과 의지를 가지고, 육신적인 믿음 생활을 하고 있는 지 볼 수 있는 성도가 되시기를 바랍니다. "그러나 내가 하나님의 성령을 힘입어 귀신을 쫓아내는 것이면 하나님의 나라가 이미 너희에게 임하였느니라(마12:28)"

하나님이 사람을 통하여 역사하시는 신령한 사역은 성령을 통하여 하시기 때문에 성령을 통하여 하나님의 손길(성령)로 성경이 성경을 해석하고 있음을 볼 수 있습니다. 내 영 안에 계신 성령께서 말씀을 영으로 해석하게 한다는 것입니다. 왜냐하면 말씀은 영이기 때문입니다. 하나님의 말씀은 영이니 육으로는 해석할 수도 없고 비밀을 깨달을 수도 없는 것입니다. 오직 성령의 감동하심을 받아야 깨닫고 해석하여 비밀을 알 수가 있는 것입니다. "예언은 언제든지 사람의 뜻으로 낸 것이 아니요 오직 성령의 감동하심을 받은 사람들이 하나님께 받아 말한 것임이라(벧후 1:21)" 이것을 알고 행하는 자는 영안이 열린 성도입니다.

둘째, 심령으로 예수를 보지 못하는 자가 아닌 가 분별된다. 아래 성경본문에서 부활 후에 제자들 앞에 나타나신 예수님을 제자들은 알아보지 못했으나 제자들은 마음이 열려서 성경을 깨닫게 됨으로 예수님을 알아보는 것을 봅니다. 예수님의 겉모습이 아니라, 예수님의 참 모습을 알지 못하는 것을 의미합니다. 이것은 예수를 만나보고 있지만, 심령이 깨닫지 못하면 예수를 심령으로 알 수 없어, 보고 있어도 보지 못하는 소경을 뜻하고 있습니다. 그래서 성경을 보아도 성경의 영적 의미를 헤아리지 못하여 '하나님의 말씀'을 보지 못하는 것을 영적인 소경이라고 하는 것입니다.

"그 날에 그들 중 둘이 예루살렘에서 이십 오리 되는 엠마오라 하는 마을로 가면서 이 모든 된 일을 서로 이야기하더라. 그들이 서로 이야기하며 문의할 때에 예수께서 가까이 이르러 그들과 동행하시나 그들의 눈이 가리어져서 그인 줄 알아보지 못하거늘 예수께서 이르시되 너희가 길 가면서 서로 주고받고 하는 이야기가 무엇이냐 하시니 두 사람이 슬픈 빛을 띠고 머물러 서더라. 그 한 사람인 글로바라 하는 자가 대답하여 이르되 당신이 예루살렘에 체류하면서도 요즘 거기서 된 일을 혼자만 알지 못하느냐 이르시되 무슨 일이냐 이르되 나사렛 예수의 일이니 그는 하나님과 모든 백성 앞에서 말과 일에 능하신 선지자이거늘 우리 대제사장들과 관리들이 사형 판결에 넘겨 주어 십자가에 못 박았느니라. 우리는 이 사람이 이스라엘을 속량할 자라고 바랐노라 이뿐 아니라 이 일이 일어난 지가 사흘째요(눅 24:13-21)"

이 사건의 의미는 성경의 말씀에 관한 성경 구절이나 내용을 해석하여 이성적으로 알게 되었다고 '하나님의 말씀'을 알 수가 있는 것이 아니라는 것입니다. 성경 말씀의 의미를 심령이 깨닫게 되어 심령이 '말씀'을 헤아리게 되는 것을 의미합니다. 그러므로 성경을 연구하여 성경을 많이 알고 있다고 영안이 열리는 것이 아닙니다. 성경 속의 말씀을 헤아려서 말씀의 속성인 빛을 통하여 깨닫게 되고, 말씀과 성령으로 잠자거나 죽어있는 심령이 새롭게 소성해야 소경을 면하게 됩니다. 말씀과 성령의 역사로 잠을 자고 있는 영을 깨우시기를 바랍니다.

내가 육신적인 신앙인이 아닌가 분별됩니다. 기복적인 신앙만 생각하는 자도 축복의 말씀만 전하는 자도 성공적인 축복만을 전하는 자도 영안이 열리지 않는 자입니다. 보이는 성공과 보이는 소망과 보이는 성전만을 봄으로 보이지 않는 신령한 영적 축복은 보이지 않는 것입니다. 보이지 않는 소망과 보이지 않는 영생과 보이지 않는 마음 성전을 더 중요시 할 줄 아는 자가 영안이 열린 자입니다. 많은 성도들이 기사와 표적 등, 보이는 역사만 좋아하고 추종하는 성도들이 있습니다. 그러나 영안이 열린 성도는 보이는 기사와 표적만 보는 것이 아니라, 그 기사와 표적 속에 역사하는 성령의 역사를 볼 줄 알고 분별하고 따라가는 성도가 영안이 열린 성도입니다. 보이지 않는 하나님의 역사를 마음의 눈으로 보고 따라가는 자들이 되기를 바랍니다.

"이러므로 하나님이 미혹의 역사를 그들에게 보내사 거짓 것을 믿게 하심은 진리를 믿지 않고 불의를 좋아하는 모든 자들로 하여금 심판을 받게 하려 하심이라(살후 2:11-12)" "예수께서 이르시되 너희는 표적과 기사를 보지 못하면 도무지 믿지 아니하리라(요4:48)" 영안으로 보이지 않는 하나님의 나라를 바라보아야 합니다. 즉 아브라함이 조카 롯을 보낼 때 자네가 제일 좋은 곳을 택하라, 네가 동으로 가면 나는 서로 갈 것이요, 네가 북으로 가면 나는 동으로 갈 것이다. 이것은 아브라함은 영안이 열려 어디로 가든지 하나님만 있으면 된다는 믿음이 있었다는 것입니다. 세상에 보이는 것을 보고 쫓아가면 롯이 소돔을 선택하여 망한 것 같이 망합니다. 보이지 않는 하나님을 선택하시고 하나님만을 따라가시기를 바랍니다. 우리 안에 하나님만 모시면 만사가 다 이루어집니다. 하나님만이 축복이고 권세이고 능력이십니다.

셋째, 하나님의 의와 자신의 의를 분별한다. 하나님의 의를 자기의 의와 분별하지 못하기 때문에 자기의 뜻을 이루기 위하여 하나님의 일을 합니다. 또 자기의 낯을 세우기 위하여 헌신하고, 자신의 영달을 위하여 하나님의 일을 하는 자를 소경이라 합니다. 결과적으로 하나님을 대적하게 되니 이는 하나님을 알지 못하는 소경입니다. 성도는 하나님의 영광을 위하여 일을 해야 합니다. 우리의 옛 사람은 십자가에서 죽고 예수로 다시 태어나 하늘의 일을 하는 성도들이기 때문입니다.

그러므로 모든 일을 예수 이름으로 해야 되는 것입니다. "만일 누가 말하려면 하나님의 말씀을 하는 것 같이 하고 누가 봉사하려면 하나님이 공급하시는 힘으로 하는 것 같이 하라 이는 범사에 예수 그리스도로 말미암아 하나님이 영광을 받으시게 하려 함이니 그에게 영광과 권능이 세세에 무궁하도록 있느니라 아멘(벧전 4:11)" 성도는 하나님의 영광을 위하여 자신을 희생할 수 있는 성도가 진정한 영안이 열린 성도입니다. 무엇을 하든지 예수 이름으로 하고 하나님에게 영광을 돌리시기를 바랍니다.

영안이 열리면 나의 죄나 허물은 보지 못하는 것을 자신이 압니다. 자신의 허물을 보지 못하면 한치 앞도 내다볼 수 없습니다. 남을 비방하거나 판단하는 자는 아직 영안이 열리지 않은 것을 단적으로 나타내고 있습니다. 그것은 바로 자신이 의롭다고 생각하고 있기 때문입니다. 자신의 죄를 깨달음으로 예수님(말씀)을 발견하게 되는데, 자신의 죄나 허물로 눈이 가려져 있으니 영적인 소경입니다. 예수님은 의인을 부르러 오신 것이 아니라 죄인을 부르러 오셨습니다.

"너는 네 눈 속에 있는 들보를 보지 못하면서 어찌하여 형제에게 말하기를 형제여 나로 네 눈 속에 있는 티를 빼게 하라 할 수 있느냐 외식하는 자여 먼저 네 눈 속에서 들보를 빼라 그 후에야 네가 밝히 보고 형제의 눈 속에 있는 티를 빼리라(눅6:42)" "너희는 가서 내가 긍휼을 원하고 제사를 원하지 아니하노라 하신 뜻이 무엇인지 배우라 나는 의인을 부르러 온 것이 아니요 죄인을 부르러 왔노라 하시니라(마9:13)" 사람은 완벽할 수가 없습니다. 사람은 육이기 때문입니다. 완전한 하나인 하나님이 오셔서 심령에 거해야 사람이 완전하게 성도가 되는 것입니다. 그러므로 사람을 사람의 눈으로는 평가할 수가 없습니다. 오직 나를 창조하신 하나님만이 사람을 판단하고 평가할 수가 있는 것입니다. 성령으로 충만하여 자신의 부족을 정확하게 볼 줄 아는 영안이 열리기를 바랍니다.

넷째, 하나님의 영광과 사명과 능력이 분별된다. 자신의 사명을 깨닫지 못하거나 하나님께서 주신 영광과 성도들에게 주신 능력이 얼마나 큰 능력을 주셨는가를 알지 못하는 자는 영적 소경입니다. 사명을 깨달은 자는 달려 갈 바를 알고 달려가게 됩니다. 그러나 사명을 인식하지 못하는 자는 자신의 위치를 헤아리지 못하고 있기 때문에 앞을 보지 못하고 있는 것입니다. 자신의 유명세를 내세우고 하나님의 영광을 구하지 아니하면 영안이 열리지 않습니다. "너희가 서로 영광을 취하고 유일하신 하나님께로부터 오는 영광은 구하지 아니하니 어찌 나를 믿을 수 있느냐(엡1:17)" "우리 주 예수 그리스도의 하나님, 영광의 아버지께서 지혜와 계시의 영을 너희에게 주사 하나님을 알게 하시고(요5:44)"

그래서 성도는 말씀과 성령으로 심령을 치유하여 성령으로 충만한 가운데 성령으로 자신의 사명을 바로알고 순종하는 성도가 되어야 합니다. 날마다 성령님에게 지혜와 계시의 영을 주시어 밝히보고 성령님을 따라가게 해달라고 기도하시기를 바랍니다.

다섯째, 성경에서 영적 원리를 헤아리게 된다. 성경에는 예배드리는 법, 기도하는 법, 말씀 듣는 법, 말씀 전하는 법, 은혜받는 법, 그리고 능력 받는 법, 가난을 청산하는 법, 치유받는 법, 영적 전쟁하는 법이 있습니다. 이 법을 달리 말하면 구약의 율법이며, 신약에서는 말씀이라 하고, 진리로 가는 길이라고도 하며, 영적 원리라고 합니다. 성령의 법은 성령이 역사하는 영적 원리요, 죄와 사망의 법은 죄와 사망이 역사하는 영적 원리를 의미합니다. 하나님은 하나님의 속성대로 역사하며 사단은 사단의 속성대로 역사합니다. 이러한 영적 원리들을 헤아려야 '말씀'이 보입니다. 제 경험으로는 영적인 세계가 열려야 말씀의 비밀이 바르게 보입니다. 무조건 기도하거나 막연하게 영성 훈련하는 것이 아니라, 이 영적 원리를 헤아려서 예배드리고 기도하고 경건에 이르는 영성 훈련을 해야 합니다. 이 영적 원리를 알고 이를 좇아 기도하고 이를 좇아 말씀 전하고, 이를 좇아 신앙 생활하는 것이 진리임을 알지 못하는 것을 소경이라 합니다. "내 눈을 열어서 주의 율법에서 놀라운 것을 보게 하소서(시 119:18)" "예수께서 대답하여 이르시되 너희가 성경도, 하나님의 능력도 알지 못하는 고로 오해하였도다(마22:29)"

영안을 열어 말씀 안에서 영적인 원리를 발견하여 삶에 적용하시기를 바랍니다. 전정한 성도는 영안으로 말씀을 보고 말씀 안에서 영적인 원리와 비밀을 보고 적용하며 순종하는 성도입니다.

자신이 성경의 말씀대로 행하는 자인가 아닌가 분별이 됩니다. "율법의 교훈을 받아 하나님의 뜻을 알고 지극히 선한 것을 분간하며 맹인의 길을 인도하는 자요 어둠에 있는 자의 빛이요 (롬2:18-19)" 성경에 대한 해박한 지식을 소유하고 성경을 가르친다고 해도 행함이 없는 자를 소경이라 합니다. 믿는다 하면서도 믿음으로 살지 아니하는 자도 소경입니다. 믿음으로 살지 않는 것이 죄라는 것은 바로 영적 소경이라는 것입니다. 심령을 감찰하는 투시가 열리고 환상이 보이고 예언을 한다 하더라도 성령으로 난 믿음으로 살지 않는 자는 소경입니다. 말씀 많이 안다고 내가 영안이 열리고 다 되었다고 생각한다면 스스로 착각하는 것입니다. 날마다 자신의 부족을 깨닫고 성령의 도우심을 구하는 성도가 진정한 영안이 열린 성도입니다. 그리고 성령으로 심령에 말씀을 새기고 행하는 성도가 영안이 열린 성도입니다.

여섯째, 영과 진리로 기도하는 가가 분별된다. 기도의 영적 원리는 기도를 쉬게 되면 타락한 인간의 속성이 다시 머리를 들게 되고 넘어지게 됨으로 영안이 열린 자는 성령으로 기도하게 됩니다. 성경을 가르치고 말씀을 전한다 해도, 그리고 뜨겁게 믿는다 해도, 교회 일에 열심을 낸다고 해도, 또한 이러한 영적 원리를 안다 해도, 성령으로 기도하지 않는 자는 영적 소경입니다. 이렇게 기도하지 않던 소경이 어느날 말씀과 성령의 역사로 영안이 열려서 자신이 지금 타락한 인간의 성품을 들어내고 있다는 것을 진정으로 깨닫고 있다면 기도 할 것입니다. 그러므로 기도하지 아니하는 자는 심령이 메말라 가고 있다는 것을 알지 못하는 사람이기 때문에 하나님의 말씀을 진정으로 알고 있지 못하는 것입니다.

그리고 영과 진리로 기도한다는 것과, 어떻게 기도하라는 것이라는 것을 알지 못하기 때문에, 기도의 영적 원리를 알지 못한다고 하는 것입니다. 이것은 바로 말씀을 알지 못한다는 것을 의미합니다. 말씀을 알지 못하는 자가 말씀 안에서 영으로 기도할 수 없는 것은 당연한 것입니다.

기도는 머리로 생각으로 하는 것이 아니라, 성령으로 충만하여 영으로 하는 기도가 응답이 되고, 심령이 성령으로 변하는 것입니다. 그래서 기도를 많이 하면 할수록 심령이 변해야 맞는 것입니다. 육신의 생각으로 기도하기 때문에 하나님의 응답을 받지 못하고 신령이 변하지 못하므로 영과 진리로 기도하지 못하는 자는 소경입니다. 왜냐하면 하나님은 영이시기 때문입니다. "이러므로 너희는 장차 올 이 모든 일을 능히 피하고 인자 앞에 서도록 항상 기도하며 깨어 있으라 하시니라(눅21:36)" 우리가 인자 앞에 서는 날이 오늘이 될지도 모릅니다. 항상 깨어 성령으로 기도하는 성도가 진정으로 영안이 열린 성도입니다.

일곱재, 환경을 통해 역사하는 하나님의 손길을 본다. 주위 환경 속에서 어디를 보아도 하나님의 손길이 있습니다. 오늘날의 내가 존재하고 있는 것도 하나님의 은혜입니다. 고난 속에서도 사망의 음침한 골짜기 속에서도 하나님의 손길이 있습니다. 자신이 지나온 세월의 뒤를 한번 돌아보시기를 바랍니다. 하나님의 손길과 도우심과 은혜가 보이게 될 것입니다. 그리고 축복만이 아니라, 또 반대로 하나님은 사랑하는 자에게는 시험을 통하여 강권적으로 기도하게 하십니다.

이 기도를 통하여 영성의 체질을 만들어 가시고, 이 기도를 통하여 영적 생명을 자라게 하십니다. 그래서 보다 신령한 몸으로 변화시키시고, 영안을 보다 더 활짝 열어 가시는 것입니다. 오히려 하나님은 고난 속에 있고, 약한 자와 멸시받고 천대받거나 비난 속에 외로운 자에게 더 관심과 애정을 가지고 역사하십니다. "내가 주께 대하여 귀로 듣기만 하였사오나 이제는 눈으로 주를 뵈옵나이다(욥42:5)"

주님의 일을 하면서 당하는 고난을 달게 받으시기를 바랍니다. 하나님은 나를 고난을 통하여 연단하시고 순금같이 사용하신다는 것을 믿으시기를 바랍니다. 절대 하나님은 연단되고 단련되지 않으면 사용하지 않으십니다. 이것을 알고 주님을 위한 고난은 달게 받아들이고, 인내할 줄 아는 성도가 영안이 열린 성도입니다.

여덟째, 영적인 존재들을 보지 못하는 자가 아닌가 분별된다. 말씀을 가리고 있고, 말씀을 대적하고, 성령을 훼방하고 있는 이들의 실체와 정체를 알지 못하는 것입니다. 그리고 신앙이 혈과 육에 것으로만 생각하는 자는 진정 영의 눈이 열리지 않은 육신에 속한 성도인 것입니다. 말씀의 속성인 생명과 빛이 있으면 성령역사를 훼방하는 통치자와 권세와 공중권세 잡은 자와 어둠의 주관자와 하늘에 있는 악한 영들과 적그리스도의 영들과 666의 세력들을 볼 수 있는 영안이 열립니다. 인간의 모든 문제의 첫째 원인은 죄입니다. 그다음 죄를 타고 들어와 죄 뒤에 역사하고 있는 마귀입니다. 그래서 영안이 열린자는 모든 문제의 뒤에는 마귀가 있다는 것을 아는 자입니다. 그리고 이 마귀를 몰아내야 문제가 해결될 수 있다는 것을 알고 능력을 받아 영적전쟁을 하는 자입니다. 마귀는 인간의 힘으로는 어찌할 수 없는 강한 놈입니다. 반드시 성령 하나님의 역사와 예수 이름이 있어야 떠나가는 것입니다. 이것을 알고 성령의 능력을 사모하고 성령을 충만하게 하려고 하는 자는 영안이 열린 자입니다. 그리고 예수 이름으로 대적하여 마귀, 귀신을 몰아내는 자는 영안이 열린 자입니다.

"마귀의 간계를 능히 대적하기 위하여 하나님의 전신 갑주를 입으라. 우리의 씨름은 혈과 육을 상대하는 것이 아니요 통치자들과 권세들과 이 어둠의 세상 주관자들과 하늘에 있는 악의 영들을 상대함이라. 그러므로 하나님의 전신 갑주를 취하라 이는 악한 날에 너희가 능히 대적하고 모든 일을 행한 후에 서기 위함이라(엡6:11-13)" 영적인 전쟁은 혈과 육의 싸움이 아닙니다. 영안을 열어 영적인 세력들을 분별하고 성령의 권세로 싸우는 것이 영적인 전쟁입니다. 그래서 사람을 미워하면 안 됩니다. 그 뒤에서 역사하는 악한 영을 보고 대적하고 영적으로 싸워야 하는 것입니다. 영적인 전쟁은 혈과 육의 싸움이 아니라는 것을 알고 행하는 성도가 영안에 열린 성도입니다.

하나님의 영으로 말씀을 알고, 바른 영성훈련으로 영안을 열어 하나님을 깊이 있게 섬깁시다. 말씀으로 자신을 볼 수 있는 눈이 열리시기를 바랍니다. 모든 것을 살아있는 말씀으로 진단하고 처방하는 영적인 성도가 되시기를 바랍니다. 이 모든 것은 성령으로 되는 것입니다. 성령 충만 하려고 의지적인 노력을 하시기를 바랍니다. 성령 충만은 영의 기도를 통하여 되는 것입니다. 고로 기도를 쉬지 않는 모두가 되시기를 바랍니다. 기도로 항상 깨어있어 영안을 열고 승리하시기를 바랍니다.

충만한 교회는 말씀과 성령으로 성도들을 깨워서 영적인 자립을 하는 것을 목표로 훈련합니다. 하나님께서 부여하신 권능을 사용하여 세상을 장악하게 합니다. 그래서 주일날도 강한 성령의 역사가 일어나는 예배를 드립니다. 예배 시간은 1부 11:00-/ 2부 13:30-입니다. 영적인 눈이 열리고 사고가 영적으로 변하는 말씀을 준비하여 교재로 제공하고 설교를 합니다. 기도를 40분 이상 하면서 담임 목사가 일일이 안수하여 성령으로 충만 받도록 합니다. 자신의 영을 자신이 지킬 수 있는 강한 성도가 되게 훈련하고 있습니다.

22장 영안이 밝게 열기위한 적극적인 비결

(요일 2:27)"너희는 주께 받은바 기름 부음이 너희 안에 거하나니 아무도 너희를 가르칠 필요가 없고 오직 그의 기름 부음이 모든 것을 너희에게 가르치며 또 참되고 거짓이 없으니 너희를 가르치신 그대로 주 안에 거하라."

하나님은 성도들이 말씀을 체험함으로 영안을 밝게 열어 하나님의 군사가 되기를 원하십니다. 부정적인 면들을 보게 됨으로 보다 더 긍정적인 면을 확실하게 알게 됩니다. 이 부정적인 요인들을 통하여 말씀을 읽는 분들이 빛과 어두움을 분명하게 보는 눈이 열립니다. 그래서 하나님을 온전하게 헤아릴 수 있는 긍정적인 영안도 열리는 것입니다. '죄가 많은 곳에 은혜가 넘친다.'는 지극히 성경적인 서술법이니 이를 깨닫는 마음으로 말씀을 읽으셔야 은혜가 됩니다.

성경의 가르침과 말씀과의 차이를 알아야 합니다. 문제는 성경을 앞에 두고도 말씀을 보지 못하기 때문입니다. 하나님의 말씀에 대한 실제적인 체험이 없기 때문입니다. 그래서 성경도 하나님의 능력도 알지 못한 상태에서 성경을 가르치고 말씀을 전하고 신학을 가르칩니다. 듣는 자들도 성경과 말씀의 차이가 무엇인지 모르고 설교를 들으려고 합니다. 성경 말씀은 체험을 해보아야 살아있는 생명의 말씀으로 알고 전하고 들을 수가 있습니다. 말씀을 전하고 들으면 들을수록 영안이 밝아지는 것입니다.

“예수께서 가라사대 빌립아 내가 이렇게 오래 너희와 함께 있으되 네가 나를 알지 못하느냐 나를 본 자는 아버지를 보았거늘 어찌하여 아버지를 보이라 하느냐(요14:9)” 성경은 하나님의 말씀을 영으로 받아 기록한 것입니다. 이 말씀은 태초에 하나님과 함께 계셨고 바로 하나님이십니다. 성경은 바로 이 말씀을 전하고 있는 것입니다. 이 신령한 말씀의 존재를 성경의 내용이나 사건이나 교훈으로 알려고 하기 때문에 말씀이라는 존재를 알 수가 없는 것입니다. 그래서 영안이 열리지를 않는 것입니다. 이렇게 됨으로 성경을 연구하여 성경에 관한 해박한 지식은 가질 수 있을지 모릅니다. 통독으로 성경을 암송 할 수 있을지는 모릅니다. 말씀은 살아있는 존재요, 인격체요, 영이기에 그러한 인간적인 방법만으로는 알 수가 없는 것입니다. 말씀을 아는 것은 말씀이라는 존재와 인격과 영의 실체를 전인격적으로 알아야 되는 것입니다. 성경해석이라 하지 않고 ‘말씀 해석’이라는 새로운 방법을 통하여 성경을 알아가며 영안을 열어 가고자 하는 것입니다. 요약하면 성경의 비밀을 알지 못하고 영안이 열리지 않는 것은 성경은 잘 알지만, 말씀 무지에서 오는데 이것은 엠마오 제자들에게 나타나시듯 부활하신 예수님의 영이 나타나셔서 성경을 풀어 해석하시어 말씀의 속성을 깨닫게 해 주시지 않기 때문입니다. 성경과 말씀의 차이를 비유적으로 다시 말하면 사람을 겉 사람과 속사람을 구분하듯이 성경을 형상에 비유한다면 말씀은 속성에 비유할 수 있겠습니다. 말씀의 속성을 알아야 영안이 열립니다. 말씀의 속성은 체험해야 바르게 깨달을 수가 있는 것입니다. 그래서 기독교를 체험의 종교라고 하는 것입니다.

첫째, 말씀을 들을 줄 아는 귀를 열어라. 하나님을 알기 위한 지식이나 설교는 말씀을 체험적으로 살아가는 삶과 성령 안에서의 기도를 통한 영적 교제로 알게 되는 것입니다. 그래서 말씀을 통하여 하나님의 속성을 아는 체험적인 지식이 생겨나는 것입니다. 이것은 전하는 자나 듣는 자가 다 같이 성경 말씀 속의 하나님의 뜻을 진정으로 구하고자하는 마음이 있어야 가능한 것입니다. 절대적인 말씀의 권위를 인정하고 무조건 순종하고자 하는 마음이 있어야 성경 속의 '말씀'이 생명으로 귀에 들어오는 것입니다. 생명의 말씀으로 들으니 말씀의 속성을 깨닫게 됨으로 영안이 열리는 것입니다.

"우리가 세상의 영을 받지 아니하고 오직 하나님께로 온 영을 받았으니 이는 우리로 하여금 하나님께서 우리에게 은혜로 주신 것들을 알게 하려 하심이라(고전 2:12)" 영으로 전하는 말씀이 내 심령에 심어지기 때문에 영안이 열리는 것입니다. 말씀이 심령에 새겨지게 하기 위해서는 영으로 기도해야 합니다. 영으로 기도하여 성령이 충만해야 생명의 말씀이 깨달아지는 것입니다. 그런데 많은 성도가 기도를 단순한 상식선에서 알고 있습니다. 기도가 무엇인가를 제대로 알지 못합니다. 어떻게 하여야 성령 안에서 기도하는 가를 모르고 있습니다. 그래서 기도가 힘들고 기도의 열매를 맺지 못하는 것입니다. 기도가 힘들면 아직도 하나님의 생명이 나를 주장하지 못하고 있는 영적 상태입니다. 기도는 즐거운 것이고 기도 시간이 기다려지며 기도하고 싶은 갈급함이 있는 심령이 하나님께 살아 있는 심령입니다.

기도가 죽어 있고, 기도가 힘이 드는 상태이면 이는 잠자는 자이요. 죽은 자와 마찬가지로 심판의 대상이 되는 자라고 해도 과언은 아닐 것입니다. 성경은 영적 잠자는 자와 죽은 자를 동일시하고 있습니다. 기도는 마지 못해하는 기도나 의무적으로 할 수 없이 하는 기도는 기도가 아닙니다. 기도는 내가 하는 것이 아니고 말씀과 더불어 성령을 힘입어 기도하는 것이 참 기도입니다. 중언부언하거나 의미 없는 방언만 하거나 소원을 간구하고 나라와 민족을 운운하며 마음에도 없는 소리를 발하는 것이 아닙니다.

기도는 간구와 다르고, 기도는 묵상하는 것과 다르고, 방언으로 말하는 것과도 다르고, 기도는 말씀을 상고하는 것과 다르고, 기도는 종교 의식이 아니고, 예배의 순서가 아닙니다. 기도의 의미가 여러 가지가 있지만, 그 중에 하나의 의미는 기도를 통하여 하나님 보좌 앞에 나아가 말씀을 듣는 것입니다. 내 심령에 말씀을 심는 것입니다. 기도로 말씀을 내 심령에 심으면 내 심령이 깨어 있어 살아있는 심령이 되어 영안이 열리는 것입니다. 이 말씀의 빛 된 속성을 체험을 통하여 삶 가운데서, 기도 가운데서, 영안이 열려가는 것을 체험하게 될 것입니다.

둘째, 보이지 않는 마음 안의 성전의 중요성을 알아야 한다. 우리가 일반적으로 생각하는 것은 물질이나 세상이 실체이고 영적인 것이 허상이나 그림자처럼 생각합니다. 그러나 성경은 그렇게 말하고 있지 않습니다. 보이는 것은 보이지 않는 것으로 말미암아 이루어졌다고 말하고 있습니다. 보이지 않은 것을 중요하게 생각하는 자는 영안이 열린 것입니다. "믿음으로 모든 세계가 하나님의 말씀으로 지어진 줄을 우리가 아나니 보이는 것은 나타난 것으로 말미암아 된 것이 아니니라 보이지 않는 것이 실체요(히11:3)"

세상에 보이는 것이 허상입니다. 인간의 영혼이 참모습이고 육신은 단지 영혼의 반영입니다. 마음이 육신의 모습으로 나타나고, 보이지 않는 성전이 참 성전이고, 보이는 성전은 보이지 않는 성전의 반영입니다. 그럼에도 불구하고 보이지 않는 영혼과 보이지 않는 성전의 실체를 저버리고, 보이는 것에 매달려 보이지 않는 것을 보지 못하는 눈이 되어있기 때문에 영안이 열리지를 않는 것입니다. 보이지 않는 영혼이 더 중요하고 보이지 않는 하나님의 성전이 더 중요합니다. 보이지 않은 것을 보는 영안이 열려야 하는 것입니다. 보이지 않는 것을 보는 영안은 말씀과 성령으로 충만할 때 보이는 것입니다.

그런데 육신적이 되어서 보이는 성전을 더 중요하게 가르치는 잘못을 저지르는 것이 문제입니다. 그래서 성도들이 보이는 것을 더 사랑하는 마음과 보이는 것에만 메여 있고 보이는 것으로 판단하고 보이는 것으로 소망을 삼고 살아가게 되는 것입니다. 그래서 보이지 않는 심령 성정의 의미와 중요성을 모르기 때문에 영안이 열리지 않는 것입니다. 우리는 영의 기도로 말씀의 실체를 깨달아서 보이지 않는 하나님과 보이지 않는 하나님의 능력과 보이지 않는 하나님의 사랑과 역사를 소망하는 마음으로 바꾸어져야 합니다. 말씀을 체험함으로 영안이 열려야 하는 것입니다.

성경 속에서 말씀하시는 뜻은 이 보이지 않는 성전에 들어가서 지성소에 계시는 하나님을 만나라는 게 성경의 핵심적인 말씀입니다. 이 보이지 않는 성전에서 하나님의 축복과 말씀을 누리기 위해 신령한 예복을 입어야 합니다. 이 예복을 입기 위해 예수님이 필요합니다. 이 예수님으로 말미암아 주신 성령의 인도함을 받아야합니다. 또 율법을 지켜야하고 기도를 해야 하고, 여러 가지 파생된 수단과 방편이 동원되고 성령의 역사가 있어야 한다는 것입니다.

셋째, 구원의 의미를 바로알고 회개해야 한다. 빛이 있으나 빛을 주관하는 광명을 다시 주십니다. 홍해를 건넜으나 요단강을 다시 건너야 됩니다. 젖과 꿀이 흐르는 땅을 소유했다가 잃어버리고 잃어버린 고토를 되찾아야 합니다. 허물어진 성전을 다시 재건하고, 소경이 눈을 떴으나 안수를 두 번 받았습니다. 예수를 만나 거듭 났으나 잃어버린 첫사랑을 다시 찾아야합니다. 다시 한 번 더 공중 혼인 잔치에서 만나야 되는 성경 말씀의 맥을 헤아려야 합니다. 구원을 받으면 다 된 줄로 생각한다면 큰 잘못을 저지르는 것입니다. 성령으로 성화가 되어야 합니다.

만약에 구원만 받으면 다 된다는 인식을 갖고 있다면 영안은 점점 흐려질 것입니다. 말씀을 체험하여 열린 영안으로 말씀을 보면 예수님을 죽어서 다시 만나는 것이 아닙니다. 잃어버린 첫사랑을 회복하고, 잃어버린 처음 행위를 찾기 위해, 신랑을 맞이하는 신부처럼 새롭게 단장하고, 혼인 잔치를 맞이하라는 현재 우리들에게 살아서 역사하는 성령과 말씀으로 만나게 되는 것입니다.

그리고 영안을 열려면 영들의 실체를 헤아려야 하고 영적인 투쟁을 해야 합니다. 영안이 열리면 우리의 믿음과 이를 위한 기도는 혈과 육이 아니요. 통치자와 권세와 하늘에 속한 악의 영들과의 투쟁이라는 성경의 말씀을 바르게 깨달아야 행하는 것입니다. 그 투쟁의 상대를 잘 모르고 영적 투쟁의 신앙생활을 하지 않는 다면 영안이 흐리기 때문입니다. 영안이 열리면 보이지 않는 예수의 몸인 참 교회를 대항하고 성도를 무너뜨리는 세력은 하나님을 대적하는 인간의 교만과 악한 영들과 짝하고 동조하여 대중의 무지한 세력들입니다. 그리고 공중 권세 잡은 자들과 이 세상 주관자들입니다. 영안이 흐리면 물질 물량 주의 신앙과 사단에게서 나온, 적그리스도의 영(귀신)의 가르침으로 성령 사역을 거부하게 하는 세력에 빠져드는 것입니다. 우리가 바르게 알아야 할 것은 어두움의 세력들은 성경의 가장 귀중한 핵심적인 진리를 가리고 있는 것입니다. 엉뚱하게 해석하게 하는 것입니다.

그러므로 공중권세 잡은 자들과 어두움의 주관자들과 하늘의 악한 영들의 실체는 이 세상에서 악을 행사하는 자들만이 아닙니다. 성경의 해석을 잘못하게 만들어 하나님을 왜곡하게 만드는 세력들도 공중 권세 잡은 자들도 포함됩니다. 이 세력들에 편승하는 주장과 신학과 이론과 말을 말합니다.

이러한 세력들에 동조하는 사람 속에 역사하는 이론과 신학과 말로 말미암아 신령한 분위기에 찬물을 끼얹는 것입니다. 고상한 인간적 신앙을 갖게 하는 사람이나 행위들이나 분위기들이 공중 권세 잡은 자들이요 어두움의 주관자들입니다. 하늘에 악한 영들이란 믿는 사람들이든, 믿지 않는 사람들이건, 사람들의 심령 속에서 역사하는 사단이 주는 악한 생각이나 사상이나 말이 바로 그 실체요, 믿음을 빼앗아 가는 의심과 참소하는 충동들이 다 이들의 정체입니다. 이를 바르게 알고 대처하고 있다면 영안이 열린 것입니다.

넷째, 신령한 산제사를 드려야 한다. 신령한 산제사를 드려야 영안이 열리는 것입니다. 영안이 열리면 내가 제물이 되지 않기 때문에 내가 살아서 하나님을 가까이 가고 만나는데 걸림돌이 되고 있다는 것을 알고 회개하고 돌아서는 것입니다. 나를 깨트리고 육성을 벗어나게 하려는 하나님의 역사와 손길을 헤아립니다. 순종하는 법을 배워 성령과 더불어 먹고 마시고, 동행하는 삶을 통하여 신령한 예복을 입고 성령의 법을 따라 살아가면서 경건에 이르는 연습을 지속적으로 하므로 영안이 밝게 열리는 것입니다.

남의 허물이나 티끌은 보아도 자신의 들보를 보지 못하는 눈으로는 신령한 제사를 드릴 수 가 없습니다. 자신의 몸을 회생의 제물로 번제를 드리고 속죄제를 드리고 감사제를 드리는 법을 배워야 합니다. 이 신령한 제사를 매일 드림으로 말미암아 주시는 하나님의 신령한 축복을 누리며 사는 법을 배우고 적용해야 합니다.

하나님의 나라는 먹고 마시는 것이 아니요, 여기 있다 저기 있다는 것도 아니고, 우리 심령 속에 있음을 통하여 내가 과연 이 하나님의 나라와 보이지 않는 이 신령한 축복을 과연 얼마나 누리고 있는 것인가? 늘 보고 부족한 자신을 성찰해야 합니다. "하나님은 영이시니 예배하는 자가 영과 진리로 예배할찌니라(요4:24)"

시공간을 초월한 영적 세계를 3차원의 시공간으로 생각하기 때문에 영안이 열리지 않는 것입니다. 창세기도 오늘 나에게 주는 말씀이요, 계시록도 지금 나에게 주시는 말씀이며, 천국도 지옥도 현재의 나의 영적 상태를 말합니다. 영적 무지는 이 영원세계가 현재의 세계 안에 있고, 오늘의 현세가 영원세계 안에 있어, 서로 유기적으로 연결된 상태를 이해하지 못합니다. 아브라함과 이삭과 야곱의 하나님이시고, 산자의 하나님이시며, 네가 내안에 내가 예수 안에 있는 이 세계를 제대로 이해하지 못하기 때문입니다.

장소적인 개념으로 성경과 영적 세계를 보려고 하지 말아야 합니다. 천년이 하루 같고 하루가 천년 같은 영계의 사건이고 이야기이면서 지금 이루어지는 사건이요 이야기입니다. 하나님의 의와 자신의 의를 분별하지 못하기 때문에 영안이 열리지를 않습니다. 사람은 너나 할 것 없이 자기를 나타내기를 원합니다. 믿음으로 행하고 주의 이름과 복음을 위한 모든 일에도 자기의 의를 들어냄으로 하나님의 의를 들어내는 것 보다 우선합니다.

무엇이 자기의 의를 들어내려고 하는 행위인지 분별하지 못하기 때문에 성경을 오해하게 됩니다. 먹고살기 위해서 하나님의 일을 하지 않지만, 먹지 않고서는 하나님의 일을 하지 못하는 것이 현실이며, 하나님을 위해서 일하지만 나를 위해서도 일하게 되는 것도 역시 현실입니다.

이러한 모순 속에 진실이 있고, 하나님의 뜻을 따라 일하는 것이 과연 어떤 것인가를 헤아리는 분별이 있어야 할 것인데 이것을 헤아리기가 그리 쉬운 것이 아니기 때문입니다.

이를 놓고 하나님 존전 앞에 나아가야 하는데 인간은 현실과 환경을 초월하여 살기가 쉬운 일이 아닙니다. 현실 세계 속에 살면서 이 현실을 초월하여 내 심령과 중심을 바로 한다는 것은 이론적으로는 가능하나 실제적으로는 불가능하기 때문입니다. 이것은 영과 육이 이론적으로는 다르고 구별되는 것이지만 현실적으로는 혼이라는 울타리 속에 있는 하나이기 때문입니다.

그러므로 내 심령이 좌로나 우로나 치우쳐 있으면 하나님 존전 앞에 나아가지 못하고 자신의 내면의 소리를 듣게 되어 영적으로 오히려 손실이 오게 되고 눈이 더 멀어지고 하나님과 더 멀어지게 됩니다. 그러므로 자신의 생각이나 뜻을 버리고 성령으로 하나님 존전에 나아가야 됩니다. 하나님의 존전에 나가려면 반드시 예수를 통하여 성소의 문(양 의문)으로 들어가야합니다. 그렇지 않고, 담을 넘어 하나님 보좌 앞에 나아가려고 한다면 강도가 되는 것입니다. 또,먼저 하나님의 나라와 의를 구하라는 말씀을 헤아리지 못하고, 자기의 의로 기도하게 되면 자아가 되므로 기도하면 기도할수록 잘 못되어 가는 것입니다.

넷째, 성경 속의 말씀의 속성을 바르게 이해하라. 성경의 여러 사건들 중 가장 중요하고 핵심적인 사건은 하나님이 우주에 나타나시는 사건으로 시작되고 인간 앞에 나타남으로 시작됩니다. "나는 빛으로 세상에 왔나니 무릇 나를 믿는 자로 어두움에 거하지 않게 하려 함이로라(요12:46)"

에덴동산에서 나타나신 하나님이 노아를 통하여 나타나시고, 아브라함에게 나타나신 하나님, 모세에게 나타나신 하나님, 요셉에게 나타나신 하나님, 사무엘에게 솔로몬에게 나타나신 하나님, 그 다음에 시대에 따라 나타나시는 여러 가지 모습과 현상들이 달라집니다. 하나님과 함께 계시던 말씀이신 예수님으로 나타나시던 시대와 오순절 이후 성령으로 나타나시는 하나님을 보아야 합니다. 이제 이 시대는 말세적인 현상이기에 성경 속에서 남종과 여종에게 새 영을 부어 주시는 하나님과 주의 영으로 재림하시어 나타나시는 예수님을 보아야 합니다. 예수의 영이 나타나시(고전 12:7)는 현상을 통하여 말씀의 존재로 임재하시고 역사하시는 주님을 보아야 합니다.

천국과 천국의 열쇠(성령)를 잘 헤아리지 못하기 때문에 영안이 열리지 않습니다. 예수님을 통하여 주신 말씀은 천국 복음이며, 이 천국을 위해 천국 열쇠를 주셨는데 이 천국 열쇠를 통하여 먼저 땅에서 열면 하늘에도 열리는 이 영적 원리를 이해해야 합니다. "내가 천국 열쇠를 네게 주리니 네가 땅에서 무엇이든지 매면 하늘에서도 매일 것이요네가 땅에서 무엇이든지 풀면 하늘에서도 풀리리라 하시고(마16:19)"

이 천국에 대한 것 보다 변질된 복음을 전하고 있으며, 이 천국 열쇠를 천주교는 사죄권을 말하고, 개신교는 '주는 그리스도

이시오 하나님의 아들이시이다'는 신앙고백을 천국 열쇠로 말하고 있습니다. 이 천국 열쇠는 베드로가 신앙 고백을 할 수 있도록 한 베드로 속에 역사 한 성령을 말합니다. 이 성령의 열쇠는 단순하게 열쇠 구멍에 곶아 비틀어서 열어 한번으로 끝나는 열쇠가 아닙니다. 비밀 번호를 맞추어 가면서 완전한 천국이 임할 때까지 열어야하는 열쇠입니다. 이 번호를 알아내야 하는데 하나이신 하나님은 삼위 일체 하나님으로 1위의 창조주 하나님과 2위의 예수님과 3위의 성령님은 인간에게 동일하게 역사하여 나타납니다.

천국 열쇠의 비밀 번호는 이 얽히고설킨 영적 원리를 하나님과 인간과 사단의 각각 그 구조와 속성을 풀어감으로 성령 사역과 하늘의 비밀이 열려지고, 영안이 열려지고, 성경이 열려지고, 말씀이 열려집니다. 스스로 완전한 자라고 자찬하는 넘어지게 되어 있습니다. 이것이 세상의 원리이며 영적 원리이며 이것이 정상입니다. 이것이 인간의 속성입니다. 거듭나지 못한 인간은 교만합니다. 자신의 힘으로 세상을 살아갈 줄 압니다.

이 인간의 속성을 사단은 이용을 하는 것입니다. 이것이 성경에서 말하고 있는 말씀 가운데 하나인데 이러한 것들이 자신들에게 감추어져 있어 잘 보이지 않는 비밀 가운데 하나입니다. 자신에게는 가려져 있는 이 비밀의 하나가 항상 부족합니다. 자신이 안다고 생각하고 완전하다고 생각하는 순간 사단이 이를 깨트려 버린다는 것을 깨달아야 합니다. 이 진리를 깨달으면 겸손한 자는 결코 악인의 꾀를 쫓지 않을 것이고, 죄인의 길에 서지 않을 것이며, 오만한 자의 자리에 앉지 않을 것이라서 영의 눈이 열려 나갈 것입니다.

생명과 경건에 속한 것을 갖지 못하기 때문에 영안이 열리지 않는 것입니다. 생명과 경건은 바로 말씀의 속성 가운데 하나입니다. 이 말씀의 속성은 또한 빛의 속성을 가지고 있기 때문에 영안을 열어 갑니다. 어두움의 무지에서 깨달아져 하나님을 아는 것 이것이 지식이요. 이것이 바로 생명이며 경건이며 바로 하나님을 아는 이 지식이 영안을 열어 갑니다. 그러므로 영안이 열려가는 것 이것이 바로 영생입니다. "영생은 곧 유일하신 참 하나님과 그의 보내신 자 예수 그리스도를 아는 것이니이다(요 17:3)" "내가 증거하노니 저희가 하나님께 열심이 있으나 지식을 좇은 것이 아니라(롬10:2)"

다섯째, 성령의 법과 영적 원리를 알아야 한다. "그러므로 이제 그리스도 예수 안에 있는 자에게는 결코 정죄함이 없나니 이는 그리스도 예수 안에 있는 생명의 성령의 법이 죄와 사망의 법에서 너를 해방하였음이라(롬 8:1-2)" 성령은 하나님의 손길인 것입니다. 예수 안에 있기 위해 성령의 도우심을 받고 성령 안에서 살아가야 합니다. 그렇지 않으면 인간은 다시 육성이 나타나게 되어 있습니다. 영은 하나님에 대하여 살아 있지만, 이 육성은 사망의 법에 지배를 받는 속성을 가지고 있어 죄의 법을 쫓아 살고 있습니다.

이 죄에는 사망 권세의 세력과 귀신의 영들이 지배합니다. 귀신의 영의 지배를 받지 않기 위하여 성령을 힘입어 귀신을 쫓아내고 내 심령 속에는 항상 하나님의 나라가 이루어져 하나님에 속한 신령한 성품과 속성을 나타내는 삶을 살아야 되는 것입니다.

구원받은 하나님의 백성이지만 육성을 가지고 있습니다. 세상 속에서 살아가야만 합니다. 사단은 우는 사자와 같이 삼킬 자를 찾고 있습니다. 하나님이 주신 이 능력과 빛과 생명을 잃어버리지 않고 승리하는 삶을 살기 위하여서 끊임없는 하나님의 도우심과 하나님의 능력과 사랑이 있어야 합니다. 하나님은 보혜사 이 성령을 통하여 우리를 도와주시기 때문에 이 성령의 속성을 잘 알아야 도움을 받을 수 있습니다. 성령의 도움을 받아야 마귀를 이기고 자신의 영을 지킬 수가 있는 것입니다. 그러나 이 세상을 지배하는 보이지 않는 영적 배경이 공중 권세 잡은 자들과 어두움의 이 세상 주관자들과 하늘의 악한 영들이 주관하고 있습니다.

이러한 악한 어두움의 영들을 분별 할 수 있어야 합니다. 성령이 역사하는 원리와 사단들이 역사하는 영적 원리를 알아야 합니다. 이 영적원리는 말씀을 체험함으로 깨달아 알 수가 있습니다. 말씀을 체험함으로 생명이 되어 심령에서 성령의 나타남이 있기 때문에 영안이 열리는 것입니다. 하나님의 백성들에게 특별하게 주신 천국의 열쇠인 성령이 충만하여 자신을 통해 나타나기 때문에 신령한 능력이 나타나고 영안이 열리는 것입니다. "각 사람에게 성령의 나타남을 주심은 유익하게 하려 하심이라(고전 12:7)"

심령에서 성령이 역사하지 않으면 타락하여 신령한 것을 보지 못합니다. 어두움의 주관자들이 눈을 가리면 인간의 눈은 타락하여 신령한 것을 보지 못하게 됩니다. 영적인 것을 헤아릴 수 있는 눈이 막힘으로 성경 속의 신비가 벗겨지지 않아서 태초에 함께 계시던 말씀을 보지 못하게 만듭니다. 말씀을 깨닫지 못하는 것이 무지요 어리석음이며 어두움입니다. 어두움을 좇는 육성이 이 육성을 지배하는 어두움의 세력들에게 메여있고 이 들의 영적 세력들이 눈을 가리게 만듭니다.

그리스도의 영에 접붙임 받은 바 있지만, 육성과 이 어두움이 완전히 벗겨지지 아니한 자를 다른 말로 말하면 이런 그리스도인을 육신에 속한 자라 성경은 말하고 있습니다. 성경은 성령의 감동을 받은 신령한 자들이 말씀을 받아 기록한 것입니다. 육신에 속한 그리스도인들이란 말씀과 성령으로 완전하게 성화되지 못해서 인간의 이성이나 지성으로 살아가는 사람을 말합니다.

육신에 속한 그리스도인들이 성령의 감동으로 기록된 성경 속에 감추어진 신령한 비밀을 이해할 수가 없는 것입니다. 성경 말씀 속에 있는 비밀을 깨달아 알기 위하여 성령으로 육성이 깨트려야 되는 것입니다. 육성이 깨뜨려지지 않은 상태에 있는 그리스도인을 육신에 속한 그리스도인이라고 합니다. 그러기 때문에 성령의 감동을 받을 수 있는 영적 성숙함이 있는 자가 아니면 성경을 해석할 수는 있다 할지라도, 말씀은 해석 할 수 없다는 것을 의미하기도 합니다. 우리는 말씀을 해석하기 위하여 날마다 말씀과 성령으로 구습을 치유하여 성령에게 장악이 되어야 합니다.

하나님의 백성을 파멸시키는 것은 하나님을 아는 지식을 빼앗으면 이스라엘 백성처럼 망하게 되는 것을 사단은 너무나 잘 알고 있습니다. 그러기 때문에 하나님을 볼 수 있는 눈을 가리게 만들고, 하나님을 아는 지식을 왜곡하게 만들면 사단은 간단하게 저들이 원하는 어두움의 세상을 만들 수 있고 믿음의 사람들을 자기편으로 쉽게 끌어드릴 수 있기 때문에 할 수만 있으면 택한 자들을 미혹하는 것입니다. 그러므로 공중 권세 잡은 자들과 어두움을 주관하는 세력 등의 정체와 실체를 좀 더 현실 적으로 이해해야 보다 더 영안이 쉽게 열릴 것입니다. 그래서 기독교는 체험의 종교라고 하는 것입니다. 체험이라는 것은 아는 것과 실체를 눈으로 보는 것을 말하는 것입니다.

23장 열린 영안을 관리하는 비결

(롬 8:12-15)"그러므로 형제들아 우리가 빚진 자로되 육신에게 져서 육신대로 살 것이 아니니라. 너희가 육신대로 살면 반드시 죽을 것이로되 영으로써 몸의 행실을 죽이면 살리니, 무릇 하나님의 영으로 인도함을 받는 사람은 곧 하나님의 아들이라. 너희는 다시 무서워하는 종의 영을 받지 아니하고 양자의 영을 받았으므로 우리가 아빠 아버지라고 부르짖느니라"

영안이 열리는 것도 중요하지만 관리하는 것이 더욱 중요합니다. 사람은 영적인 동시에 육적이기 때문입니다. 하나님은 요한복음 6장 63절에서 이렇게 말씀하십니다. "살리는 것은 영이니 육은 무익하니라, 내가 너희에게 이른 말은 영이요 생명이라" 영안이 성령으로 열렸기 때문에 성령으로 살지 아니하면 곧 육신적인 되므로 열린 영안을 흐려지거나, 마귀가 사용할 수도 있습니다. 무엇보다 경각심을 가져야 하는 것은 하나님이 주신 은사를 마귀를 위하여 사용하지 않는 것입니다. 이는 성령으로 충만하여 영안이 밝히 열릴 때 분별할 수가 있습니다. 우리(성도)는 의지적으로 영성을 관리하려고 노력을 해야 합니다. 육을 가지고 있는 존재이기 때문입니다. 열린 영안을 잘 관리하기 위하여 다음과 같이 영성 깊은 생활을 해야 합니다.

첫째, 영으로 말씀을 묵상하라. 영안이 밝히 열리는 것은 성령으로 충만한 상태에서 영의 능력으로 열리는 것입니다. 영의 능력은 성령의 임재 하에 말씀을 묵상할 때 나타납니다. 말씀은 우리를 보호하는 울타리가 됩니다. 성도의 모든 생활은 하나님의 말씀 안에서 찾아서 실천해야 합니다. 성도는 말씀의 비밀을 깨달아 알아야 합니다. 말씀을 안다는 것은 체험하여 영안이 열린 것을 말하는 것입니다. 우리가 말씀의 비밀을 알려고 하니 성령하나님이 영안을 밝게 열어주시는 것입니다. 말씀 안에 하나님의 마음이 있습니다. 성령의 임재가운데 말씀 묵상을 지속적으로 하여 심비에 말씀을 새겨야 합니다. 진정한 영안은 말씀을 삶에 적용하여 체험할 때 밝히 열리는 것입니다. 열린 영안을 잘 관리하려면 성령의 감동에 따라 말씀을 삶에 적용해야 합니다.

1)말씀은 하나님과 우리의 인격적인 만남을 제공한다. 말씀을 통하여 성령의 감동감화를 받는다는 것은 말씀을 통하여 하나님과 인격적으로 만나는 것을 말합니다. 손을 잡듯이, 손을 만지듯이 하나님의 말씀을 마음으로 만지고 붙잡고 새겨 넣을 때, 인격적으로 하나님을 만나는 것입니다.

이러한 성령의 감동감화를 위하여 성경을 묵상하기 전에 기도해야합니다. 기도하고 성경을 묵상하면 말씀을 통하여 성령의 감동이 내 마음에 오게 됩니다. 말씀을 통하여 하나님과 마음으로 만나게 된다. 인격적으로 만나게 됩니다.

사람을 만날 때도 마찬가지입니다. 감정으로도 사람을 만날 수 있고, 육적으로도 사람을 만날 수 있고, 영적으로도 사람을 만날 수 있습니다. 누구든지 이제는 육적이나 감정적으로 만나지 말아야 합니다. 영적으로 만나는 훈련을 의지적으로 해야 합니다. '영적으로 사람을 만나게 해주세요.' 하고 기도하고 누구든지 만나는 습관을 들여야 합니다. 간음한 여인을 향하여 돌을 든 사람들은 감정에 휘말려 돌을 들고 있었습니다. 그러나 예수님은 영적인 상태에서 가만히 앉아서 글을 쓰셨습니다.

무슨 일이든지 생기거든 얼른 영적 상태가 되세요. 영적 상태에서 나오는 영의 힘으로 감정을 이겨야 합니다. 그래야 열린 영안이 더 밝게 열릴 수가 있습니다. 감정에서 나오는 행동은 돌발적 행동이나, 영적 상태에서 나오는 행동은 깊은 5차원의 지혜가 있는 행동입니다. 이러한 영적 행동이 감정의 불을 끌 수 있습니다. 항상 영에서 나오는 놀라운 힘을 사용하는 훈련을 하시기를 바랍니다. 말씀을 통하여 하나님의 생명, 하나님의 감동, 하나님의 마음을 내 마음에 받아 넣으세요. 성령으로 충만한 가운데 말씀을 묵상하여 말씀을 마음에 새겨 넣어야 합니다. 그렇게 하라고 성경을 기록하셨습니다. 신명기 6장 6절에 "오늘날 내가 네게 명하는 이 말씀을 너는 마음에 새기고."하셨습니다.

2)말씀은 우리의 영혼을 소생케 한다. 성경은 바다처럼 매우 깊은 책입니다. 성령의 임재 가운데 들어가면 들어갈수록 더욱 놀라운 새로운 세계가 펼쳐집니다. 성경은 글로 기록되어 있으나 글로 전혀 표현하지 못하는 것을 우리에게 표현하는 신비의

책입니다. 성경의 기록된 말씀 속에 성령하나님이 임재하고 계시며, 하나님의 말씀을 통해 하나님의 임재를 만날 수 있습니다. 성경을 읽을 때 이에 대한 흥분과 기대를 가져야 하며, 이를 위한 기도를 하고 말씀을 읽어야 합니다. 말씀을 읽음으로 하나님을 만나고, 하나님을 모시도록 노력하고 훈련해야합니다.

성경 말씀에 대하여 마음을 열면 여는 만큼 하나님의 은혜가 임합니다. 하나님의 은혜가 임하는 만큼 영안이 밝게 열립니다. 하나님의 말씀을 읽을 때, 가장 깊은 부분인 마음 안의 영을 열어서 내 영에 하나님이 오시도록 해야 합니다. 그럴 때, 말씀이 성령의 검이 되어 우리 심령을 치료하며 영안을 열어주시는 은혜를 주실 수 있습니다. 말씀 앞에 자신을 개방하고 성령의 역사가 마음 깊숙이 임하게 하는 기도하는 마음으로 성경을 대하세요. 성경을 읽을 때 저자와 같은 성령의 임재 하에 깊은 영감으로 하나님의 입장에서 나에게 하시는 말씀으로 묵상하는 것을 습관화해야 합니다.

3)성경 말씀은 하나님이 나에게 하시는 말씀이다. 성경을 읽고 묵상하는 것, 그 자체가 성령께서 나를 파악하고, 나를 만나는 행위입니다. 그러므로 성경을 읽는 것, 그 자체가 이미 고백과 기도, 예배가 되어야 하며, 성경을 읽으면서 자신을 하나님께 더 드러내고 말씀이 내게 더욱 가까이 오고 감동을 받으며 수술과 치료를 받는 것이 되어야 합니다. 말씀을 읽을 때, 사무엘처럼 하나님의 음성을 듣는 자세를 가지는 것이 영성이 깊어

지는데 좋습니다. 성경을 펼 때, 하나님께서 바로 내 앞에, 말씀 속에 계시며, 말씀을 통해 그분을 만나고, 그분의 말씀을 들으려는 마음과 믿음을 지녀야 합니다. 구약 성경이나 신약 성경이나 현재성을 가지고 묵상하는 습관이 들여야 합니다. 지나간 일로 남의 일로 생각하고 성경을 읽고 묵상하지 말아야 합니다.

4)말씀을 묵상하며 섭취하는 방법은. 말씀을 읽는 것이 아니라, 말씀 속에 계시는 하나님을 내 안에 들어오게 한다는 자세를 가지세요. 하나님의 음성을 직접 듣는다는 믿음을 가지세요. 말씀을 나의 마음에 여러 가지로 음미하여 새겨 넣는다는 자세를 가지세요.

① 조용한 찬양으로 성령님의 임재를 요청하세요.

② 성령님에게 말씀이 내 영혼의 양식이 되게 하여 달라고 간구하세요.

③ 말씀을 자신에게 적용하세요. 자신의 말로 바꾸어보세요. 성경을 읽으며 고백과 회개와 기도와 간구와 위로와 은혜와 능력을 받으세요. 성경을 읽으면서 하나님을 만나고 나에게 하시는 말씀을 들으세요.

④ 말씀이 나에게 적용되는 것을 상상하세요. 마음속으로 그려보세요.

⑤ 말씀이 나에게 적용되는 것을 상상하면 자연스럽게 기도가 나오게 됩니다. 말씀을 볼 때 글씨로만 보려고 하지 말고 영상으로 그림을 그리면서 보려고 하세요.

둘째, 깊은 영의기도를 하라. 열린 영안을 관리하는 제일 좋은 것은 깊은 영의 기도입니다. 성령의 임재 하에 호흡을 들이쉬고 내쉬면서 영으로 기도하는 것입니다. 처음에는 자신의 의지로 기도를 하되 기도가 깊어짐에 따라 자신의 의지가 아니라, 성령의 이끌림으로 깊은 경지에 들어가는 것입니다.

깊은 영의기도는 이런 순서로 하면 됩니다. 성령님을 먼저 요청하세요. 손을 가슴에 얹고. 편안한 자세, 간편한 옷을 입고, 배가 고프지도 않고, 너무 부르지도 않은 상태에서, 조용한 시간으로 잠자기 직전, 직후의 1-2시간을 택해서 하면 좋습니다. 자신이 지속적으로 할 수 있는 시간을 택하면 됩니다. 습관적으로 해야 합니다. 조용한 장소로서 소파 같은 곳, 약간 딱딱한 곳이 좋습니다. 찬양 음악이 있으면 좋습니다.

순수한 악기로만 연주된 찬양이 좋습니다. 시작 전에 조용한 찬양을 하거나 들으세요. 그러면서 성령님에게 집중하세요. 성령님을 자꾸 찾으세요. 단조롭게 성령님을 부르세요. 도움을 요청하세요. 감사와 사랑을 고백하세요. 그러면서 가만히 있으세요. 마음속에 성령님을 느끼세요. 호흡이 약간 빨라집니다. 긴장이 풀리면서 눈까풀이 떨거나 표정이 평안하게 됩니다. 불이 심령에서 올라오고, 약간 몽롱한 상태, 그러나 마음이 부풀어 오르는 것 같은 상태를 느낄 수 있게 됩니다. 포근함, 안락함, 짐을 내려놓은 느낌을 가지게 됩니다. 그러면서 계속 성령님을 찾으세요. '성령님, 임하소서.' 하고 자꾸 성령님을 부르세요. 그러면서 시간의 개념으로부터 분리 되려고 해야 합니다. 외부적인 감각이 꺼지면서 내면의 활동이 강하게 됩니다. 그 자체가 이미 기쁨이 넘치며 많은 은혜가 임하게 됩니다. 깊은 영의기도는 우리에게 신비한 체험을 하게 합니다.

깊은 영의기도를 통하여 내 전인격이 변화를 받아 지혜와 사랑을 얻기 위한 성령하나님의 은총의 체험입니다. 이 깊은 기도의 결과로 하나님이 주신 성령의 불과 능력이 흘러나오며, 하나님이 주시는 참 지혜가 생기며, 세상을 향해 베풀 수 있는 사랑을 하나님으로부터 받게 됩니다. 저는 이 기도를 통하여 저의 영육의 치유와 깊은 영성을 유지하며 사역을 하고 있습니다.

깊은 영적인 상태에 의식적으로 들어가야 하겠다고 생각하면 절대 들어갈 수 없습니다. 호흡을 하면서 마음으로 기도를 집중적으로 몰입해서 계속하다가 보면 어느 순간에 영의기도에 들어갑니다. 영의 기도의 최고의 경지로서 여러 가지 영적 체험을 할 수 있습니다. 이 단계에 들어가면 자신의 안에서 올라오는 깊은 영적인 에너지를 받을 수가 있습니다. 영안이 밝아집니다. 더 자세한 것은 "깊은 영의기도 숙달하는 비결" 책을 참고하시기를 바랍니다.

셋째, 주님에게 집중하라. 우리는 사랑하는 대상에게 관심을 갖게 되어 있습니다. 자신의 상태를 알아보려면 평소에 가장 관심을 갖는 것이 무엇인가 보면 정확한 것입니다. 열린 영안을 잘 관리하려면 주님에게만 관심을 갖아야 합니다. 주님만이 사랑의 대상이 되어야 합니다. 주님에게 집중해야 합니다. 집중한다는 것은 항상 예수님은 주인으로 생각하는 것입니다. 항상 찾는 것입니다. 일을 할 때나, 길을 걸어갈 때나, 예배를 드릴 때나 주님의 이름을 부르며 찾는 것입니다. 대소사를 막론하고 의논하는 것입니다. 의논하는 이유는 주님이 자신의 삶의 주인이시기 때문입니다. 그래서 주님이 원하는 뜻대로 움직이는 것입니다. 이는 습관이 되어야 합니다.

우리가 무엇에 관심을 가지고 집중하느냐에 따라서 5차원도 될 수가 있고, 3차원도 될 수가 있습니다. 열린 영안을 잘 관리하기 위해서는 5차원이 되어야 합니다. 5차원이 되려면 항상 주님에게 집중을 해야 합니다. 주님에게서 초자연적인 권능이 나옵니다. 주님을 찾는 것이 습관이 되어야 합니다. 그래야 영안이 더 밝게 열리고 영성이 깊어지게 됩니다.

넷째, 안정한 심령을 유지하라. 밝은 영안은 마음이 안정될 때 열리게 됩니다. 그리스도인들은 무엇보다 마음이 안정이 되어야 합니다. 마음이 안정될 때 성령이 역사하기 때문입니다. 안정된 마음에 하나님의 지혜가 떠오르기 때문입니다. 마귀는 어찌하든지 마음이 불안하도록 상황을 조성합니다. 마음이 불안해야 자신이 영향을 끼칠 수 있기 때문입니다. 우리는 어찌하든지 마음을 평안하게 유지해야 합니다. 마음을 평안하게 유지하려고 의지적인 노력을 해야 하는 것입니다. 마음이 평안하게 유지하려면 성령으로 충만해야 합니다. 성령으로 충만하면 마음이 평안해집니다. 왜냐하면 성령의 속성은 평안이기 때문입니다. 우리가 기도하고 말씀을 묵상할 때 마음이 평안해 집니다. 이는 자기 안에 성령이 충만해지기 때문에 마음이 평안한 것입니다. 하나님은 데살로니가전서 5장 16-18절에서 "항상 기뻐하라. 쉬지 말고 기도하라. 범사에 감사하라 이것이 그리스도 예수 안에서 너희를 향하신 하나님의 뜻이니라." 명령하시는 것입니다. 하나님은 영이 십니다. 평안할 때 영이신 하나님과 교통할 수가 있는 것입니다. 하나님과 교통할 때 영안이 밝히 열리는 것입니다. 그러기 때문에 항상 마음으로 하나님을 찾아서 성령으로 충만한 상태가 되어야 열린 영안을 관리할 수가 있는 것입니다. 우리는 영안을 여는 것도 중요하지만 열린 영안을 잘 관리하는 것이 더 중요합니다.

다섯째, 영을 강화시키는 훈련을 하라. 영의 사람으로 살아가기 위하여 마음 성전을 거룩하게 가꾸려면 성령으로 기도하면서 영을 강하게 해야 합니다. 영을 강하게 하는 영적인 방법은 ① 영과 진리로 예배를 드리고, ②성령으로 영의기도를 하며, ③ 말씀을 배우고, 묵상하고 ④ 말씀을 삶에 적용하고 ⑤ 전인격으로 살아계신 하나님의 역사를 체험하여 믿음을 갖게 하는 것이 영을 강하게 하는 단계이며 절차입니다.

이 다섯 가지가 어느 한쪽으로 일방적으로 치우치지 않고 균형을 유지해야 하며, 어느 한 가지라도 결여 되었다면 그 것은 온전하지 못한 것입니다. 우리는 하나님이 완전한 것처럼 완전해야 합니다. 완전하다는 말의 헬라어는 '텔레이오스'인데 '전체로 가득 하다'라는 뜻을 지닙니다. 이 세 가지 구성 요소 중 어느 것도 빠짐없이 다 들어있는 상태를 말하는 것입니다. 우리의 영이 강해지는 것은 이 세 요소를 다 갖추고 있다는 것을 말합니다. 하나님은 우리가 이런 상태로 살아가기를 원하시는 것입니다.

영을 강화시키는 훈련은 첫째로 말씀을 묵상하는 훈련입니다. 성령의 임재가운데 마음으로 말씀의 묵상을 지속적으로 하면 영이 강화됩니다. 예를 든다면 하나님은 영이십니다. 하나님은 반석이십니다. 그렇지 않으면 시편 1편을 묵상하는 것입니다. 감동 받은 말씀을 묵상하는 것입니다. 둘째로 마음으로 기도하는 것입니다. 호흡을 들이쉬고 내쉬면서 하나님을 찾는 것입니다. 저는 마음으로 하나님! 사랑합니다. 하나님! 도와주세요. 하나님! 어떻게 해야 합니까? 하면서 하나님을 찾으며 집중하는 것입니다. 길을 걸어가면서도 쉬지 않고 하나님께 집중하는 것입니다. 셋째로 마음으로 찬양을 부르는 것입니다. 호흡을 들이쉬고 내쉬면서 마음으로 찬양을 하는 것입니다. 찬양은 자신이 제일 잘 부를 수 있는 찬양을 1절만 지속적으로 하는 것입니다. 이렇게 영을 강화시키는 훈련을 지속적으로 하면 자신의 혼과 육이 영의 지배를 받아 육체가 강건하여 집니다.

마음을 다스리는 자가 환경과 건강과 운명을 다스리는 것입니다. '아이고 내 팔자야. 나는 왜 이 모양이야. 나는 항상 모든 것이 좌절이 되고 절망이고 실패하고 패배한다.'고 말하면 안 됩니다. 마음을 올바르게 먹으면 마음이 운명을 다스리고 환경을 변화시킬 수가 있는 것입니다. 마음은 무엇으로 다스릴 수 있습니까? 사람의 마음은 하나님의 말씀으로 다스릴 수가 있는 것입니다. 말씀을 묵상하여 말씀이 들어와서 생각을 잡아줘야 되는 것입니다. 생각이 흔들리면 안 되는 것입니다. 생각이 바다 물결같이 흔들리면 안 되는 것입니다.

하나님 말씀이 마음을 점령합니다. 그러면 말씀은 변하지 않기 때문에 확실한 생각을 가질 수가 있는 것입니다. 마음은 꿈으로 다스릴 수가 있는 것입니다. 마음은 마음속에 꿈이 있을 때 그 마음을 점령하고 마음을 다스릴 수가 있는 것입니다. 마음은 믿음으로 다스리는 것입니다. 마음은 입술의 고백을 통해서 다스릴 수가 있는 것입니다. 마음으로 기도해야 합니다. 기도할 때 성령으로 충만해지기 때문에 마음을 지킬 수가 있습니다. 하나님의 성령은 우리 몸에 거하는 것이 아니라 마음에 거하고 계신 것입니다. 마음을 통해서 하나님은 역사하는 것입니다. 천국을 누리는 권능이 마음에 있는 것입니다. 그러므로 지킬만한 것보다 마음을 지켜야 되는 것입니다.

이 책을 통해 예수님이 땅끝까지 전파 되기를 소원합니다.
(출판으로 인한 이익금은 문서선교와 개척교회 선교에 사용합니다.)

영안열리면 귀신들이 보이나요.

발 행 일 | 2016. 03.02초판 1쇄 발행

지 은 이 | 강요셉

펴 낸 이 | 강무신

편집담당 | 강무신

디 자 인 | 강요셉

교정담당 | 원영자

펴 낸 곳 | 도서출판 성령

신고번호 | 제22-3134호(2007.5.25)

등록번호 | 114-90-70539

주 소 | 서울 서초구 방배천로 4안길 20(방배동)

전 화 | 02)3474-0675/ 3472-0191

E-mail | kangms113@hanmail.net

유 통 | 하늘유통. 031)947-7777

ISBN | 978-89-97999-41-5 부가기호 | 03230

가 격 | 16,000원